Kohlhammer

Die Herausgeber

Dr. **Maximilian Buchka** ist Professor für Sonder- und Kindheitspädagogik an der Alanus Hochschule in Alfter bei Bonn.

Michael Brockmann, M. A., leitet das Zentrum für Pädagogisch-praktische Studien an der Kirchlichen Pädagogischen Hochschule in Wien/Krems.

Maximilian Buchka,
Michael Brockmann (Hrsg.)

Schülerinnen und Schüler mit besonderem Förderbedarf im Unterricht

Fallgeschichten – Fachwissen – Impulse für die Grundschulpraxis

Verlag W. Kohlhammer

Dieses Werk einschließlich aller seiner Teile ist urheberrechtlich geschützt. Jede Verwendung außerhalb der engen Grenzen des Urheberrechts ist ohne Zustimmung des Verlags unzulässig und strafbar. Das gilt insbesondere für Vervielfältigungen, Übersetzungen, Mikroverfilmungen und für die Einspeicherung und Verarbeitung in elektronischen Systemen.

Die Wiedergabe von Warenbezeichnungen, Handelsnamen und sonstigen Kennzeichen in diesem Buch berechtigt nicht zu der Annahme, dass diese von jedermann frei benutzt werden dürfen. Vielmehr kann es sich auch dann um eingetragene Warenzeichen oder sonstige geschützte Kennzeichen handeln, wenn sie nicht eigens als solche gekennzeichnet sind.

Es konnten nicht alle Rechtsinhaber von Abbildungen ermittelt werden. Sollte dem Verlag gegenüber der Nachweis der Rechtsinhaberschaft geführt werden, wird das branchenübliche Honorar nachträglich gezahlt.

Dieses Werk enthält Hinweise/Links zu externen Websites Dritter, auf deren Inhalt der Verlag keinen Einfluss hat und die der Haftung der jeweiligen Seitenanbieter oder -betreiber unterliegen. Zum Zeitpunkt der Verlinkung wurden die externen Websites auf mögliche Rechtsverstöße überprüft und dabei keine Rechtsverletzung festgestellt. Ohne konkrete Hinweise auf eine solche Rechtsverletzung ist eine permanente inhaltliche Kontrolle der verlinkten Seiten nicht zumutbar. Sollten jedoch Rechtsverletzungen bekannt werden, werden die betroffenen externen Links soweit möglich unverzüglich entfernt.

1. Auflage 2024

Alle Rechte vorbehalten
© W. Kohlhammer GmbH, Stuttgart
Gesamtherstellung: W. Kohlhammer GmbH, Stuttgart

Print:
ISBN 978-3-17-042152-3

E-Book-Formate:
pdf: ISBN 978-3-17-042153-0
epub: ISBN 978-3-17-042154-7

Inhalt

Einleitung 11
Maximilian Buchka und Michael Brockmann

1 Schüler*innen im Förderschwerpunkt Lernen 14
Michael Brockmann
    1.1   Fallgeschichten von Schüler*innen mit Lernbeeinträchtigungen 14
    1.2   Beschreibungen, Ursachen und Folgen einer Lernbeeinträchtigung 16
    1.3   Lernpsychologische und didaktische Zugänge zu Themen des inklusiven Unterrichts 19
    1.4   Methoden und Medien des inklusiven Unterrichts 21
    1.5   Beispiele und Ansätze zu ausgewählten Fächern des inklusiven Unterrichts 25
    1.6   Bildungs- und Erziehungspartnerschaften mit Erziehungsberechtigten 31
    Literatur 34

2 Schüler*innen im Förderschwerpunkt geistige Entwicklung .. 36
Maximilian Buchka
    2.1   Fallgeschichte eines Schülers mit geistiger Behinderung 36
    2.2   Beschreibungen, Ursachen und Folgen einer geistigen Behinderung 37
    2.3   Lernpsychologische und didaktische Zugänge zu Themen des inklusiven Unterrichts 40
    2.4   Methoden und Medien des inklusiven Unterrichts 43
    2.5   Beispiele und Ansätze zu ausgewählten Fächern und Lernfeldern des inklusiven Unterrichts 44
    2.6   Bildungs- und Erziehungspartnerschaften mit Erziehungsberechtigten 48
    Literatur 50

3 Schüler*innen im Förderschwerpunkt emotionale und soziale Entwicklung 52
Thomas Maschke
    3.1   Fallgeschichten von Schüler*innen in Not 52

3.2	Beschreibungen, Ursachen und Folgen beeinträchtigter emotionaler und sozialer Entwicklung	54
3.3	Lernpsychologische und didaktische Zugänge des inklusiven Unterrichts	58
3.4	Methoden und Medien des inklusiven Unterrichts	61
3.5	Beispiele und Ansätze inklusiver Pädagogik und inklusiven Unterrichts	62
3.6	Bildungs- und Erziehungspartnerschaften mit Erziehungsberechtigten	63
	Literatur	65

4 Schüler*innen im Förderschwerpunkt Sprache 66
Ulrich Maiwald und Dorothee Maiwald

4.1	Fallgeschichten von Kindern mit sprachlichen Besonderheiten	66
4.2	Beschreibungen, Ursachen und Folgen einer Sprachbeeinträchtigung	69
4.3	Lernpsychologische und didaktisch-methodische Zugänge zu Themen des inklusiven Sprachunterrichts	74
4.4	Methoden und Medien der inklusiven Sprachförderung	77
4.5	Beispiele und Ansätze zur inklusiven Sprachförderung	77
4.6	Bildungs- und Erziehungspartnerschaften mit Erziehungsberechtigten	79
	Literatur	80

5 Schüler*innen im Förderschwerpunkt körperliche und motorische Entwicklung 81
Christine Kippes und Inga Vogel

5.1	Fallgeschichten von Schüler*innen mit körperlichen und motorischen Beeinträchtigungen	81
5.2	Beschreibungen, Ursachen und Folgen körperlicher und motorischer Beeinträchtigungen	83
5.3	Lernpsychologische und didaktische Zugänge zu Themen des inklusiven Unterrichts im Förderschwerpunkt körperliche und motorische Entwicklung	85
5.4	Methoden und Medien des inklusiven Unterrichts	86
5.5	Beispiele und Ansätze zu ausgewählten Fächern des inklusiven Unterrichts	89
5.6	Bildungs- und Erziehungspartnerschaften mit Erziehungsberechtigten	92
	Literatur	93

6 Schüler*innen im Förderschwerpunkt Hören 95
Andrea Wieland

6.1	Fallgeschichte eines Schülers mit Hörbeeinträchtigung	95

6.2	Beschreibungen, Ursachen und Folgen der Hörbeeinträchtigung	96
6.3	Lernpsychologische und didaktische Zugänge zu Themen des inklusiven Unterrichts	98
6.4	Methoden und Medien des inklusiven Unterrichts	100
6.5	Beispiele und Ansätze zu ausgewählten Fächern des inklusiven Unterrichts	103
6.6	Bildungs- und Erziehungspartnerschaften mit Erziehungsberechtigten	106
Literatur		108

7 Schüler*innen im Förderschwerpunkt Sehen ... 110
Andrea Wieland

7.1	Fallgeschichte einer Schülerin mit Sehbeeinträchtigung	110
7.2	Beschreibungen, Ursachen und Folgen der Sehbeeinträchtigung	111
7.3	Lernpsychologische und didaktische Zugänge zu Themen des inklusiven Unterrichts	113
7.4	Methoden und Medien des inklusiven Unterrichts	115
7.5	Beispiele und Ansätze zu ausgewählten Fächern des inklusiven Unterrichts	118
7.6	Bildungs- und Erziehungspartnerschaften mit Erziehungsberechtigten	121
Literatur		123

8 Schüler*innen mit psychischen Erkrankungen ... 124
Götz Kaschubowski

8.1	Fallgeschichten von Schüler*innen mit psychischen Erkrankungen	124
8.2	Beschreibungen, Ursachen und Folgen psychischer Erkrankungen	126
8.3	Psychisch erkrankte Kinder im (inklusiven) Unterricht	130
8.4	Methoden und Medien des inklusiven Unterrichts	132
8.5	Bildungs- und Erziehungspartnerschaften mit den Erziehungs- bzw. Personensorgeberechtigten	132
Literatur		134

9 Schüler*innen mit Teilleistungsstörungen Schwerpunkt Rechenschwäche ... 135
Eva Maria Beck

9.1	Fallgeschichte einer Schülerin mit Rechenschwäche	135
9.2	Beschreibungen, Ursachen und Folgen einer Rechenschwäche	136
9.3	Lernpsychologische und didaktische Zugänge zum Thema Rechenschwäche	138
9.4	Methoden und Medien des inklusiven Unterrichts	141

	9.5	Beispiele und Ansätze für den inklusiven Unterricht	144
	9.6	Bildungs- und Erziehungspartnerschaften mit Erziehungsberechtigten	147
	Literatur		149

10 Schüler*innen im Autismus-Spektrum 151
Mechthild Richter

10.1	Fallgeschichten von Schüler*innen im Autismus-Spektrum ..	151
10.2	Beschreibungen, Ursachen und Folgen von Merkmalen im Autismus-Spektrum	153
10.3	Lernpsychologische und didaktische Zugänge zu Themen des inklusiven Unterrichts	155
10.4	Methoden und Medien des inklusiven Unterrichts	157
10.5	Beispiele und Ansätze zu ausgewählten Fächern des inklusiven Unterrichts	159
10.6	Bildungs- und Erziehungspartnerschaften mit Erziehungsberechtigten	162
Literatur		164

11 Schüler*innen mit traumatischen Erfahrungen 168
Wolfgang Kühnen

11.1	Fallgeschichten von Schüler*innen mit traumatischen Erfahrungen	168
11.2	Beschreibungen, Ursachen und Folgen von traumatischen Erfahrungen	169
11.3	Lernpsychologische und didaktische Zugänge zu Themen des inklusiven Unterrichts	171
11.4	Methoden und Medien des inklusiven Unterrichts	173
11.5	Beispiele und Ansätze zu ausgewählten Fächern des inklusiven Unterrichts	176
11.6	Bildungs- und Erziehungspartnerschaften mit Erziehungsberechtigten	179
Literatur		180

12 Schüler*innen mit Migrations- und Fluchterfahrungen 182
Siamak Farhur

12.1	Fallgeschichten von Schüler*innen mit Migrations- und Fluchterfahrungen	182
12.2	Beschreibungen, Ursachen und Folgen von Migrations- und Fluchterfahrungen	185
12.3	Lernpsychologische und didaktische Zugänge zu Themen des inklusiven Unterrichts	186
12.4	Methoden und Medien des inklusiven Unterrichts	192
12.5	Beispiele und Ansätze zu ausgewählten Fächern des inklusiven Unterrichts	194

	12.6	Bildungs- und Erziehungspartnerschaften mit Erziehungsberechtigten	197
	Literatur		199
13	**Schüler*innen mit Komplexbehinderungen**		**202**
	Christiane Drechsler und Lisa Hülsbusch		
	13.1	Fallgeschichten von Schüler*innen mit Komplexbehinderung	202
	13.2	Beschreibungen, Ursachen und Folgen einer Komplexbehinderung	204
	13.3	Lernpsychologische und didaktische Zugänge zu Themen des inklusiven Unterrichts	207
	13.4	Methoden und Medien des inklusiven Unterrichts	209
	13.5	Beispiele und Ansätze zu ausgewählten Fächern des inklusiven Unterrichts	211
	13.6	Bildungs- und Erziehungspartnerschaften mit Erziehungsberechtigten	214
	Literatur		216
Autor*innenverzeichnis			**218**

Einleitung

Maximilian Buchka und Michael Brockmann

Jeder Mensch, mag er sich auch in seiner äußerlichen Gestalt, im psycho-sozialen Verhalten oder in der kognitiven Reife von anderen Menschen unterscheiden, hat das uneingeschränkte ethische Recht auf Achtung seiner Menschenwürde. Er gehört rechtlich und sozial zur Menschengemeinschaft bzw. Gesellschaft und darf daher nicht aus ihrer Mitte ausgeschlossen werden. Nach Speck (2018) ist es eindeutig, dass aus dem ethischen Gut der Zugehörigkeit zur Gemeinschaft sich für jene die Verpflichtung ergibt, Menschen, die möglicherweise aus dem »Normrahmen« fallen, »mit gleichen Rechten an dieser Gemeinschaft teilhaben zu lassen, um ihnen konkret ein menschenwürdiges Leben zu ermöglichen« (ebd., S. 107).

In der deutschen Rechtsprechung wird diese ethische Aufgabe für die Gesellschaft im dritten Abschnitt des Sozialgesetzbuchs (SGB XII) vom 27. Dezember 2003 (zuletzt geändert am 7. Mai 2013) unter der Überschrift »Bildung und Teilhabe« geregelt. Darunter werden die Bedarfe nach Bildung von Schüler*innen, die eine allgemeine oder berufsbildende Schule besuchen, erfasst und beschrieben sowie die Bedarfe von Kindern und Jugendlichen nach Teilhabe am sozialen und kulturellen Leben in der Gemeinschaft. Weitere Bedarfe von Schüler*innen wie Schulausflüge, eintägige Klassenfahrten, persönliche Schulutensilien, Schulwegbeförderung, ergänzende Lernförderungen zum Zweck der Erreichung des Schulzieles, gemeinschaftliche Mittagsverpflegung werden anerkannt und mitfinanziert ebenso jene zur Teilhabe am sozialen und kulturellen Leben, wie z.B. Mitgliedsbeiträge für Sport und Kulturvereine, Musikunterricht oder Ferienfreizeiten (vgl. § 34 SGB XII, in: Nomos-Gesetze 2021).

Das eigentliche Schwerpunktgesetz zur Teilhabe findet sich im neunten Gesetzbuch (SGB IX) mit dem Titel: »Rehabilitation und Teilhabe behinderter Menschen«, vom 19. Juni 2001 (zuletzt geändert am 14. Dezember 2013). Hier werden die Teilhabe am Arbeitsleben geregelt sowie allgemeine Leistungen zur Teilhabe und die Sicherung, Koordinierung und Durchführungsbestimmungen der Teilhabe (schwer-)behinderter Menschen.

Das Ziel der gesellschaftlichen Teilhabe wird auch in der UN-Behindertenrechtskonvention (UN-BRK), ratifiziert durch den deutschen Bundestag (24. Februar 2009), als ein eminent wichtiges beschrieben. Teilhabe ist demzufolge nicht nur ein Dabeisein der Menschen mit Behinderung, sondern die Gesellschaft soll diese auch miteinbeziehen und sie durch schulische Bildung befähigen, ihre Wünsche, Interessen und Belange selbst einzubringen, unabhängig davon, welche Kommunikationswege sie hierfür wählen. Die gesellschaftliche Teilhabe aller ihrer Mitglieder darf von der Mehrheitsgesellschaft nicht mehr in Frage gestellt werden.

Mit den Handlungsbegriffen Integration und Inklusion sollte das auch erreichbar sein.

Für Prof. Dr. Bielefeld ergänzt die UN-BRK nicht nur das Menschenrechtsschutzsystem durch die Aufnahme der Belange behinderter Menschen, sondern gibt auch »wichtige Impulse für eine Weiterentwicklung der Menschenrechtsdiskussion« (zit. n. Ellger-Rüttgardt 2016, S. 33). Unter dieser Vorgabe betont Ellger-Rüttgardt (2016, S. 45): »Inklusion ist ein allumfassendes gesellschaftspolitisches Ziel, das Bereiche wie Kultur, Politik, Bildung, Wirtschaft, Verwaltung, Verbände und Organisationen prägen soll« (ebd. 2016, S. 45).

Das vorliegende Buch setzt an diesem wichtigen Punkt an, indem es Aspekte der Inklusion und Teilhabe darstellt. Es richtet sich in erster Linie an Lehrkräfte der Grundschule und an Studierende des Lehramts für die Primarstufe, aber auch an interessierte Erziehungsberechtigte.

Im Mittelpunkt des vorliegenden Werks stehen unterschiedliche Schüler*innen mit ihren individuellen Lern- und Bildungsbedürfnissen. Um Grundschul-Lehrkräften einen guten Überblick zu geben, werden in 13 Beiträgen Fallgeschichten mit unterschiedlichen Foki, Erklärungsansätzen und Impulsen für die Unterrichtspraxis dargelegt. Die einzelnen Autor*innen haben langjährige Erfahrungen mit Schüler*innen der jeweiligen Förderschwerpunkte sowohl in der Praxis als auch in der Theorie in Forschung und Lehre.

Die Auswahl der 13 Förderschwerpunkte orientierte sich insbesondere an den Angaben des Deutschen Bildungsrats, denen noch fünf weitere Bereiche hinzugefügt sind, die in der Praxis eine besondere Herausforderung darstellen, wie beispielsweise Komplexbehinderungen.

Das Buch erschließt demnach folgende Themenbereiche:

- Schüler*innen im Förderschwerpunkt Lernen
- Schüler*innen im Förderschwerpunkt geistige Entwicklung
- Schüler*innen im Förderschwerpunkt emotionale und soziale Entwicklung
- Schüler*innen im Förderschwerpunkt Sprache
- Schüler*innen im Förderschwerpunkt körperliche und motorische Entwicklung
- Schüler*innen im Förderschwerpunkt Hören
- Schüler*innen im Förderschwerpunkt Sehen
- Schüler*innen mit psychischen Erkrankungen
- Schüler*innen mit Teilleistungsstörungen Schwerpunkt Rechenschwäche
- Schüler*innen im Autismus-Spektrum
- Schüler*innen mit traumatischen Erfahrungen
- Schüler*innen mit Migrations- und Fluchterfahrungen
- Schüler*innen mit Komplexbehinderungen.

Um den Leser*innen einen inhaltlichen Überblick über die einzelnen Förderbereiche zu erleichtern, sind die einzelnen Beiträge nach einem einheitlichen Schema aufgebaut. Dieses Schema geht auf Gespräche mit Rektor*innen und Lehrer*innen an Grundschulen zurück, die im Vorfeld der Erstellung des Buches mit dem Ziel einer möglichst hohen Praxisorientierung geführt wurden. Die Praktiker*innen wünschten sich:

- *Erstens:* Informationen zu der Art der Beeinträchtigung der betreffenden Schüler*innen und Erklärungsansätze zu den Ursachen und Folgen der Beeinträchtigung.
  Dies geschieht jeweils in den ersten beiden Unterkapiteln eines Beitrags.
- *Zweitens:* Keine fertigen Unterrichtsentwürfe, aufgrund der Nichtvergleichbarkeit von Klassen und individuellen Gegebenheiten, sondern allgemeine Erklärungen zu
  – lernpsychologischen und didaktischen Zugängen zu Themen des inklusiven Unterrichts,
  – Methoden und Medien des inklusiven Unterrichts.
  Sowie Impulse für die Praxis des inklusiven Unterrichts als Beispiele und Ansätze zu ausgewählten Fächern des inklusiven Unterrichts.
  Die praxisbezogenen Aspekte finden sich in den Unterkapiteln 3, 4 und 5 eines Beitrags.
- *Drittens:* Bezüge und Gestaltungsmöglichkeiten im Hinblick auf die Bildungs- und Erziehungspartnerschaft mit Erziehungsberechtigten der Schüler*innen.
  Diese Hinweise sind in den Beiträgen im letzten Unterkapitel zu finden.
- *Viertens:* Die Zielgruppe wünschte sich eine Liste mit Hinweisen zu spezifischen Einrichtungen, Diensten und Selbsthilfegruppen mit Blick auf die jeweilige Beeinträchtigung.
  Diese Liste sowie die Literaturangaben zu den einzelnen Themenschwerpunkten finden sich jeweils am Ende des Kapitels.

Die Herausgeber bedanken sich herzlich bei den Rektor*innen und Lehrer*innen, die uns in gemeinsamen Gesprächen wertvolle Anregungen zum strukturellen Aufbau und zur inhaltlichen Gestaltung gegeben haben.

Darüber hinaus danken wir Cornelia Jachmann und ihrer Schwester Katharina Jachmann für ihre gewissenhafte und geduldige Korrekturarbeit.

Köln und Wien im Januar 2024
Maximilian Buchka & Michael Brockmann

Literatur

Bundesministerium für Arbeit und Soziales (Hrsg.) (2011): UN-Behindertenrechtskonvention. Übereinkommen der Vereinten Nationen über Rechte von Menschen mit Behinderungen. Erster Staatenbericht der Bundesrepublik Deutschland. Stand: August 2011. Online verfügbar unter: https://www.institut-fuer-menschenrechte.de/das-institut/monitoring-stelle-un-brk/die-un-brk, Zugriff am 16.07.2023.
Ellger-Rüttgardt, S. L. (2016): Inklusion. Vision und Wirklichkeit. Stuttgart: Kohlhammer.
Nomos Gesetze (2023): Gesetze für die Soziale Arbeit. Textsammlung (13. Auflage). Baden Baden: Nomos.
Speck, O. (2018): Menschen mit geistiger Behinderung. Ein Lehrbuch zur Erziehung und Bildung (13., aktualisierte Auflage). München: Reinhardt.

1 Schüler*innen im Förderschwerpunkt Lernen

Michael Brockmann

> Schulisches Lernen und alle Prozesse, die mit diesem zusammenhängen, prägen vielschichtig das (zukünftige) Leben von Schüler*innen. Bereits in der Grundschulzeit beeinflussen zahlreiche Aspekte das Lernen der Schüler*innen aus familiärer, sozialer und schulischer Sicht. Ein besonderer Fokus von Lehrer*innen liegt demnach darauf, die Lernmotivation der Schüler*innen zu stärken, die Lernfreude zu bewahren sowie möglichen Lernschwierigkeiten präventiv vorzubeugen oder, wenn sie bereits aufgetreten sind, die Schüler*innen dabei professionell zu unterstützen und zu fördern. Der folgende Beitrag gibt fachwissenschaftliche und praxisnahe Einblicke – auch mittels Expert*innen-Interviews – in den Bereich der Lernschwierigkeiten im Grundschulalter.

1.1 Fallgeschichten von Schüler*innen mit Lernbeeinträchtigungen

Hannah ist 11 Jahre alt und Schülerin einer vierten Klasse einer Grundschule in Bayern. Ihre Mutter war bei der Geburt von Hannah noch eine Jugendliche. Als Hannah im Säuglingsalter war, konsumierte ihre Mutter Drogen, oft auch im Beisein des Kindes. Hannah hatte in ihren Eltern keine Vorbilder zur Orientierung und lernte keine geregelten Tagesabläufe kennen. Auch regelmäßige Mahlzeiten und eine kindgerechte Versorgung über den Tag waren nur selten gegeben. Sie hatte keinen festen Schlafplatz und eine Struktur durch Regeln und Rituale erhielt sie nur bedingt. Sie erlebte von Geburt an in ihrer Familie Vernachlässigungen und Misshandlungen, dabei stand auch der Verdacht des sexuellen Missbrauchs im Raum. Gegenwärtig lebt Hannah bei Pflegeeltern. Sie hat weiterhin Kontakt zur leiblichen Mutter, den sie sich selbst wünscht. Sie ist in Sorge um ihre leibliche Mutter, zeigt jedoch oft nach Besuchen bei dieser psychosomatische Auffälligkeiten wie Bauchschmerzen, Verspannungen, Durchfall, Schlafstörungen, die so stark sein können, dass Hannah infolgedessen nicht in die Schule kommen kann.

In ihrer Bewegung und ihrer Körperhaltung zeigt Hannah Besonderheiten. Sie hält den Kopf häufig schief und tänzelt mehr, als dass sie geht oder läuft. Es wirkt so, als hätte sie Schwierigkeiten mit dem Gleichgewichtssinn. Sie ist in einer ständigen Unruhe und muss sich bewegen. Hannah neigt dazu, wie ein Kleinkind zu sprechen und ihre Stimme zu verstellen.

In der Schule ist es Hannah wichtig, immer genügend Essen zu haben. Aus Angst, dass sie nichts zu essen bekommen könnte, hat sie unter ihrem Schultisch ein kleines Lager angelegt. Außerdem achtet sie fast zwanghaft darauf, dass alle für sie wichtigen Gegenstände immer in ihrer Nähe sind und von ihr überblickt und kontrolliert werden können. Ist ihr dies nicht möglich, zeigt sie starke Unruhe und weitere Stresssymptome. Es muss alles für eine mögliche »Flucht« geregelt sein. Dieses Verhalten hat einen direkten Einfluss auf ihr Lernverhalten und ihre Konzentrationsspanne.

Einerseits ist ihr Bedürfnis nach körperlicher Nähe, nach einem Miteinander und nach Vorbildern groß, andererseits sucht sie Ruhe und das Alleinsein ohne Störungen von außen. Sie erfährt Akzeptanz bei Ihren Mitschüler*innen, möchte an Gruppenarbeiten aktiv teilnehmen und ihren Beitrag leisten. In der Klasse, im Umgang mit ihren Mitschüler*innen und im schulischen Tagesablauf geben ihr Regeln und Rituale Sicherheit. Bei Auseinandersetzungen und Konflikten ist sie jedoch überfordert, stößt andere vor den Kopf, fängt an zu weinen, zeigt aggressives Verhalten und benötigt Hilfe bei der Klärung. Hannah fühlt sich offenbar minderwertig und zeigt wenig Vertrauen in ihre schulischen Fähigkeiten. Sie geht sogar oft davon aus, dass ihre Arbeitsergebnisse falsch sind und entsprechend fragt sie ihren Lehrer wiederholt bei der Vorlage von bearbeiteten Aufgaben: »Ist das falsch?«

Sie spricht in einfachen Sätzen, oft mit grammatikalischen Fehlern, zudem ist ihre Aussprache undeutlich und verwaschen. Ihr Klassenlehrer beschreibt sie dennoch als wissbegierig. Sie zeigt sich entsprechend bereit, zu lernen, auch rechnet und schreibt sie gerne. Hannah ist ein Kind, das nach Möglichkeit zur Erschließung von Lernprozessen ihre Sinne einsetzt. Zum Beispiel bietet ihr Lehrer verschiedene Materialien zur Visualisierung in der Mathematik an. Versteht sie jedoch Aufgaben nicht, zeigt sie nur eine geringe Frustrationstoleranz. Bleibt der Erfolg aus, lässt sie ihre Aufgaben unvollendet und fängt an, das zu übermalen, was sie aufgeschrieben hat und von dem sie ausgeht, dass es falsch sei. Sowohl für den Lehrer als auch für Hannah ist es möglich, im Lernprozess an ihr bestehendes Wissen anzuknüpfen. Findet sie jedoch keinen Zugang, versucht sie der Lernsituation z. B. durch Toilettengänge zu entgehen. Wird sie in den Situationen, in denen neue Lernangebote bereitgestellt werden, individuell durch den Lehrer begleitet, kann das Verhalten des Ausweichens überwunden werden. Bei Lernprozessen unterstützt es sie, wenn der behandelte Sachverhalt sichtbar gemacht wird. Versteht sie die zu bearbeitende Aufgabe nicht oder falsch und findet sie keinen Zugang, wie z. B. bei Aufgaben in der Mathematik, bei denen auf bestimmte Regeln oder Zuordnungen zurückgegriffen werden muss, zeigt sie sogar aggressives Verhalten. Ihr fällt es schwer, notwendige abstrakte Zusammenhänge zur Bearbeitung verschiedener Aufgabenformate innerlich herzustellen, mit diesen weiterzuarbeiten und sie als ein bestehendes Repertoire zu festigen. Sachverhalte aus einer Metaebene zu betrachten und sich über die gemachten Erkenntnisse auszutauschen, gelingt ihr nur bedingt. Sie lässt sich leicht durch äußere Gegebenheiten ablenken, läuft z. B. zu ihren Mitschüler*innen oder schaut längere Zeit aus dem Fenster. Sich länger auf einen Sachverhalt zu konzentrieren, fällt ihr schwer. Bei Themen, zu denen sie einen emotionalen Zugang hat und eine positive Verbindung besteht, entwickelt sich in Folge leichter ein produktiver Lernprozess. Dies gelingt insbesondere bei ihren Lieblingsthemen Natur und Tiere im Sachunterricht.

1.2 Beschreibungen, Ursachen und Folgen einer Lernbeeinträchtigung

Ein zentraler Aspekt des Unterrichts in der Grundschule ist das gemeinsame Lernen der Schüler*innen im Klassenverband. Es gilt, ansprechende Unterrichtsthemen in den verschiedenen Fächern zu finden und durch das Angebot differenzierter Zugänge und Methoden Lernfreude zu ermöglichen, um eine bewusste, reflexive Einstellung zum eigenen Lernen zu gewinnen sowie die Grundlegung eines lebenslangen Lernens für die Schüler*innen zu schaffen (vgl. KMK 2015, S. 9).

In den Empfehlungen der Kultusministerkonferenz (KMK) zur Arbeit in der Grundschule, in der Fassung von 2015, wird darüber hinaus die vorhandene Vielfalt als Ausgangspunkt des gemeinsamen Lernens und Lebens benannt. »Bereits erworbene fachliche und methodische sowie soziale und personale Kompetenzen werden weiterentwickelt und bilden die Grundlage, auf der die weiterführenden Schulen aufbauen« (KMK 2015, S. 5).

Lernen wird »als [...] eigenaktive, selbstgesteuerte Tätigkeit in Interaktion mit dem Umfeld in der funktionalen Verbindung von Wissen, Verstehen, Können und Wollen verstanden« (KMK 2019, S. 3 f.).

Somit kann Lernen bezogen auf Schüler*innen als ein individueller Prozess verstanden werden, der von verschiedenen Faktoren beeinflusst wird. Neben der Qualität der Lehr- und Lernumgebung spielen auch die vorangegangenen Lehr- und Lernerfahrungen der Kinder und Jugendlichen, ihre Motivation, ihre Interessensgebiete und die erworbenen Lernstrategien eine entscheidende Rolle. Nach Ehm, Lonnemann und Hasselhorn (2021) lässt sich Lernen im schulischen Kontext aus »zwei unterschiedlichen Blickwinkeln betrachten: aus der des Lernenden und aus der des Lehrenden« (ebd., S. 9). Erst der Perspektivwechsel, die Sicht des Kindes einzunehmen, ermöglicht es, das Kind in seinem Lernen angemessen zu unterstützen (vgl. ebd.). Darüber hinaus hat die Beziehungsgestaltung der Lehrkraft, zum einen bezogen auf die ganze Klasse und zum anderen bezogen auf jedes Kind einen direkten Einfluss auf die Lernentwicklung der Schüler*innen. Daneben jedoch können eine Reihe von Faktoren das Lernen erschweren oder verlangsamen. Deshalb sollen im Folgenden nichtförderliche schulische Lernprozesse ausgehend vom Begriff der Lernschwierigkeit, der als Oberbegriff für die verschiedenen Ausprägungsformen gesehen werden kann, dargestellt werden (vgl. Börnert-Ringleb 2023, S. 13).

Lernschwierigkeiten

»Lernschwierigkeiten sind besondere Schwierigkeiten der Auseinandersetzung mit Lernanforderungen aller Art, die sich in Minderleistungen beim Lesen, in der Rechtschreibung und/oder beim Rechnen niederschlagen« (Gold 2018, S. 10 f.).

Nach Breuer und Weuffen (2006) hängt der Erfolg beim Lernen insbesondere mit Blick auf die Kulturtechniken Lesen, Schreiben und Rechnen vom »Wissens- und Kommunikationspotenzial eines Kindes, seine[n] intellektuellen Fähigkeiten sowie seine[n] sozialen Kompetenzen ab« (S. 9). Es wird davon ausgegangen, dass Entwicklungsprobleme und Lernschwierigkeiten auch von der vorschulischen, individuellen Biografie des Kindes stark beeinflusst werden können. Schwierigkeiten beim Lernen und ein ausbleibender Lernerfolg erzeugen frustrierende Situationen und belasten »zunehmend die gesamte Befindlichkeit der betroffenen Kinder, ihre Lernfreude, Lernaktivität und Einstellung zur Schule« (ebd., S. 11). Außerdem zeigt sich, dass: »Lernschwierigkeiten beim Erwerb der Schriftsprache oder des Rechnens […] für ca. ein Drittel aller Grundschulkinder zum schulischen Alltag [gehört]. Wenn diese Schwierigkeiten länger andauern, wird von Lernschwächen, Lernstörungen oder Lernbehinderungen gesprochen« (Mähler 2021, S. 217). Die Differenzierung der Schwierigkeiten in drei Dimensionen von Börnert-Ringleb (2023) lässt folgende Unterscheidung der Ausprägungsformen zu: »zeitliche Dimension der Schwierigkeit, Schwere der Schwierigkeiten, Umfang der Schwierigkeiten« (S. 13 f.).

Lernschwächen und Lernstörungen

Lernschwächen werden durch biologische (z. B. Schlaf- und Ernährungsmangel, Konzentrationsschwäche, körperlicher Entwicklungsrückstand), psychische (z. B. Bindungsschwäche, kognitive Beeinträchtigungen, Motivationsschwierigkeiten, traumatische Erfahrungen) und soziale Umstände (geringe Sozial- und Selbstkompetenz, Interaktions- und Kommunikationsschwierigkeiten) hervorgerufen (vgl. Börnert-Ringleb 2023; Kuhn/Vanauer 2023; Przibilla/Linderkamp 2014). Diese Umstände haben einen direkten Einfluss auf das Lernverhalten der Kinder. Sie zeigen sich darin, dass die Schüler*innen in ihrer psychosozialen Entwicklung zurückbleiben und/oder dass sie am Lernprozess der Klasse nicht teilnehmen; nicht, weil Sie nicht wollen, sondern weil ihnen die Zugänge im Augenblick zum Lernprozess entweder teilweise oder ganz verschlossen sind.

Lernstörungen umfassen die »Lese- und Rechtschreibstörung, Isolierte Rechtschreibstörung, Störung des schriftlichen Ausdrucks, Rechenstörung« (ICD-10-GM 2019) und werden über die International Statistical Classification of Diseases and Related Health Problems (ICD-10) und den Diagnostic and Statistical Manual of Mental Disorders (DSM-IV) erfasst. Es findet somit eine medizinische bzw. psychologische Zuordnung und Diagnose statt.

»Lernstörungen bezeichnen [...] Minderleistungen beim absichtsvollen Lernen. Sie äußern sich darin, dass das gewünschte Können, Wissen und Verhalten nicht in ausreichender Qualität, nicht in ausreichender Sicherheit sowie nicht in der dafür vorgesehenen Zeit erworben wird« (Lauth/Brunstein/Grünke 2014, S. 17). Sie lassen sich schon nach älteren Beobachtungen (nach Klauer/Lauth 1979) in vorübergehende und überdauernde Störungen unterteilen. Krisenhafte Situationen und/oder besondere Lebensveränderungen können zu einer vorübergehenden Störung führen. Hierzu können z. B. ein »Schul- und Klassenwechsel, Reifungskrisen, Erlebnisstörungen, Neuorientierungen« (ebd., S. 18) gezählt werden. Überdauernde Lernstörungen führen, wenn sie sich über einen längeren Zeitraum erstrecken, zu Lernrückständen, die sich wie bei einer Verkettung oder Spirale negativ auf die schulische Entwicklung auswirken (vgl. ebd., S. 18 f.).

Lernbehinderung

»Im Gegensatz zur Lernstörung handelt es sich bei der Lernbehinderung nicht um ein klinisch definiertes Phänomen« (Börnert-Ringleb 2023, S. 16).

Nach Koßmann geht es bei der Lernbehinderung um eine schulorganisatorische Kategorie (vgl. 2019, S. 13). Sie wird durch ein Aufnahmeverfahren von Förderschulen mit Schwerpunkt Lernen, vormals Sonderschulen für Lernbehinderte, festgestellt. Demnach besteht eine Lernbehinderung bei Schüler*innen, »wenn schwerwiegende anhaltende und umfängliche Schwierigkeiten bei der Bewältigung von intellektuellen Leistungsanforderungen festgestellt werden. Die Einschränkungen zeigen sich in erster Linie beim Erwerb kognitiv-verbaler und abstrakter Inhalte (v. a. Lesen, Rechtschreiben, Rechnen)« (Grünke/Grosche 2014, S. 76).

Die Rückstände der betroffenen Schüler*innen beziehen sich auf einen Lernrückstand von »mindestens zwei bis drei Schuljahren, [...] betreffen mehrere Unterrichtsfächer (v. a. Deutsch und Mathematik, [...] stehen im Zusammenhang mit Rückständen in der allgemeinen Intelligenz und [...] und können nicht auf eine Sinnesschädigung zurückgeführt werden« (ebd., S. 77 f.).

Sonderpädagogischer Förderbedarf Lernen

»Ein Bedarf an sonderpädagogischer Unterstützung im Förderschwerpunkt Lernen besteht, wenn die Lern- und Leistungsausfälle schwerwiegender, umfänglicher und langdauernder Art sind« (Ausbildungsordnung sonderpädagogische Förderung AO-FS NRW § 4 Abs. (2), 2005, in Ministerium des Inneren des Landes NRW).

Es gilt wie bei der Lernbehinderung, dass es sich beim Förderbedarf Lernen um eine schuladministrative Entsprechung handelt und keine Erfassung in ICD-10 oder DSM-IV wie bei der Lernstörung erfolgt (vgl. Börnert-Ringleb 2023, S. 16).

Zur gezielten Förderung der Kinder bedarf es einer regelmäßigen diagnostischen Einschätzung. Hier können alltagsintegrierte Beobachtungen im Unterricht, Lernstandsdiagnostiken und weitere Beobachtungs- und Diagnoseverfahren zum Einsatz kommen.

»Schülerinnen und Schüler mit erheblichen Schwierigkeiten im schulischen Lernen weisen in wesentlichen Grunderfahrungen und Grundvoraussetzungen zum Lernen (Vorerfahrungen, Interesse, Antrieb, Neugier, Durchhaltevermögen, Merkfähigkeit, Aufmerksamkeit, Motorik, sozial-emotionale Dispositionen etc.) sowie bei der Entwicklung von Kompetenzen und Lernstrategien Denk- und Lernmuster auf, die bei der Begegnung und Auseinandersetzung mit schulischen Lerngegenständen zu einer Irritation bzw. Desorientierung führen können« (KMK 2019, S. 5).

Es bedarf daher einer umfassenden Diagnostik mit anschließender Förderung, die auf verschiedene Ebenen abzielen kann. Exemplarisch seien u. a. folgende Bereiche für die Förderung genannt: Wahrnehmung, Motorik, sozial-emotionaler Bereich, Lesen, Rechtschreibung, Rechnen, Denken, Gedächtnis (vgl. Gruber/Ledl/Geiger 2014, S. 221 ff.).

1.3 Lernpsychologische und didaktische Zugänge zu Themen des inklusiven Unterrichts

»In einer inklusiven Schule kommt dem inklusiven Unterricht die Aufgabe zu, alle Schülerinnen und Schüler in ihren individuellen Bedürfnissen in das Unterrichtsgeschehen mit einzubeziehen und dabei von vornherein auf jegliche Form der Aussonderung zu verzichten« (Heimlich 2020, S. 82).

Um dieser Aufgabe gerecht zu werden, bedarf es einer gelingenden inklusiven Didaktik, die drei wesentliche Dinge mit Blick auf das Lernen voraussetzt:

»Lernen lässt sich durch unterschiedliche [...] Entwicklungsmodelle beschreiben, Kinder sind Konstrukteure ihrer Lernentwicklung und Lehrkräfte sind Begleiter der Entwicklung der Lernenden« (Benkmann 2020, S. 64).

Um den Schüler*innen in ihren kognitiven, moralischen und sozialen Entwicklungsprozessen im Bereich des Lernens bestmögliche Begleitung und Förderung zu gewährleisten, gilt es, sich als Lehrkraft mit den Modellen, welche diese Entwicklungsbereiche erfassen, auseinander zu setzen. Die Modelle von Piaget, Selman, Bourdieu und Kohlberg (vgl. ebd., S. 64 ff.) ermöglichen Zuordnungen und Einschätzungen von Schüler*innen bezogen auf die oben genannten Entwicklungsbereiche und sind für das schulische Lernen im inklusiven Unterricht elementar.

Bevor konkrete didaktische Überlegungen zur Gestaltung des Unterrichts getroffen werden können, müssen die Lernvoraussetzung, bezogen auf die einzelnen Schüler*innen und ihre Gruppierungen in der Klasse, sowie die Lernbedingungen der Klasse selbst bekannt und durchdrungen worden sein. Dementsprechend gilt: »Inklusive Didaktik konstituiert sich über einen diagnostischen Blick, der Gemeinsamkeit und Verschiedenheit sowie deren Verflochtenheit im sozialen Feld einer Lerngruppe zu erkunden sucht« (Seitz 2006, o. S.). Erst wenn die Lehrkraft durch entsprechende Beobachtungen im Unterricht und/oder über Beobachtungs- und Diagnoseverfahren sowohl den Entwicklungs- und Lernstand der Kinder als auch die im Zitat benannte Vielfalt erfasst und durchdrungen hat, gelingt es, den

Unterricht entsprechend der Bedürfnisse der Klasse und der einzelnen Schüler*innen zu gestalten. Erst dann kann eine »[...] begründete Auswahl von Bildungsinhalten und die Gestaltung von Lehr-Lern-Prozessen unter Berücksichtigung der Heterogenität der Lernenden [...]« (Simon/Rödel 2020, o. S.) vorgenommen und »[...] Lern- und Bildungsprozesse durch Differenzierungsmaßnahmen möglichst barrierefrei [...]« (ebd., o. S.) gestaltet werden.

In heterogenen Klassen gilt es, die Balance zwischen individualisierten Angeboten und einem Unterricht in einer inklusiven Klassengemeinschaft, in der das gemeinsame Lernen im Vordergrund steht, herzustellen. »Letzterer Punkt greift die Gefahr von starker Individualisierung auf, die sich zum einen als Gefahr einer sozialen Exklusion im (räumlich) gemeinsamen Unterricht identifizieren lässt, wenn die Idee einer inklusiven Gemeinschaft nicht umgesetzt werden kann« (Porsch/Korff 2023, o. S.).

Je mehr der Lerngenstand für die einzelnen Schüler*innen einen erkennbaren Sinn, bezogen auf deren (individuelle) Interessen und möglichst auch bezogen auf ihre Lebenswirklichkeit, hat, umso mehr kann die Motivation für das Lernen steigen. »Der Gegenstand muss für die Lernenden subjektiven Sinn haben« (Benkmann 2020, S. 67).

Im Idealfall erfährt das Kind im unterrichtlichen Geschehen eine Selbstwirksamkeit in dem Bewusstsein, sich nicht nur neue Lerngegenstände, sondern auch neue Lernprozesse (bzw. -methoden) erschließen zu können. Das Kind kann nach Benkmann als Konstrukteur seiner Lernentwicklung bezeichnet werden (vgl. ebd., S. 67).

Eine besondere Bedeutung fällt der Lehrkraft als Begleiter*in der Lernprozesse der Schüler*innen zu. Die Begleitung der Klasse und von Schüler*innengruppen sowie die Begleitung einzelner Schüler*innen setzt einen gelungenen Beziehungsaufbau mit diesen voraus, welcher durch das

»Interesse

- an der Person des Schülers und an seinem Wohlbefinden [...]
- für die Interessen der Schüler [...]
- für die Entwicklungspotenziale und die Selbstwirksamkeitsüberzeugungen der Schüler
- für die schulischen und außerschulischen Erfolgs-/Misserfolgsfaktoren im Alltagsleben der Schüler
- an stabilen Gruppenprozessen der Schüler im Schulalltag [...]« (Hermann 2019, S. 12)

positiv durch die Lehrkraft gestaltet werden kann.

Die Qualität der Beziehung der Lehrkraft zu den anvertrauten Schüler*innen ist zudem geprägt von der Beziehung der Lehrkraft zu sich selbst in ihrer Entwicklung als Mensch und in der professionellen Rolle als Lehrer*in. Für den gesamten Lernprozess (aber insbesondere auch für den jeweils individuellen Lernprozess der Schüler*innen) ist auch die Beziehung der Lehrkraft zum Lerngegenstand entscheidend. Benkmann (2020) konstatiert in dieser Hinsicht unter Bezugnahme auf Edelstein (1994): »Als Expertin für das Unterrichtsfach hat die Lehrkraft den mit dem Gegenstand verbundenen epistemischen Sinn zu analysieren und zu überlegen, wie sie ihn in die kognitiven Strukturen der Schüler und Schülerinnen einbindet« (Benkmann 2020, S. 68). Die Beziehung zum Lerngegenstand und die lebendige

Vermittlung von diesem durch die Lehrkraft kann die Motivation der Schüler*innen positiv beeinflussen.

Neben den genannten zwei Beziehungsebenen ist auch die Beziehung der Kinder untereinander von besonderer Bedeutung. Die Chance, dass Kinder miteinander und voneinander lernen können, hat einen positiven Einfluss auf die Lernmotivation und die gesamte Lernentwicklung. Kinder können sich auf Augenhöhe begegnen und die lernhinderlichen Schwierigkeiten (z. B. Bewertung, Autorität, Macht), die sich in der (Lern-)Beziehung zur Lehrkraft zeigen, sind hier nicht gegeben. Auch das Austragen von Konflikten, das Zusammenhandeln und -wirken sowie sich selbst im Miteinander zu erfahren, sind Aspekte, die einen positiven Einfluss auf die soziale Entwicklung der Kinder haben.

> »Entwicklungsorientierte Lehrkräfte sollten also dafür sorgen, dass Interaktionen und Beziehungen unter Gleichaltrigen in Unterricht und Schule ermöglicht werden. Für heterogene Lerngruppen mit Kindern aus unterschiedlichen sozialen Herkunftsmilieus ist die Förderung problemhaltiger und kooperativer Prozesse wichtig, um die Entwicklung sozialer, moralischer und kognitiver Kompetenzen aller Kinder zu stimulieren« (Benkmann, S. 68 f.).

Konkret dient auch der »Index für Inklusion« Lehrkräften, anhand der hier bereitgestellten Dimensionen, Bereiche und Indikatoren, den Unterricht kriteriengeleitet inklusiv zu gestalten. So finden sich dort auch alle in diesem Kapitel ausgewählten Aspekte in der »Dimension C: Inklusive Praktiken entwickeln/C2: Das Lernen orchestrieren« (Booth/Ainscow 2019, S. 19 ff.) wieder. Benkmann resümiert mit Bezug zu Rustemeier und Booth (2005): »Der Index für Inklusion [hat] sich als Instrument zur Unterstützung von inklusiven Schulentwicklungsprozessen in den letzten Jahren gleich in mehreren Ländern bewährt […]« (2020, S. 83).

1.4 Methoden und Medien des inklusiven Unterrichts

In der Vorbereitung und Planung des inklusiven Unterrichts gilt es, neben den Lernvoraussetzungen und Sachinformationen, sowohl didaktische Zugänge festzulegen als auch methodische Entscheidungen zu treffen, aus denen sich die Planung des Stundenablaufs ergibt. Dieses Kapitel beschäftigt sich daher insbesondere mit den Unterrichtsmethoden, die sowohl mit Blick auf die individuelle Situation der Klasse und die jeweiligen Schüler*innen als auch mit Blick auf das aktuelle Unterrichtsthema festgelegt werden. Um die Frage, wozu die Methode im Unterricht dienen soll, sinnvoll beantworten zu können, kann »das Entscheidungsfeld der Unterrichtsmethoden« nach Wiechmann und Wildhirt (2016, S. 18 f.) Verwendung finden. Diese gehen von drei Dimensionen aus: 1) »Die Dimension des Vermittlungsstils – lehrendes vs. entdeckendes Lernen« 2) »Die Dimension der Unterrichtssteuerung – lehrergelenktes vs. schülergelenktes Lernen« und 3) »Die Dimension der Unterrichtsplanung«. Im Folgenden wird folgende Auswahl an Methoden dargestellt, die im inklusiven Unterricht sinnvoll eingesetzt werden können: Stationenbetrieb, Gruppenpuzzle, Projektunterricht.

Stationenbetrieb

Den Schüler*innen der Klasse werden Materialien an verschiedenen Lernstationen zur Bearbeitung zur Verfügung gestellt. Zum einen kann die Anzahl der Lernstationen, je nach Umfang der Lerninhalte, variieren und zum anderen kann, je nach Klassengröße, das Material mehrfach bzw. differenziert nach den Lernvoraussetzungen der Kinder an den Stationen angeboten werden. Sinnvollerweise können die Aufgaben von den Schüler*innen an den Stationen in unterschiedlicher Reihenfolge bearbeitet werden, sodass eine optimale Verteilung der Kinder an den Stationen stattfindet. Die Aufgaben können von Station zu Station ebenfalls einen Unterschied im Schwierigkeitsgrad aufweisen, müssen dies aber nicht. Darüber hinaus können, je nach den Bedürfnissen der Schüler*innen, die Aufgaben so konzipiert werden, dass entweder vielfältige (eigene) Lösungswege entwickelt und gefunden werden oder die Aufgaben einen stärker angeleiteten, vorgebenden Charakter haben. Auch eine Variation der Sozialformen ist möglich. Die Aufgaben an den Stationen können entweder in Einzelarbeit oder in einer Partner*innen-Konstellation bearbeitet werden. Zudem ist es möglich, ausgewählte Aufgaben so zu konzipieren, dass eine Auseinandersetzung im Rahmen einer Gruppenarbeit ermöglicht wird. Dies ermöglicht eine Interaktion zwischen den Kindern und eröffnet den Raum für Gespräche zwischen Kindern – Kinder erklären Kindern Zugänge, Lösungswege und Lösungsalternativen. Vor Beginn wird durch die Lehrkraft entschieden, ob alle Aufgaben vollständig oder nur teilweise (Pflichtaufgaben) in der vorgegebenen Zeit zu bearbeiten sind.

Ausgewählte Kinder können gegebenenfalls auch zu Verantwortlichen (zum Chef bzw. zur Chefin) einer Station benannt werden und bei Fragen oder Unklarheiten beratend für die anderen Kinder tätig sein. Dadurch, dass alle Kinder über die Vielfalt der Aufgaben in einen Lern- und Arbeitsprozess eingebunden sind, besteht für die Lehrkraft die Möglichkeit, einzelne Kinder individuell zu begleiten und zu fördern. Zu beachten ist, dass die formalen und sozialen Voraussetzungen vor dem Einsatz dieser Methode mit den Kindern besprochen und eingeübt werden. »Stationenlernen wird besonders empfohlen zur Vertiefung von Wissen, zur Übung und im Rahmen von fächerübergreifendem Unterricht« (vgl. Methodenkartei der Universität Oldenburg). Dieser methodische Ansatz öffnet den Raum auch für selbstentdeckendes Lernen und gibt durch wiederkehrende Formate Sicherheit im eigenständigen Lernen.

Schlüsselhinweise

- Die Fülle der Lerninhalte und das Lerntempo kann von den Schüler*innen selbst festgelegt werden.

- Es sind verschiedene Sozialformen für die Bearbeitung möglich. Dadurch erhöhen die Kinder ihre Kommunikations- und Interaktionsfähigkeit.
- Die Sozialkompetenz, Fachkompetenz, Methodenkompetenz, Selbstkompetenz der Kinder wird gefördert.
- Lernschwierigkeiten können kompensiert werden, dadurch bleibt die Motivation bestehen.
- Durch die Vielfalt der Aufgaben gibt es für jedes Kind Herausforderungen und Erfolgserlebnisse.
- Die Methode lässt eine individuelle Förderung einzelner Kinder zu.

Gruppenpuzzle

Die Unterrichtsmethode Gruppenpuzzle gehört zum Bereich der kooperativen Lernformen, deren Einsatz

> »für den inklusiven Unterricht bei Kindern mit Lernschwierigkeiten eine große Chance und eine ebenso große Herausforderung dar[stellt]: Das selbstständige Herangehen an Aufgabenstellungen, das eigenständige Bearbeiten von Texten, gegenseitiges Erklären und das Einbringen sozialer Kompetenzen wie Zuhören, Kompromissfähigkeit, Geduld, Hilfeleistung, Perspektivwechsel und Kritikfähigkeit sind zentrale Lernziele bei Schülern mit Lernschwierigkeiten« (Souvignier 2020, S. 159).

Beim Gruppenpuzzle wird im Vorfeld ein zu bearbeitendes Hauptthema festgelegt, welches in mehrere Unterthemen unterteilbar sein muss. Nach einem gemeinsamen Einstieg (erste Phase) werden die Unterthemen zunächst in der zweiten Phase von den Schüler*innen in Einzelarbeit und anschließend in den Gruppenarbeitsphasen in Expert*innen-Gruppen (dritte Phase) bearbeitet bzw. in den Stammgruppen (vierte Phase) präsentiert. Somit muss in der Planung beachtet werden, dass die Unterthemen in der Bearbeitung vom Umfang her ähnlich sind.

> »Unerlässlich für den Erfolg des Arbeitsprozesses ist die präzise Vorbereitung des Lernmaterials, das die Lehrperson den Schülerinnen und Schülern vorgibt. Wichtig ist dabei, die Lernvoraussetzungen möglichst gut zu erfassen und die Lernmaterialien darauf abzustimmen. Ziel ist es, dass zuletzt alle Schülerinnen und Schüler alle Teilthemen beherrschen« (Wildhirt 2016, S. 55).

In einem ersten Schritt führt die Lehrkraft in die Methode Gruppenpuzzle und deren Besonderheiten ein. »Eine ausschließlich verbale Erläuterung der Methode ist äußerst schwierig! Sie sollte unbedingt auch grafisch unterstützt werden« (ebd., S. 55) (▶ Abb. 1.1). Es können folgende Themen zu Beginn oder den Arbeitsphasen entsprechend begleitend mit der Klasse besprochen werden:

- Besonderheiten der Methode,
- Arbeitsweise und Arbeitsphasen,
- Regelwerk,
- Ziel des gemeinsamen Arbeitens,
- Ergebnissicherung etc.

1 Schüler*innen im Förderschwerpunkt Lernen

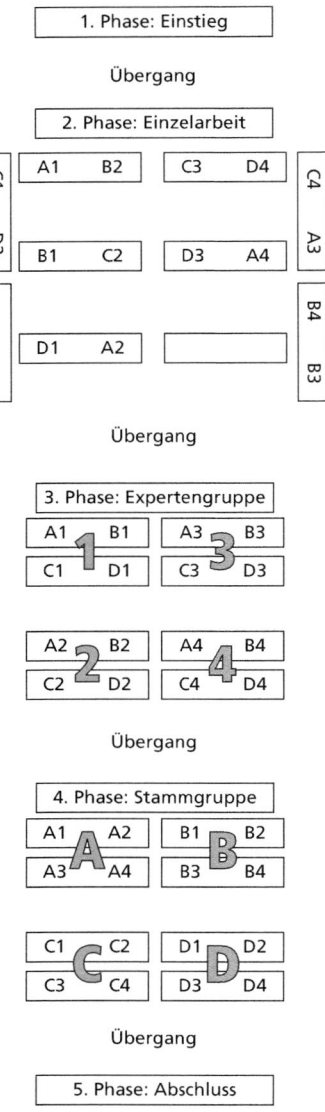

Abb. 1.1: Phasen des Gruppenpuzzles

»Spannender als ein informierender Einstieg ist es, bereits zu Beginn eine Fragehaltung zu erzeugen, welche die Aufmerksamkeit primär auf die Sache und sekundär auf die Abläufe richtet« (ebd., S. 55). Im gesamten Ablauf kommt der Lehrkraft eine moderierende, begleitende Rolle zu. Ein besonderer Fokus gilt den Übergängen in die jeweils neue Phase (▶ Abb. 1.1). Die Schüler*innen erhalten, neben den Aufgabenstellungen für die einzelnen Arbeitsphasen, auch differenziertes Material, welches zur Bearbeitung der Aufgaben Verwendung findet. Je nach Klassenkonstellation legt die Lehrkraft fest, in welcher Zusammenstellung die Kinder in den einzelnen Gruppen zusammenarbeiten. Nach der Einzelarbeit erschließen sich die Kinder der einzelnen Expert*innengruppen in der zweiten Phase die Themen gemeinsam und tauschen sich unterstützend aus. Fragen können geklärt und bei Bedarf eine individuelle Unterstützung angeboten werden. Im Übergang zur dritten Phase werden die Expert*innengruppen gebildet. »Hierzu werden – falls nicht schon vorher geschehen – Gruppenarbeitsplätze eingerichtet. Alle, die das gleiche Thema bearbeitet haben, versammeln sich nun« (ebd., S. 57). Die Schüler*innen jeder Gruppe erarbeiten nun gemeinsam, wie die Inhalte ihres Themas in den Stammgruppen vermittelt werden sollen. In den Stammgruppen (vgl. Abb. 1.1, vierte Phase) kommt jeweils ein Kind aus jeder Expert*innengruppe zusammen. »Reihum vermitteln die Expertinnen und Experten ihr vorbereitetes Thema« (ebd., S. 58). Für die Schüler*innen sind anschießende Quiz-Fragen zu den vermittelten Inhalten besonders motivierend, die ebenfalls in den Expert*innengruppen erstellt werden können. Abschließend erfolgt in der fünften Phase eine gemeinsame Reflexion mit der Klasse u. a. über den Ablauf der Phasen, über die Inhalte und über mögliche Lösungswege sowie über offen gebliebene Fragen.

Schlüsselhinweise

- Die Kommunikationsfähigkeit der Schüler*innen sowie das soziale Miteinander wird gefördert.
- Jedes Kind übernimmt eine verantwortungsvolle Position in der Vermittlung von Inhalten.
- Der Selbstwert und das Selbstbewusstsein der Schüler*innen wird über die selbstständige Erarbeitung und über den Erfolg bei der Vermittlung der Inhalte gestärkt.
- Die Methode lässt eine individuelle Förderung einzelner Kinder zu.

Weiterhin hat sich der Projektunterricht bewährt, da dieser, ähnlich wie bei den beiden vorherigen Methoden, eine Differenzierung und Individualisierung ermöglicht.

1.5 Beispiele und Ansätze zu ausgewählten Fächern des inklusiven Unterrichts

Erfahrungsberichte von Lehrkräften

Die Ausführungen dieses Kapitels basieren auf Expert*innengesprächen mit stellvertretenden Rektor*innen von Grundschulen in Deutschland sowie mit Direktor*innen und Lehrer*innen an Volksschulen in Österreich. Die Gesprächspartner*innen berichten von aktuellen Situationen aus ihrem Unterricht mit Kindern, die Lernschwierigkeiten haben. Somit behandelt dieses Kapitel auch nur selektive Themen, die von den Expert*innen anhand von Beispielen und persönlichen Erfahrungen dargestellt wurden. Zudem besteht als eine weitere Besonderheit, die in den Gesprächen mit den Lehrer*innen herausgestellt wurde, dass die benannten Themen einen generischen Charakter haben. Dies, so die Lehrer*innen, würden sie sich selbst zur Unterstützung sowie für den eigenen Erfahrungsschatz und zur eigenen Erweiterung des Handlungspotenzials als Leser*innen bezogen auf das Thema Kinder mit einer Lernschwierigkeit wünschen. Ihnen gehe es weniger um Unterrichtsplanungen, sondern sehr viel mehr um die Erörterung allgemeiner Themen des Unterrichts, die übertragbar seien. Dementsprechend wird weniger Wert auf spezifische Handlungsvorgaben gelegt, sondern auf unmittelbare Erfahrungen aus der professionellen Arbeit, die als Impulse für den eignen Unterricht und die persönliche Entwicklung als Lehrkraft Anwendung finden können – ungeachtet der Unterrichtsfächer.

Einleitend sind folgende aus den Gesprächen abgeleitete Themen zu nennen:

- Beziehungsarbeit und Rolle der Lehrkraft
- Kommunikation und Klassengemeinschaft
- Material und Motivation
- Raumgestaltung und Zusammenarbeit.

Beziehungsarbeit und Rolle der Lehrkraft

Als grundlegend für positive Entwicklungsfortschritte im Unterricht gelten der Beziehungsaufbau und das wachsende Vertrauensverhältnis zwischen der Lehrkraft und dem Kind.

> »Deshalb ist für mich, egal welche Schwächen da sind, egal welche Problematik es gibt, […] der Schlüssel zu all diesen Problemen […] ist die Beziehungsebene« (Interview vom 22.05.2023 zum Thema Lernschwierigkeiten).

Aufgrund des starken Bedürfnisses nach Aufmerksamkeit und einer damit verbundenen geringen Frustrationstoleranz fordert das Kind ein, gesehen und beachtet zu werden. Es gilt für die Lehrkraft somit, das Verhältnis von Nähe und Distanz taktvoll auszutarieren. Das Vertrauen zur Lehrkraft und ihre Zuwendung zum Kind sind die Basis für alle weiteren Arbeitsschritte. Darüber, dass das Kind spürt, dass es in seinem Sosein angenommen ist, zeigt es eine Bereitschaft und erste Schritte in der Mitarbeit im Unterricht. Es wird sichtbar, dass diese Mitarbeit der Bezugsperson, also der Lehrkraft, zuliebe erfolgt.

> »Durch die gute Beziehungsebene will er mir zeigen, was er kann. […] Er möchte zeigen, dass er viel weiß, dass er mitarbeitet« (Interview vom 22.05.2023 zum Thema Lernschwierigkeiten).

Es wird deutlich, dass die Beziehung zur Lehrkraft Ausgangspunkt für alle weiteren Schritte der Entwicklung ist. Dies setzt nicht nur ein hohes soziales, emotionales, menschliches sowie fachliches Potenzial der Lehrkraft voraus, sondern auch die Bereitschaft, in diesen Feldern eine professionelle Selbstreflexion und Psychohygiene zu betreiben sowie sich persönlich weiterzuentwickeln. Das heißt, für den Umgang mit dem Kind bedarf es eines positiven und reflektierten Selbstbildes der Lehrkraft, besonders hinsichtlich der eigenen Selbstwirksamkeit. Die Bereitschaft, sich mit der eigenen Verfasstheit auseinanderzusetzen, das wertfreie Sich-selbst-Annehmen, eine damit verbundene Fehlertoleranz sowie die Kenntnis der eigenen Bedürfnisse, Haltungen und Handlungen stehen hier im Sinne des lebenslangen Lernens im Mittelpunkt und können als Ausgang und Basis für eine gelingende Gestaltung des Unterrichts betrachtet werden. Zudem wirken sich jene Form der Professionalität und Haltung der Lehrkraft, nach Einschätzung der Befragten, vorbildhaft auf die Schüler*innen aus.

Kommunikation und Klassengemeinschaft

Mit Blick auf die Aspekte des Sozial-, Arbeits- und Lernverhaltens ist eine eindeutige und differenzierte Kommunikation mit dem Kind erstrebenswert und erleichternd. Es gilt, die Herausforderung anzunehmen und aufzeigen zu können, dass es mit Blick auf das Verhalten des Kindes im Unterricht Grenzen gibt, die einzuhalten und nicht zu überschreiten sind, und gleichzeitig vermitteln zu können, dass das Kind in seiner Person und auch mit seinen Besonderheiten angenommen und wertgeschätzt wird. Um diese Ziele in der Kommunikation zu erfüllen, bedarf es einer kindgerechten, einfühlsamen und klaren Herangehensweise. Über eine vertrauensvolle und klärende Kommunikation können fünf für das Kind erleichternde Aspekte berücksichtigt werden:

a) das Verständnis des Kindes für sich selbst und seine Situation,
b) das Verständnis für die Beziehung zur Lehrperson,
c) das Verständnis für seine Rolle im Unterricht sowie
d) seinen Mitschüler*innen gegenüber und
e) im besten Fall ein Verständnis für die Lernsituation in ihrer Ganzheit.

> »Bei ihm kann man viel auch auf der Vernunftsebene in Gesprächen [...] klären und er saugt das dann auch auf und versucht das auch umzusetzen« (Interview vom 22.05.2023 zum Thema Lernschwierigkeiten).

Eine klare, eindeutige und flexible Kommunikation ist auch in der Vermittlung von Inhalten oder bei Instruktionen von (Arbeits-)Aufträgen notwendig. Als Grundlage für einen gelingenden, kindgerechten Vermittlungsprozess sind in diesem Bereich die Beobachtungen der Lehrkraft bezogen auf die Klasse im Ganzen und bezogen auf einzelne Kinder im Speziellen zu sehen. Aufbauend auf der Beziehungsebene ist eine wertschätzende Kommunikation, auch mit Blick auf das Leistungsvermögen des Kindes, ausschlaggebend. Das Anerkennen von Leistung und beispielsweise das

Loben für positive Entwicklungsschritte, auch vor der Klasse, stärken den Selbstwert des Kindes und motivieren für eine weitere Mitarbeit. Hier gilt es, ein ausgewogenes Maß zu finden.

> »Ich bin stolz auf dich. Das hast du großartig erklärt. Er hat dann auch diese Bühne vor den anderen Kindern. Das heißt, er fällt nicht nur mit Verhaltensmustern auf, die nicht in Ordnung sind, […] aber dann hat er auch die positive Bestätigung während des Unterrichts, er hat etwas ganz toll gemacht« (Interview vom 22.05.2023 zum Thema Lernschwierigkeiten).

Zur Stärkung des sozialen Miteinanders und zur Gestaltung einer förderlichen Lernumgebung gehört auch der gemeinsame Austausch in der Klasse zu annähernd allen Themen, die das Zusammensein ausmachen. So werden auch Verhaltensweisen, gefühls- und emotionsbezogene Themen sowie Lernsituationen etc. von Kindern oder Kindergruppen thematisiert, sodass ein Verständnis und ein Vertrauen untereinander und zueinander geschaffen werden kann. Die Kunst ist es auch hier, eine wertschätzende situations- und kindbezogene Kommunikation zu pflegen, insbesondere auch mit Blick auf Lern- und Verhaltensauffälligkeiten von Kindern, sodass ein Verständnis füreinander geschaffen werden kann.

> »Wenn einer […] einmal mehr Aufmerksamkeit braucht, dann haben sie auch Verständnis dafür […]« (Interview vom 22.05.2023 zum Thema Lernschwierigkeiten).

> »Emotional und sozial positive wechselseitige Beziehungen sind im Lernen ausschlaggebend, weil die Lernenden nie nur für sich oder den Stoff lernen, sondern immer auch in einer Situation stehen, in der sie einer Lehrperson ihren Mitlernenden wie auch den weiteren Beteiligten im Umfeld verbunden sind« (Reich 2014, S. 67).

Differenziertes Material und Motivation

In einem weiteren Beispiel wird offenbar, dass das Kind mit einer Lernschwierigkeit bei der Einführung neuer Themen im Unterricht, und insbesondere zu Beginn der Beschulung, mit Rückzug reagieren kann.

> »Ja, also wo er sich sehr schwer getan hat am Anfang, war das Lesen, das Lesenlernen. Da hat er sich dann eher zurückgezogen und ich habe dann versucht ihn immer wieder zu stärken […]« (Interview vom 22.05.2023 zum Thema Lernschwierigkeiten).

Dabei werden differenzierte (Lern-)Angebote und Aufgabenstellungen von Beginn an in verschiedenen Fächern bereitgestellt.

> »Die Kinder sind gewöhnt, dass es verschiedene Texte gibt, verschiedene Arbeitsblätter gibt, verschiedene Aufgaben im Buch und daher ist es auch gar kein großes Thema« (Interview vom 22.05.2023 zum Thema Lernschwierigkeiten).

Die Kinder sind gewöhnt, differenzierte Angebote zu erhalten. Verschiedene Kinder benötigen verschiedene Zugangswege zu Inhalten des Unterrichts. Wie der Unterricht – auch für Kinder mit einer Lernschwierigkeit – zu gestalten ist, erschließt sich zum einen durch genaue Beobachtungen im Unterricht und zum anderen durch die auf den Beobachtungen aufbauenden gezielten Vorüberlegungen.

»Also, wenn ich das wirklich ernst nehme und mir fünf Stunden am Tag vorstelle […], dass ich da wirklich dranbleibe, dann braucht es ein schriftlich(es) […] Festhalten von Überlegungen, sonst halte ich es nicht durch. […] Aus dem Stegreif oder spontan, das ist zu wenig. Das wird nicht funktionieren« (Interview vom 22.05.2023 zum Thema Lernschwierigkeiten).

Es gilt, im Vorfeld u. a. verschiedene Fragen zur Vorbereitung (Methodik, Didaktik) zu klären.

- Wie wird die Stunde inhaltlich und zeitlich strukturiert?
- Welche Methoden, Materialien und Vorgehensweisen kommen für alle oder für ausgewählte Kinder zum Einsatz?
- Wie werden den Kindern die Inhalte vermittelt?
- Wie drücke ich mich den Kindern gegenüber aus?
- Welche Worte wähle ich?
- Wie gelingt es, alle Kinder abzuholen, zu motivieren und einzubinden?
- Wie können Vorkenntnisse der Kinder aufgegriffen werden?
- Wie werden Über- und Unterforderung vermieden?
- Wie kann der Lernzuwachs sichtbar gemacht werden?
- Wie können die erworbenen Kompetenzen von Kindern selbst erfahren werden (Selbstwirksamkeit)?

Raumgestaltung und Zusammenarbeit

In der Gestaltung der Arbeit in einer Mehrstufen-Inklusionsklasse gilt es, den Darstellungen einer der Interviewpartner*innen zufolge, zunächst die Raumsituation und die Möglichkeit der Zusammenarbeit mit Kolleg*innen zu klären. Es lassen sich die räumlichen und personalen Bedingungen, die bei der interviewten Lehrerin vorherrschen, wie folgt beschreiben. Die Grundschullehrer*innen zweier parallellaufender Klassen nutzen ihre Räume und die zwischen diesen liegenden Gruppenräume, welche miteinander verbunden sind, für die Schüler*innen beider Klassen. Somit ist das Unterrichten, Lernen, Arbeiten und (individuelle) Fördern in vier Räumen möglich. Dies gilt insbesondere auch für die Sonderpädagogin, die durch dieses räumliche Setting für beide Klassen zugleich sehr zielgerichtet und dennoch flexibel agieren kann.

»Aber das, was wirklich so extrem wertvoll ist, ist, dass die Kinder – und sie haben ja nun wirklich Probleme und viele leiden auch unter ihrer Lernschwäche –, dass sie die ganze Zeit in ihrer Klasse bleiben können und nicht mit einer Sonderpädagogin in einen anderen Raum gehen müssen, der dann auch noch Förderraum heißt« (Interview vom 26.05.2023 zum Thema Lernschwierigkeiten).

Die Materialien, die im Unterricht genutzt werden, sind nicht im Lehrmittelraum gelagert, sondern flexibel erreichbar in den Klassen sowohl für die Lehrkräfte als auch für die Schüler*innen verfügbar.

»Das bedarf auch einer gewissen Struktur, eines gewissen Prozesses und es müssen alle […], die mit den Kindern zusammenarbeiten, […] um die Funktionalität des Materials wissen, müssen auch wissen, wo es ist, und müssen auch damit umgehen können« (Interview vom 26.05.2023 zum Thema Lernschwierigkeiten).

Zudem ist die soziale Interaktion in der Zusammenarbeit der oben genannten Lehrer*innen und der Inklusionshelfer*innen ausschlaggebend für die Qualität des gemeinsamen Lernens in der Klasse.

»Die Chemie muss auch stimmen und das ist auch ein Prozess« (Interview vom 26.05.2023 zum Thema Lernschwierigkeiten).

Die Qualität der Kommunikation zwischen den erwachsenen Lehrkräften sowie zwischen und mit den Kindern befindet sich in einer ständigen Weiterentwicklung. Es bedarf der kontinuierlichen Absprachen untereinander – zwischen den Lehrkräften und den Kindern während der Lernprozesse. Somit ist in der vorbereitenden Planung auch die Art, wie zwischen und mit den Schüler*innen und zwischen den Lehrkräften kommuniziert wird, von ausschlaggebender Bedeutung.

»Das kostet natürlich Kraft, das kostet Mühe. Man muss sich auf den anderen einlassen, einiges aufgeben. […] Also Gespräche muss es eigentlich dauerhaft geben. Und auch nach einigen Jahren merke ich immer noch, obwohl wir uns verstehen, dass wir uns nicht verstehen. […] Wir sprechen miteinander: ›Ich sehe das ganz anderes als du! Können wir einen Kompromiss finden?‹« (Interview vom 26.05.2023 zum Thema Lernschwierigkeiten).

Der Austausch über das Lern-, Arbeits- und Sozialverhalten der Kinder sowie unterrichtliche Prozesse und die gegenseitige Unterstützung und Beratung sind für alle am Unterricht Beteiligten gewinnbringend, sowohl für die Schüler*innen als auch für die Lehrer*innen.

Bei einer bestehenden inneren und äußeren Unruhe des Kindes, d. h., so wie eine der Grundschullehrer*innen beschreibt, sind die Konzentrationsphasen kurz, ist das Bedürfnis des Kindes aufzustehen und sich zu bewegen groß, wird dem Kind in der Klasse ein Platz zugewiesen, welcher es ihm ermöglicht, aufstehen und sich bewegen zu können, ohne dass sofort alle Kinder der Klasse beim Unterricht gestört werden. Dieses Schaffen von äußeren Freiräumen führt zu einem wiederum freieren Gefühl für das Kind, da es nicht ständig zur Ruhe sowie zur Aufmerksamkeit ermahnt werden muss. Zudem kann mit weiteren Hilfsmitteln auf die äußeren, körperlichen

Bedürfnisse des Kindes eingegangen werden. Ein unter dem Tisch festgespanntes Gummiband oder ein unter dem Tisch stehendes Balance-Board ermöglichen bei Unruhe das Bewegen der Beine und Füße.

1.6 Bildungs- und Erziehungspartnerschaften mit Erziehungsberechtigten

Die interviewten Lehrer*innen sehen sich im Umgang mit den Eltern bzw. Erziehungsberechtigten vor der Herausforderung, dass die Wahrnehmungen bezogen auf das Lernverhalten des Kindes bei den Eltern bzw. Erziehungsberechtigten und der Lehrkraft unterschiedlich ausfallen können.

> »Es ist schon oft so, dass die Eltern im ersten Moment es nicht zugeben wollen. Es wird dann oft berichtet, zuhause ist das ganz anders, zuhause funktioniert das ja. Und erst wenn man dann wirklich mit Fallbeispielen vom Vormittag kommt […] und dass man eigentlich das Beste für das Kind will, dann kommt […] bei manchen schneller, bei manchen langsamer, ein Verständnis dazu« (Interview vom 22.05.2023 zum Thema Lernschwierigkeiten).

Anhand von Unterrichtsbeispielen und genauen Erläuterungen können die Erziehungsberechtigten im Idealfall die multiplen Problemlagen auch für sich nachvollziehen und anerkennen. Hieraus kann sich in Folge auch die Einwilligung seitens der Eltern bzw. Erziehungsberechtigten ergeben, dass sie in gezielte Fördermaßnahmen einwilligen, selbst wenn sie zuvor auf solche Angebote ablehnend reagiert haben. So wird anfänglich häufig nach Gründen, oder auch nach einem Sündenbock gesucht, warum die Lernsituation des Kindes so herausfordernd und problembehaftet ist, wie sie sich aktuell zeigt. Erst das entstehende und wachsende Vertrauensverhältnis zwischen der Lehrkraft und den Eltern bzw. Erziehungsberechtigten führt dazu, dass diese sich öffnen und es im besten Fall zu einer Annahme der sich als schwierig zeigenden Situation kommt. Es stehen zu Beginn die Bedenken der Eltern bzw. Erziehungsberechtigten hinsichtlich einer Stigmatisierung des Kindes sowie eines Gesichtsverlustes im Raum. Durch das Eingeständnis einer vorliegenden Lernschwierigkeit kommt die Befürchtung auf, dass ein nicht mehr zu kontrollierender Prozess mit Blick auf das eigene Kind auf verschiedenen Ebenen an der Schule stattfinden könnte. Eine weitere Sorge gilt dem Beziehungsverhältnis zwischen Kind und Lehrkraft, im Sinne dessen, dass das Kind nur noch durch die Brille »ein Kind mit Lernschwierigkeiten« betrachtet und in allen Situationen auf diese Gegebenheit reduziert werde. Die zweite Sorge gilt der Stellung des Kindes innerhalb der Klasse, dahingehend, dass das Kind von den Mitschüler*innen nicht mehr als gleichwertig angesehen werden könnte. Die dritte Sorge umfasst die Institution Schule, dass hier von der Lehrkraft oder seitens des*der jeweiligen Rektor*in (bzw. Direktor*in) Prozesse angestoßen werden, die sich der Kontrolle der Eltern bzw. Erziehungsberechtigten entziehen und sich verselbstständigen könnten.

»Ich glaube schon, dass es dieses Zugeben einer Schwäche ist, und die Eltern […] fühlen sich verantwortlich für das Kind […] und wenn jetzt mein Kind Schwierigkeiten hat, ist mein Eindruck zumindestens, dann ist dies auch eine Schwäche der Mama oder des Papas, man könnte etwas nicht richtig gemacht haben […] und man möchte es nicht zugeben« (Interview vom 26.05.2023 zum Thema Lernschwierigkeiten).

»Das Verhältnis von Lehrenden und Familien schließt ein, dass möglichst Vorurteile aus der eigenen Herkunft und Vorurteilsbildungen abgebaut und ein offenes und ein miteinander verantwortliches Verhältnis aufgebaut werden« (Reich 2014, S. 26). So, wie bereits zuvor dargestellt, sind Verständnis und Einfühlungsvermögen im Umgang mit den Kindern eine wesentliche Voraussetzung. Gleiches gilt auch für die Kommunikation mit den Eltern bzw. Erziehungsberechtigten. Deren persönliche Einstellungen verschiedenen Themen gegenüber, wie z.B. Erziehung, Sozialverhalten, Werteentwicklung, Mediengebrauch und Lernen, haben einen maßgeblichen Einfluss auf die Beziehung zwischen Lehrkraft, Eltern/Erziehungsberechtigten und dem Kind. Eine möglichst professionelle Akzeptanz und im besten Fall ein Verständnis für die Haltung oder den (Lebens-)Prozess, den die Eltern bzw. Erziehungsberechtigten durchlaufen, bildet die Grundlage für eine erfolgreiche Erziehungspartnerschaft. Die Arbeit mit den Eltern bzw. Erziehungsberechtigten ist für die Interviewten von besonderem Wert.

»Wenn du die Eltern verlierst, hast du das Kind verloren« (Interview vom 22.05.2023 zum Thema Lernschwierigkeiten).

Diese Aussage einer Lehrerin bezieht sich auf die Problematik, wie Sachverhalte von der Lehrkraft einerseits und wie von den Erziehungsberechtigten andererseits verstanden und eingeschätzt werden. Ist das Verständnis desselben Sachverhaltes völlig unterschiedlich, gestaltet sich auch die Vermittlung und Begründung von Einschätzungen, Vorgehensweisen und die Aufforderung an die Eltern bzw. Erziehungsberechtigten zur Mitgestaltung sowie zur Mitarbeit im Sinne einer Erziehungspartnerschaft besonders schwierig.

»Der […] Schlüssel zur Lösung vieler […] Probleme ist die Gesprächsebene mit den Eltern« (Interview vom 22.05.2023 zum Thema Lernschwierigkeiten).

»Lehrende sind aufgerufen, die familiären Bedingungen und die Besonderheiten des kommunalen Umfelds nicht zu ignorieren, sondern sich ihnen aktiv zu stellen« (Reich 2014, S. 26).

Die Arbeit mit den Eltern bzw. Erziehungsberechtigten verlangt ein hohes Maß an Einfühlungsvermögen, Klarheit und einen guten Überblick über die Situation und die möglichen Auswirkungen auf das Kind. Die Lehrkraft hat nicht nur die vielschichtige und verantwortungsvolle Aufgabe, das Verhalten des Kindes, seine Schwierigkeiten und Entwicklungsprozesse zu beobachten und zu dokumentieren sowie die auf das Kind individuell zugeschnittenen Förderungen zu begründen und umzusetzen, sondern auch die Aufgabe, die Beobachtungen und geplanten Förderungen den Erziehungsberechtigten adressatengerecht nahezubringen. Besonders wichtig in diesem Prozess ist, für die Lehrkraft ein gesundes Gleichgewicht zwischen zwei bedeutsamen Positionen herzustellen. Es bedarf einerseits eines Einfühlungsvermögens und Verständnisses für die Situation der Eltern bzw. Erziehungsberechtigten und andererseits einer professionellen Distanz auch im Sinne eines Selbstschutzes. Hierzu gehört auch der Umgang mit möglichen Schuldzuweisungen sowie einem Unverständnis der Eltern bzw. Erziehungsberechtigten der Situation gegenüber. Als mögliche Hintergründe für dieses Verhalten nannten die Interviewpartner*innen belastende Lebensthemen der Eltern bzw. Erziehungsberechtigten: persönliche, familiäre und partnerschaftliche Schwierigkeiten, Probleme in Erziehungsfragen, Überforderungen mit dem Thema Lernen (insbesondere der Lernbegleitung) und dem Thema Schule im Allgemeinen. Die überfordernden Belastungsthemen für die Eltern bzw. Erziehungsberechtigten können auch dazu führen, dass Verantwortlichkeiten an die Lehrkraft abgegeben werden. Die befragten Lehrer*innen sehen einen kontinuierlichen Austausch mit den Eltern bzw. Erziehungsberechtigten über die Entwicklungsschritte des Kindes, sowohl bezogen auf Erfolge als auch bezogen auf Herausforderungen, bei denen die Mitarbeit der Erziehungsberechtigten gefordert wird, als essenziell an.

Ausgewählte Einrichtungen und Dienste auf Landes- und Bundesebene

- Ministerium für Schule und Bildung des Landes Nordrhein-Westfalen
  Internet: https://www.schulministerium.nrw/sonderpaedagogische-foerderung
- Bezirksregierung Düsseldorf
  Internet: https://www.brd.nrw.de/themen/schule-bildung/schulformuebergreifende-themen/inklusion-und-gemeinsames-lernen
- Bundesministerium für Bildung, Wissenschaft und Forschung (Österreich)
  Internet: https://www.bmbwf.gv.at/Themen/schule/schulsystem/sa/sp/sp_schwerpunkte.html
- Bildungsdirektion Wien
  Beratungsstelle für den inklusiv- und sonderpädagogischen Bereich (I-BOZ FIDS) der Bildungsdirektion
  Internet: https://www.bildung-wien.gv.at/service/beratungsservice/Beratungsstelle-f-r-den-inklusiv--und-sonderp-dagogischen-Bereich--I-BOZ-FIDS--der-Bildungsdirektion-f-r-Wien-.html

Literatur

American Psychiatric Association (APA): Diagnostische Kriterien des Diagnostischen und Statistischen Manuals Psychischer Störungen DSM-IV. Deutsche Bearbeitung: H. Sass/H. U. Wittchen/M. Zaudig/I. Houben (2003), Diagnostisches und Statistisches Manual Psychischer Störungen – DSM-IV-TR. Göttingen: Hogrefe.

Benkmann, R. (2020): Entwicklungsorientierte Didaktik. In: U. Heimlich/F. B. Wember (Hrsg.), Didaktik des Unterrichts bei Lernschwierigkeiten: Ein Handbuch für Studium und Praxis (4. Aufl., S. 62–73). Stuttgart: Kohlhammer.

Booth, T./Ainscow, M. (2019): Index für Inklusion. Ein Leitfaden für Schulentwicklung (2. Aufl.). Weinheim: Beltz.

Börnert-Ringleb, M. (2023): Lernschwierigkeiten. In: M. Börnert-Ringleb/G. Casale/M. Balt/M. Herzog (Hrsg.), Lern- und Verhaltensschwierigkeiten in der Schule. Erscheinungsformen Entwicklungsmodelle Implikationen für die Praxis (S. 13–22). Stuttgart: Kohlhammer.

Breuer, H./Weuffen, M. (2006): Lernschwierigkeiten am Schulanfang. Lautsprachliche Lernvoraussetzungen (6. Aufl.). Weinheim: Beltz.

Deutsches Institut für Medizinische Dokumentation und Information (DIMDI) im Auftrag des Bundesministeriums für Gesundheit (BMG) unter Beteiligung der Arbeitsgruppe ICD des Kuratoriums für Fragen der Klassifikation im Gesundheitswesen (KKG) (Hrsg.) (2019): ICD-10-GM Version 2019. Systematisches Verzeichnis Internationale statistische Klassifikation der Krankheiten und verwandter Gesundheitsprobleme (10. Revision, German Modification). Online verfügbar unter: https://www.dimdi.de/static/de/klassifikationen/icd/icd-10-gm/kode-suche/htmlgm2019/block-f80-f89.htm, Zugriff am 04.07.2023.

Edelstein, W. (1994): Eine Meditation zum Problem der entwicklungsorientierten Didaktik. LLF-Berichte Nr. 9, 2–12. Potsdam: Universität Potsdam. Online verfügbar unter: https://publishup.uni-potsdam.de/opus4-ubp/frontdoor/deliver/index/docId/396/file/EDELMEDI.pdf, Zugriff am 10.07.2023.

Ehm, J.-H./Lonnemann, J./Hasselhorn, M. (2017): Wie Kinder zwischen vier und acht Jahren lernen. Psychologische Erkenntnisse und Konsequenzen für die Praxis. Stuttgart: Kohlhammer.

Gold, A. (2017): Lernschwierigkeiten. Ursachen, Diagnostik, Intervention (2. Aufl.). Stuttgart: Kohlhammer.

Gruber, H./Ledl, V./Geiger, B. (2014): Wir lernen anders. Unterrichtshilfen für Kinder mit Schulschwierigkeiten und Behinderung. Wien: Jugend & Volk.

Grünke, M./Grosche, M. (2014): Lernbehinderung. In: G. W. Lauth/M. Grünker/J. C. Brunstein (Hrsg.), Interventionen bei Lernstörungen. Förderungen, Training und Therapie in der Praxis (2. Aufl., S. 67–89). Göttingen: Hogrefe.

Heimlich, U. (2020): Didaktik des inklusiven Unterrichts bei Lernschwierigkeiten. In: U. Heimlich/F. B. Wember (Hrsg.), Didaktik des Unterrichts bei Lernschwierigkeiten: Ein Handbuch für Studium und Praxis (4. Aufl., S. 74–87) Stuttgart: Kohlhammer.

Hermann, U. (2019): Einführung – Aspekte pädagogischer Beziehungen in der Schulpädagogik heute. In: U. Hermann (Hrsg.), Pädagogische Beziehungen Grundlagen – Praxisformen – Wirkungen (S. 9–19). Weinheim: Beltz.

ICD-10-GM (2019): Kapitel V Psychische und Verhaltensstörungen (F00-F99) Entwicklungsstörungen (F80–F89). Online verfügbar unter: https://www.dimdi.de/static/de/klassifikationen/icd/icd-10-gm/kode-suche/htmlgm2019/block-f80-f89.htm, Zugriff am 04.07.2023.

KMK (2015): Empfehlungen zur Arbeit in der Grundschule. Beschluss der Kultusministerkonferenz vom 11.06.2015. Bonn: KMK.

KMK (2019): Empfehlungen zur schulischen Bildung Beratung und Unterstützung von Kindern und Jugendlichen im sonderpädagogischen Schwerpunkt LERNEN. Beschluss der Kultusministerkonferenz vom 14.03.2019. Bonn: KMK.

Koßmann, R. (2019): Schule und »Lernbehinderung«. Wechselseitige Erschließungen. Bad Heilbronn: Klinkhardt.

Kuhn, J.-T./Vanauer, C. (2023): Genetische und neurologische Risikofaktoren. In: M. Börnert-Ringleb/G. Casale/M. Balt/M. Herzog (Hrsg.), Lern- und Verhaltensschwierigkeiten in der Schule. Erscheinungsformen – Entwicklungsmodelle – Implikationen für die Praxis (S. 47–58). Stuttgart: Kohlhammer.

Lauth, G. W./Brunstein, J. C./Grünke, M. (2014): Lernstörungen im Überblick: Arten, Klassifikation, Verbreitung und Erklärungsperspektiven. In: G. W. Lauth/M. Grünke/J. C. Brunstein (Hrsg.), Interventionen bei Lernstörungen. Förderungen, Training und Therapie in der Praxis (2. Aufl., S. 17–31). Göttingen: Hogrefe.

Mähler, C. (2021): Diagnostik von Lernstörungen: Zeit zum Umdenken. In: Zeitschrift für Pädagogische Psychologie 35 (4), 217–227.

Ministerium des Inneren des Landes Nordrhein-Westfalen (Hrsg.) (2023): Verordnung über die sonderpädagogische Förderung, den Hausunterricht und die Klinikschule (Ausbildungsordnung sonderpädagogische Förderung – AO-SF) (Fn 10) vom 29.04.2005, Zugriff am 04.07.2023.

Porsch, R./Korff, N. (2023): Perspektiven auf inklusiven Unterricht: Das Verhältnis der Inklusiven und Allgemeinen Didaktik. Online verfügbar unter: https://www.inklusion-online.net/index.php/inklusion-online/article/view/711/514, Zugriff am 04.07.2023.

Przibilla, B./Linderkamp, F. (2014): Soziale Kontextfaktoren. In: M. Börnert-Ringleb/G. Casale/M. Balt/M. Herzog (Hrsg.), Lern- und Verhaltensschwierigkeiten in der Schule. Erscheinungsformen – Entwicklungsmodelle – Implikationen für die Praxis (S. 70–78). Stuttgart: Kohlhammer.

Reich, K. (2014): Inklusive Didaktik. Bausteine für eine inklusive Schule. Weinheim: Beltz.

Rustemeier, S./Booth, T. (2005): Learning about the Index in Use. A Study of the Use of the Index for Inclusion in Schools and LEAs in England. Bristol: Center for Studies on Inclusive Education.

Seitz, S. (2006): Inklusive Didaktik: Die Frage nach dem »Kern der Sache«, Zeitschrift für Inklusion. Online verfügbar unter: https://www.inklusion-online.net/index.php/inklusion-online/article/view/184/184, Zugriff am 04.07.2023.

Simon, T./Rödel, L. (2020): Inklusive Didaktik. In: socialnet Lexikon. Bonn: socialnet. Online verfügbar unter: https://www.socialnet.de/lexikon/Inklusive-Didaktik, Zugriff am 04.07.2023.

Souvignier, E. (2020): Kooperatives Lernen In: U. Heimlich/F. B. Wember (Hrsg.), Didaktik des Unterrichts bei Lernschwierigkeiten: Ein Handbuch für Studium und Praxis (4. Aufl., S. 155–165). Stuttgart: Kohlhammer.

Universitäten Oldenburg und Vechta Kooperationsprojekt (2016): Methodenkartei. Unterrichtsmethoden für den Alltag. Online verfügbar unter: https://www.methodenkartei.uni-oldenburg.de/, Zugriff am 04.07.2023.

Wiechmann, J./Wildhirt, S. (2016): Unterrichtsmethoden – vom Nutzen der Vielfalt. In: J. Wiechmann/S. Wildhirt (Hrsg.), Zwölf Unterrichtsmethoden. Vielfalt für die Praxis (6. Aufl., S. 11–23). Weinheim: Beltz.

Wildhirt, S. (2016): Das Gruppenpuzzle. In: J. Wiechmann/S. Wildhirt (Hrsg.), Zwölf Unterrichtsmethoden. Vielfalt für die Praxis (6. Aufl., S. 52–64). Weinheim: Beltz.

2 Schüler*innen im Förderschwerpunkt geistige Entwicklung

Maximilian Buchka

> Kinder mit geistiger Behinderung können in der Grundschule hinsichtlich ihres sozialen Verhaltens gut beschult werden. Ihre offensichtlichen kognitiven Lernerschwernisse müssen aber mittels eines individualisierten und differenzierten Unterrichts unterstützt, begleitet und kompensiert werden, damit sie die zu variierenden Unterrichtsziele auf dem ihnen gemäßen Entwicklungsstand erreichen können.

2.1 Fallgeschichte eines Schülers mit geistiger Behinderung

Leon ist zurzeit 15 Jahre alt. Er lebt in einer Familie mit Mutter, Vater und zwei älteren Schwestern. Seine beiden Geschwister kümmerten sich von Anfang an liebevoll um den kleinen Bruder. Sie bezogen ihn bei allen Spielen ein und er machte gerne mit – so gut es ihm möglich war.

Von Geburt an waren seine Eltern bestrebt, Leon ganz natürlich aufwachsen und ihn überall teilhaben zu lassen. So war es für sie selbstverständlich, Leon in einer inklusiven Kita anzumelden. Dort war Leon glücklich und er konnte sich sehr gut entwickeln. Bei »kleinen Krisen« wusste er seine Geschwister in der Nähe, die dieselbe Kita besuchten. Das gab ihm Sicherheit.

Mit seiner Einschulung in die Grundschule erlebte Leon einen Bruch. Dort fehlte ihm zunächst eine Begleitung, die seine Bedürfnisse verstand. Man beschäftigte ihn oftmals mit Mandalas, während die anderen Mitschüler*innen einer anderen Tätigkeit nachgingen. Das verletzte ihn und er schob das Material von sich weg. Er wollte so gerne an den anderen Lernaufgaben teilhaben, auch wenn er intellektuell nicht alles mitvollziehen konnte. Es fiel den Lehrer*innen schwer, den Schulalltag aus Leons Perspektive zu betrachten und ihn in das Alltagsgeschehen einzubeziehen. In seiner Not rettete er sich zuweilen unter seinen Schultisch. Dort verharrte er, bis man seine Mutter rief, die ihn abholte.

Eine Lehrerin fand heraus, dass es Leon in schwierigen Situationen guttat, wenn sie ihm ein Bild von einem kleinen Elefanten schenkte. Diese Zuwendung und persönliche Geste der Lehrerin vermittelten Leon Halt und Stärke und waren ein Auslöser dafür, dass Leon sukzessiv wieder in die Gemeinschaft und in den Unterricht zurückfand. Mit Hilfe einer Integrationsfachkraft konnte er schließlich seine Grundschulzeit gut bewältigen, insbesondere seine Beeinträchtigung im sprachlichen Bereich konnte sehr gut kompensiert werden.

Durch den folgenden Besuch einer Gesamtschule konnte Leon viele soziale Kompetenzen entwickeln. Manche Fächer blieben für Leon »ungeeignet«, er nahm dennoch sehr viel daraus mit und beschäftigte sich mit dem, was er verstanden hatte. Nun stehen Leon, seine Eltern und seine Lehrkräfte vor der Aufgabe, mit Leon einen Weg zu finden, wie und wo er weiterhin inklusiv lernen und einen beruflichen Einstieg finden kann.

2.2 Beschreibungen, Ursachen und Folgen einer geistigen Behinderung

Die Beschreibung des Begriffs der geistigen Behinderung (engl. »mental retardation«) als Definition für eine Variation menschlichen Seins und kognitiven Verhaltens wird von Fachleuten verwendet, um eine Gruppe von Menschen *mit* diesem Merkmal von Menschen *ohne* diesem zu unterscheiden und um ihnen in (sozial-) rechtlichen, bildungspolitischen und sozialpolitischen Belangen eine Teilhabe am kulturellen und gesellschaftlichen Leben zu ermöglichen. Dabei ist eindeutig, dass es eine exakte Kennzeichnung, was eine geistige Behinderung ist, nicht geben kann. Aus pädagogischer Sicht (im Sinne der vorliegenden Publikation) lässt sich definieren:

> »Unter ›geistiger Behinderung‹ lässt sich eine Erscheinungsform menschlicher Eigenart verstehen, bei der als Folge bio-organischer Schädigung lebenslang ein erheblicher Rückstand der mentalen (geistigen oder intellektuellen) Entwicklung zu beobachten ist. Dieser wirkt sich verschiedenartig auf das Verhalten aus und manifestiert sich in einer erheblich beeinträchtigten Lernfähigkeit, sodass eine spezialisierte pädagogische Förderung notwendig wird« (Speck 2018, S. 49).

Bei der schulrechtlichen Feststellung einer geistigen Behinderung geht man davon aus, dass die Gruppe der Kinder mit einem Intelligenzquotienten unterhalb von 70, die zu dieser Schüler*innengruppe gehören, nur insgesamt 2,2 % stark sein dürfte. Von den 2,2 % sind jedoch nur 1 % als Schulkinder im Förderschwerpunkt »geistige Entwicklung« in der entsprechenden Förderschule gemeldet. Die restlichen 1,2 % der Kinder befinden sich wohl als »schwächere Schüler*innen« an den allgemeinen Schulen, wie Speck (vgl. 2018, S. 49 f.) vermutet. »Der Begriff Förderschwerpunkt geistige Entwicklung (FgE) wurde von der deutschen Kultusministerkonferenz (KMK) in ihrer Empfehlung zur Entwicklung der sonderpädagogischen Förderung im Jahre 1994 eingeführt« (Biever/Koenig 2019, S. 38), um einen Alternativbegriff zur abwertenden Einschätzung des Begriffs »geistige Behinderung« zu haben. Bei geistiger Behinderung ist nach Wendeler (zit. n. Hensle/Vernooij 2002, S. 136) eine

Häufigkeit von 5,4 Jungen auf 1000 im Gegensatz zu 2,9 Mädchen auf 1000 festzustellen. Dies ergibt eine Geschlechterverteilung von 3,0 zu 1,6 oder, in Prozentwerten ausgedrückt, von 0,54 % zu 0,29 %.

Die Ursachen einer geistigen Behinderung können entweder nach dem *medizinischen* Zeitpunkt der Schädigung (so bei Neuhäuser/Steinhausen 2003) oder nach dem *Intelligenzgrad* (so Fornefeld 2004) bestimmt werden.

Entsprechend der weit verbreiteten *medizinischen* Einteilung, die zur Ursachenbestimmung den Zeitpunkt der Schädigung hinzuzieht, können drei Formen bestimmt werden (vgl. Neuhäuser/Steinhausen, zit. n. Speck 2018, S. 59):

1. Pränatal entstandene Formen geistiger Behinderung:
   - Fehlentwicklungen des Nervensystems (Fehlbildungen und Differenzierungsstörungen des Zentralnervensystems)
   - Genmutationen, die vor allem zu Stoffwechselstörungen (Metabolismus) führen können, z. B. die Phenylketonurie
   - Fehlbildungs- und Retardierungssymptome, bezogen auf Körperwachstum und -formen, und Neigung zu bestimmten Krankheiten
   - Fehlbildungen des Nervensystems, vor allem Makrozephalie und Mikrozephalie (vergrößerter bzw. verringerter Kopfumfang)
   - Chromosomenanomalien, wie z. B. die Trisomien, worunter das Down-Syndrom als Trisomie 21 am häufigsten anzutreffen ist (1:600–900 Neugeborene)
   - exogen verursachte pränatale Entwicklungsstörungen, bedingt durch Infektionen (z. B. Virus-Infektionen), chemische Einwirkungen (Alkohol, Medikamente) und durch Strahlen- bzw. sonstige Umweltbelastungen
   - idiopathische Formen geistiger Behinderung (keine körperlichen Symptome bei zerebralen Funktionsstörungen, vermutlich erbbedingt)
2. Perinatale Komplikationen mit Folge einer geistigen Behinderung:
   - sog. Geburtstrauma (Verletzungen von Gehirnteilen)
   - durch Sauerstoffmangel bedingte Enzephalopathie
   - Frühgeburten
   - Erkrankungen des Neugeborenen, z. B. die neonatale Meningitis (Hirnhautentzündung) oder eine Blutgruppenunverträglichkeit
3. Postnatale Ursachen geistiger Behinderung:
   - Entzündliche Erkrankungen des Zentralnervensystems: Meningitis (Hirnhautentzündung), Enzephalitis (Gehirnentzündung)
   - Schädel-Hirn-Trauma, z. B. durch Unfälle oder Kindesmisshandlungen
   - Hirntumore
   - Hirnschädigung durch Intoxikation (Vergiftungen); Sauerstoffmangel oder Stoffwechselkrisen.

Die *psychologische* Einteilung der Ursachen orientiert sich hauptsächlich nach der Messung der Intelligenzgrade. Man geht dabei von einem durchschnittlichen Intelligenzwert (IQ) von 100 aus, der bei 68 % der Bevölkerung vorliegt. Menschen mit geistiger Behinderung haben mindestens eine Abweichung nach unten von zwei Standardabweichungen (2 x 15 IQ-Werte) vom Leistungsdurchschnitt, also einen IQ von 70 Punkten bzw. weniger. Die Klassifikation der geistigen Behinderung kann nach ICD-10, in Kombination mit den IQ-Werten und den epidemischen Anteilen, wie folgt angegeben werden:

1. Leichte Intelligenzminderung, (ICD-10-Nr. F 70), mit einem IQ-Wert von 50–69, und einem Anteil von 80 % aller geistig behinderter Menschen
2. Mittelgradige Intelligenzminderung (ICD-10-Nr. F 71), mit einem IQ-Wert zwischen 35–49, und einem Anteil von 12 % aller geistig behinderter Menschen
3. Schwere Intelligenzminderung (ICD-10-Nr. F 72), mit einem IQ-Wert zwischen 20–34, und einem Anteil von 7 % aller geistig behinderter Menschen
4. Schwerste Intelligenzminderung (ICD-10-Nr. F 73), mit einem IQ-Wert unter 20, und einem Anteil von weniger als 1 % aller geistig behinderten Menschen (vgl. von Gontard 2013, S. 31).

Zu den Folgen der geistigen Behinderung sind nicht nur Lebenserschwerungen durch die medizinische und psychologische Ursächlichkeit zu zählen, sondern auch die Mehrfachbehinderung (Multimorbidität), die sie nach sich zieht. Seit längerer Zeit weiß man, dass ein Mensch mit geistiger Behinderung immer auch ein mehrfachbehinderter Mensch ist, die geistige Behinderung tritt nicht »alleine« auf (vgl. Buchka 1973). Dies vorausgesetzt heißt, dass eine geistige Behinderung (als primärer Defekt) immer in multipler Form auftritt, z. B.:

- Multiple primäre Defekte, die als eine einmalige Schädigung, z. B. eine perinatale Hirnschädigung, mehrere (multiple) Behinderungen hervorrufen können, z. B. neben der geistigen Behinderung auch eine Sprachstörung und/oder eine spastische Lähmung.
- Bei einer konsekutiven Verbildung handelt es sich um Folgebehinderungen; klassisches Beispiel ist die Taubstummheit, bei der die sprachlichen Defizite die Folge der Gehörlosigkeit sind.
- Bei der Sekundarschädigung liegen zwei voneinander unabhängige Schädigungen vor. So kann ein geistig behindertes Kind durch einen Unfall ein Bein verlieren und so noch zusätzlich körperbehindert werden (vgl. Hensle/Vernooij 2002, S. 169).

Zusammengefasst kann man sagen, dass das konkrete Erscheinungsbild des Kindes mit geistiger Behinderung durch medizinische und psychologische Behinderungsursachen sowie durch zusätzliche Beeinträchtigungen (Multimorbidität) geprägt wird.

2.3 Lernpsychologische und didaktische Zugänge zu Themen des inklusiven Unterrichts

Nicht nur in der Forschung, sondern auch in Beispielen der täglichen Unterrichtserfahrung mit Kindern mit geistiger Behinderung wird deutlich: Sie nehmen »wie alle anderen wahr, auch ihre Denkvollzüge laufen prinzipiell so ab wie bei anderen, geringer ist lediglich der Grad der Differenziertheit, die Höhe der Abstraktion und die Fähigkeit zu Transferleistungen« (Pohl 1979, S. 253). Diese erste empirische Erfahrung ist vorab erst einmal wichtig, wenn man überlegt, ob diese Kinder in der Grundschule aufgenommen werden sollen. Auf eine zweite empirische Unterrichtserfahrung macht Pohl (ebd., S. 254), in Anlehnung an Bach, ebenfalls aufmerksam. Trotz der oben skizzierten Vergleichbarkeit mit nicht behinderten Kindern zeigen Kinder mit geistiger Behinderung u. a. fünf besondere Lerneigentümlichkeiten, die mitbedacht werden müssen, um einen inklusiven Unterricht mit ihnen zu planen. Diese sind u. a.:

- *Die sachverhaftete Aufnahmefähigkeit*
  Sie richtet sich bei diesen Kindern auf das räumlich und zeitlich nahe Interessenfeld aus ihrer Lebenswelt. Die Aufnahmefähigkeit ist quantitativ und qualitativ begrenzt und gelingt besser, wenn der Lerngegenstand mit Vorerfahrungen des Kindes eng verknüpft werden kann.
- *Die sensorische Ansprechbarkeit*
  Kinder mit geistiger Behinderung können besser lernen, wenn ihnen ein »anschaulich-vollziehendes Lernen« (Bach, zit. n. Pohl 1979, S. 254) ermöglicht wird. Ausgehend von sinnlichen Anschauungen, die schon der pädagogische Klassiker Johan Amos Comenius (1985) als Basis jeden Lernens beschrieben hat, erfolgt eine fein- und grobmotorische Betätigung mit dem Lernobjekt. Über diese motorische Selbsttätigkeit als fundierende und stützende Lernfunktion erwirbt auch das Kind mit geistiger Behinderung Wissen und Fähigkeiten auf seinem Bildungsniveau.
- *Die spezielle Führungsbedürftigkeit*
  Wenn eine Lernaufgabe einen höheren Komplexionsgrad hat und das Lernen durch Einsicht und eine kreative Aufgabengliederung in logisch aufeinander aufbauenden Lernschritten erfordert, benötigt das Kind mit geistiger Behinderung didaktische und methodische Strukturierungshilfen. Die spezielle Führungsbedürftigkeit misst sich am Maß der relativen Lernselbstständigkeit des Kindes. Bei der Gewährung der Führungshilfen muss immer der Leitsatz von Montessori gelten: »Hilf mir, es selbst zu tun!« (vgl. Montessori 2002).
- *Die gemäßigte Lerndynamik*
  Kennzeichnend für das Lernverhalten geistig behinderter Kinder ist ihre »extreme Verlangsamung, die Verflachung und zeitliche Begrenzung der Lernprozesse« (Bach, zit. n. Pohl 1979, S. 254). Die gemäßigte Lerndynamik kann im konkreten Unterricht durch eine starke Rhythmisierung ausgeglichen (kompensiert) werden. Durch einen Wechsel von an- und entspannenden Unterrichtsszenen kann

2.3 Lernpsychologische und didaktische Zugänge zu Themen des inklusiven Unterrichts

ein abschwächendes Interesse und primäres Motivationsverhalten gesteuert werden. Durch vielfältiges Üben kann im Verlauf der Schulbesuchsjahre die Lerndynamik ausgeweitet werden.

- *Die permanente Anregungsbedürftigkeit*
  Es ist oft zu beobachten, dass Kinder mit geistiger Behinderung weniger aus situativer Neugier oder aus sachbezogenem Interesse lernen, zumal sie nur eine schwache Lernspontanität besitzen, sondern vielmehr dann, wenn ihnen von außen (Lehrer*innen, Mitschüler*innen) Lernanreize gegeben werden (verbal oder non-verbal), die sie aufgreifen und denen sie nachgehen wollen. Diese Erfahrung erfordert von Lehrer*innen, dass sie nicht auf ein natürliches Lernbedürfnis vertrauen und hoffen dürfen, sondern dass sie diesen Kindern immer konkrete Lernimpulse im Unterricht anbieten müssen. Wenn auch die Analyse des Lernverhaltens von Kindern mit geistiger Behinderung im Vergleich zu ihren nicht behinderten Mitschüler*innen den Schluss nahelegt, dass ihnen dieselben Lernweisen zur Verfügung stehen, müssen doch einige graduelle und qualitative Unterscheidungen mitbedacht werden.

Aus lernpsychologischer Sicht zieht Rath (1979) für den Unterricht mit Kindern mit geistiger Behinderung folgende Forderungen:

»Im Unterschied zum gesunden Kind sind sie offenbar viel stärker auf deutliche Lernanreize angewiesen, auf eine Vielzahl von Wiederholungen, die sie sich seltener als normale Kinder spontan verschaffen. Sie benötigen eine eindeutige und häufig wiederholte Beziehung zwischen Handlung und Handlungsfolge, deutliche Unterscheidungsmerkmale, wiederholtes Hantieren mit Gegenständen, Hilfen beim Bilden genauer Vorstellungen und Begriffe, Anleitung zum Erlernen des Nachahmens, Anleitung zum Erlernen von Gedächtnisstrategien und zur Ordnung des bisher Gelernten. Kurz, Vieles, was das gesunde Kind sich spontan an Lernmöglichkeiten verschafft, bedarf beim (geistig behinderten Kind) der gezielten Anleitung« (ebd., S. 383).

Das Kind mit geistiger Behinderung kann seinen Platz in der Lerngemeinschaft der Grundschule finden, wenn die Lehrkräfte sich immer wieder bewusst machen, dass seine Lernform das »anschaulich-konkrete-vollziehende Lernen« (Bach, zit. n. Pohl 1979, S. 254) ist.

Der inklusive Unterricht von Kindern mit geistiger Behinderung in der Grundschule wurde von der Empfehlung der Kultusministerkonferenz (KMK) aus dem Jahre 1994 schon gefordert. Die KMK machte darauf aufmerksam, »dass Schüler*innen mit dem Förderschwerpunkt geistige Entwicklung auch in Regelschulen unterrichtet werden können« (Stöppler 2017, S. 100).

Der Wille, Kindern mit geistiger Behinderung auch einen Zugang zur Grundschule zu eröffnen, ist auf vielen Seiten vorhanden, wenn auch mit unterschiedlichen Motiven: angefangen z. B. beim sozialen Miteinander bis hin zur Forderung nach einer Bildung für alle. Diese schulische Entwicklung kann nach Speck nur gelingen, wenn ein lebendiger und auch emotional verbundener Lehr-Lern-Zusammenhang entsteht.

»Menschlich-leben Lehren als unterrichtliches Ziel kann bei geistig behinderten Kindern nur bedeuten, Leben in sinnvollen Ausschnitten und in der Unmittelbarkeit einer emotionalen Zugehörigkeit, eines Miteinander-Agierens und eines Voneinander-Lernens für beide Seiten, wirksam werden zu lassen« (Speck 2018, S. 263).

In der Unterrichtsgestaltung mit Kindern mit geistiger Behinderung haben sich zwei Unterrichtskonzepte bewährt: das entwicklungsbezogene und das handlungsbezogene Konzept (vgl. Speck 2018):

- Die Didaktik des *entwicklungsbezogenen Unterrichtskonzepts* »orientiert sich nicht nur allgemein an den Entwicklungssequenzen des Kindes, sondern bezieht sich im Speziellen auf die didaktischen Einzelvorhaben, die Übungen umfassen, um das Erreichen der ›nächsten Zone der Entwicklung‹ (Wygotski) anzubahnen und zu unterstützen, also um die nächste ›Entwicklungsaufgabe‹ meistern zu helfen« (Speck 2018, S. 275). Zusammenfassend kann man sagen, dass der entwicklungsbezogene Unterricht an individuelle Entwicklungsziele gebunden ist und mehr für den Einzelunterricht (z. B. als Förderunterricht) geeignet ist.
- Die Didaktik des *handlungsbezogenen Unterrichtskonzepts* ist für ein relativ offenes Unterrichtsangebot in realen Lebenssituationen geeignet, worin es um den Erwerb der Handlungskompetenz mittels eigener Aktivität und Erfahrung geht. Nach Speck geht es beim handlungsbezogenen Unterrichtskonzept »a) um das Lernen in Sinnganzen (Situationen); b) das Tätigwerden in sozialen Bezügen; c) das Erfahren von Sachzusammenhängen; d) die Ausbildung von Subjektivität (Selbstbewusstsein); e) lebenspraktische Aufgabenbewältigung und Orientierungen und f) um Einsicht und Kreativität« (2018, S. 276).
Zusammenfassend führt Speck zur didaktischen Orientierung des Unterrichts bei Kindern mit geistiger Behinderung aus: »So viele basale und fundierende Entwicklungsorientierung als individuell nötig und so viel Handlungsoffenheit als sinnvollerweise möglich. Letztere setzt jedoch die Öffnung der Schule [*hier der Grundschule; M. B.*] in das reale Leben der Gesellschaft voraus, die Einbeziehung des Unterrichts in unmittelbare Handlungszusammenhänge, kurz gesagt: den realen Lebensweltbezug« (ebd., S. 277).

Für die Didaktik des inklusiven Unterrichts in der Grundschule mit Kindern mit geistiger Behinderung sind mit den entwicklungs- und handlungsbezogenen Unterrichtskonzepten wichtige Struktur- und Organisationshilfen gegeben. An handlungsbezogenen Unterrichtsvorhaben, die durch eine Differenzierung der Themenschwerpunkte und Arbeitsmethoden eine didaktische und methodische Variationsbreite im Fach- oder Projektunterricht ermöglichen, können auch Kinder mit geistiger Behinderung teilnehmen. Daneben wird es auch immer wieder individuelle Aufgaben der Entwicklungsförderung in den Bereichen Wahrnehmung, Sprache, Bewegung, Soziabilität und Kognition geben, die eine basale Lernförderung als Einzel- oder Kleinstgruppenübung brauchen, die entweder durch die Klassenlehrkraft selbst oder durch Spezialkräfte der Sensorik, Logopädie, Motopädie, Sozial-/Verhaltenstherapie oder Lerntherapie angeboten werden können. Der Einsatz dieser Zusatzkräfte zeigt, dass eine inklusive Beschulung in der Grundschule nicht zum »Null-Tarif« zu haben ist.

2.4 Methoden und Medien des inklusiven Unterrichts

Bereits seit es eine Schulpflicht für Kinder mit geistiger Behinderung gibt (in Nordrhein-Westfalen z. B. ab 1966), existieren vielfältige Methodenvorschläge, die im ersten einschlägigen Handbuch der Pädagogik für geistig Behinderte von 1969, unter dem Aspekt der Unterrichtsprinzipien, zu finden sind, sei es in den Vorschlägen von Bach (1968), Josef (1968), Speck (1970) oder Hofmann (1979). In einer neueren Veröffentlichung hat Speck (2018) seine damaligen Unterrichtsprinzipien zur methodischen Gestaltung des Unterrichts überarbeitet. Er hat sie einerseits zusammengefasst und geschärft, andererseits aber auch kompatibel gemacht für die entwicklungs- und handlungsbezogenen Unterrichtskonzepte. Sie fungieren für ihn »als Handlungsregulative für jeglichen Unterricht, um dessen Zwecke erreichbar zu machen« (Speck 2018, S. 278). Er führt zu den einzelnen methodischen Unterrichtsprinzipien Folgendes aus (vgl. ebd., S. 279):

Prinzipien der Unterrichtsmethoden für Kinder mit geistiger Behinderung

- Der Unterricht sollte differenziert die Individualitäten der Schüler*innen berücksichtigen (Individualisierung),
- eine aktive Auseinandersetzung mit den Lerninhalten ermöglichen (Aktivitätsprinzip),
- möglichst ganzheitlich organisiert sein (Ganzheitsprinzip) und
- die entsprechend nötigen Strukturierungshilfen bereitstellen (Lehrzielstrukturierung).
- Durch konkrete Erfahrung der Wirklichkeit und durch Anschaulichkeit sollte die Anwendung von Kenntnissen und Fertigkeiten auf ähnliche Lerngegenstände und Situationen vorbereitet und geübt werden (Anschaulichkeit und Übertragung).
- Die unterrichtliche Beanspruchung der Schüler*innen sollte dem Stand und der Stufenfolge der geistigen Entwicklung entsprechen (Entwicklungsgemäßheit), das kognitive Erfassen im Handeln sollte durch begleitendes Sprechen gestützt werden (Aktionsbegleitendes Sprechen).
- Alles Lernen soll im Besonderen durch soziale Motivation gefördert werden (Soziales Lernen).

Eine systematische Zuordnung der Methoden und Prinzipien für den Unterricht mit Kindern mit geistiger Behinderung haben Pitsch und Thümmel (2019, S. 218 ff.) vorgenommen. Als Ordnungskriterium fungiert hier die Zuordnung zu Lernaufgaben. Es werden vier große Gruppen von Lernaufgaben gebildet, von denen die erste Gruppe eher dem entwicklungsbezogenen Unterrichtskonzept nach Speck nahesteht, während die drei weiteren Gruppen mehrheitlich seinem handlungsbezogenen Unterrichtskonzept zugeordnet werden können. Durch diese Lernaufgabenbeschreibungen werden alle Kinder, mit und ohne Behinderung, in der

Grundschulklasse erfasst. Bei Beachtung der methodischen Unterrichtsprinzipien können im handlungsbezogenen Unterrichtskonzept Kinder mit geistiger Behinderung gemeinsam mit anderen Schüler*innen lernen.

2.5 Beispiele und Ansätze zu ausgewählten Fächern und Lernfeldern des inklusiven Unterrichts

Kinder mit geistiger Behinderung, die den inklusiven Unterricht einer Grundschule besuchen, können am gruppenbezogenen Unterricht in Form des handlungsbezogenen Unterrichtskonzepts teilnehmen, unter Berücksichtigung der methodischen Unterrichtsprinzipien, wie sie Speck beschrieben hat (▶ Kap. 2.4), und von begleitenden Unterrichtshilfen (entweder durch die Klassenlehrkraft oder im Ausnahmefall auch durch spezielles Personal in Form von z. B. Inklusionsassistent*innen). Etwas anders verhält es sich bei der Aufgabe, die Kulturtechniken Lesen, Schreiben und Rechnen zu erlernen. Hierzu bedarf es geschulter Lehrkräfte, die diese spezifischen Fähigkeiten und Fertigkeiten vermitteln.

Lernfeld: Lesen und Schreiben

Das Lesen und Schreiben gehört in unserem Kulturkreis zu den wichtigen Voraussetzungen der kulturellen und gesellschaftlichen Teilhabe. Deshalb sollten auch Kindern mit geistiger Behinderung diese Kulturtechniken angeboten werden. Bei Schüler*innen der Grundschule ist dieses Bildungsangebot in den ersten beiden Klassen zentral. Da es sich beim Lesen und Schreiben um hochkomplexe Aneignungsprozesse handelt, benötigen Schüler*innen mit geistiger Behinderung in der Regel die gesamte Grundschulzeit für dieses Bildungsangebot. Denn es genügt hierbei nicht, nur die reine Lesetechnik zu beherrschen, sondern sie muss eingebunden werden in vielfältige kommunikative Inhalte in sprachlicher und literarischer Hinsicht.

Für das Bildungsangebot im Bereich Lesen und Schreiben sind vier Aufgabenfelder (vgl. Euker/Koch 2019, S. 469 f.) zu bedenken:
1. Aufgabenfeld: Schriftspracherwerb
Der Schriftspracherwerb erfolgt in aufeinander aufbauenden Lernschritten und hat entweder einen erweiterten Leseansatz oder den alphabetischen Lese- und Schreibunterricht zum Ziel. Wenn Schüler*innen mit geistiger Behinderung keine oder nur eine geringe phonologische Bewusstheit oder Buchstabenkenntnis zu erlernen imstande sind, oder nur geringen Lernerfolg im Schriftspracherwerb aufweisen, sollte auf den sogenannten erweiterten Leseunterricht ausgewichen werden. Dieser hat schwerpunktmäßig den lebenspraktischen Gebrauchswert von Lesezeichen zum Ziel, wie z. B. Hinweisschilder mit der Aufschrift »Toilette« oder »WC«, »Notausstieg«, »Aufzug«, »Post«, »Polizei«, »Apotheke«, »Kasse« u. a. Sind noch

2.5 Beispiele und Ansätze zu ausgewählten Fächern und Lernfeldern

Begabungsressourcen für das Lesen vorhanden, sollte der alphabetische Leseunterricht angeboten werden. Hier wird Buchstabe für Buchstabe gelesen, anschließend werden Silben und evtl. Wörter versucht, wenngleich dabei nicht immer ein Sinnverständnis vorausgesetzt werden kann.

2. Aufgabenfeld: Texte
Im Unterricht werden verschiedene Texte gelesen und besprochen. Hier ist grundsätzlich zu beachten, dass Schüler*innen mit geistiger Behinderung nur solche Texte angeboten werden, die in einfacher Sprache (barrierefreier Sprache) abgefasst sind. »Die Inhalte orientieren sich dabei konsequent an den individuellen Lernvoraussetzungen und folgen den Entwicklungsphasen des Schriftspracherwerbs« (Euker/ Koch 2019, S. 470).

Zur Leseförderung empfehlen Euker/Koch (2019, S. 472 ff.) folgende Methoden:

3. Aufgabenfeld: Ganzwortlesen
Ganzwortlesen ist besonders für Schüler*innen mit geistiger Behinderung geeignet, die nicht oder *noch* nicht die Voraussetzungen zum Erlernen der Buchstabenschrift besitzen. Euker und Koch (2019, S. 472) nennen hierfür drei zentrale Fördermethoden:

- *Delay Techniques:*
  Die Lehrer*innen zeigen den Schüler*innen ein Ganzwort (stimulus) und fordern sie auf, die Wortbedeutung zu benennen. Kommt innerhalb einer festgelegten Zeit keine Antwort, gibt die Lehrkraft die korrekte Antwort (prompt). Gelingt es den Schüler*innen das Ganzwort korrekt zu benennen, erfolgt eine Verstärkung, z. B. Lob. Die Wartezeit auf die Antworten der Schüler*innen wird im Verlauf des Leselernprozesses sukzessiv erhöht.
- *Picture Fading:*
  Die Lehrkraft zeigt den Schüler*innen neben einem Ganzwort auch gleichzeitig das entsprechende Bild. Im Rahmen des Leselernprozesses wird allmählich das Zeigen des Gegenstandes ausgeblendet, sodass nur noch das Ganzwort sichtbar ist.
- *Picture Integration:*
  Die Schüler*innen lernen zuerst, dass ein zu lernendes Ganzwort ein Objekt repräsentiert. Die Einsicht der Kinder festigt sich schneller, wenn das zu lernende Wort in einer bildlichen (ikonischen) Darstellung abgebildet wird (z. B. wenn das Adjektiv »nass« als Wasserpfütze dargeboten wird).

Diese Beispiele zeigen, dass in diesem Aufgabenfeld eine individuelle Förderung sinnvoll ist.

4. Aufgabenfeld: Alphabetische Leseförderung
Eine Schwierigkeit, die Schüler*innen mit geistiger Behinderung beim Lesenlernen haben, stellt die Lautsynthese beim alphabetischen Lesen dar. Es wird daher empfohlen, auf die leichter zugängliche phonologische Einheit der Silbe zurückzugreifen. Euker hat dafür einen silbenbasierten Leselehrgang entwickelt, der auch geistig behinderten Schüler*innen möglich ist, wenn sie über Vorläuferkompetenzen wie phonologische Bewusstheit und Buchstabenkenntnisse verfügen. Der Lehrgang gliedert sich in drei aufeinander aufbauende Phasen (vgl. Euker/Koch 2019, S. 474):

»1. In der ersten Phase lernen die Kinder zunächst zehn Konsonant-Vokal-Gruppen (L mit einem Vokal und M mit einem Vokal): Diese werden noch nicht synthetisierend gelesen, sondern als Miniganzheiten (Born) eingeführt und dienen als Prototypen für die analoge Ableitung der Lautsynthese anderer Buchstabengruppen im weiteren Lehrgangsverlauf.
2. In der zweiten Phase lernen die Kinder ein Silbenschema kennen (Silbenhotel). Ziel ist es, die bereits bekannten Silben auf ihre Bestandteile hin zu analysieren und die Einzelelemente zu einer Silbe zu synthetisieren. Die Reimanalogie nutzend (ma, la, sa), werden neue KV-Silben erlesen.
3. In der dritten Lehrgangsphase werden unter Berücksichtigung wortstruktureller Schwierigkeiten Lesewörter eingeführt, die sich aus bekannten Silben zusammensetzen. Da in der deutschen Schriftsprache jedoch kaum KV-strukturierte Wörter vorkommen, werden frühzeitig Wörter mit KVK-Silben eingeführt.«

Lehrgangsbegleitend haben sich das Training der phonologischen Bewusstheit, der Graphem-Phonem-Korrespondenz und die Übung der gelernten und ungelernten Silben, mit Blick auf das Leseniveau der Schüler*innen mit geistiger Behinderung, bewährt (vgl. ebd., S. 475).

Rechenunterricht

In den Anfängen der Schule (z. B. in NRW ab 1964) wurden für Kinder mit geistiger Behinderung im Fach »Rechnen« Aufgaben zum Umgang mit Zahlen, Mengen und Größen angegeben. Heutzutage spricht man von Mathematik und orientiert sich, so Schäfer et al. (2019), an den Bildungsstandards des Faches Mathematik der Grundschule (Primarstufe).

»Neben den inhaltsbezogenen mathematischen Kompetenzen (Raum und Form, Zahlen und Operationen, Größen und Messen, Daten, Häufigkeit, Wahrscheinlichkeit) fließen auch die prozessorientierten mathematischen Kompetenzen … ein (Problemlösen, Modellieren, Argumentieren, Kommunizieren, Darstellen)« (ebd., S. 479),

wobei der Umgang mit Zahlen sowie das Messen von und der Umgang mit Größen von zentraler Bedeutung für die Kinder mit geistiger Behinderung sind.

Die gegenwärtigen Inhaltsbereiche der Mathematik, die, je nach kognitivem Entwicklungsstand, auch Kindern mit geistiger Behinderung vermittelt werden können, fassen Schäfer et al. (2019, S. 486 ff.) wie folgt zusammen (▶ Tab. 2.1).

Tab. 2.1: Relevante Inhaltsbereiche der Mathematik für Kinder mit geistiger Behinderung (in Anlehnung an Schäfer et al. 2019, S. 486 ff.)

Inhaltsbereiche der Mathematik	Inhaltsbeschreibung
Muster und Strukturen	• Muster und Sprache (Begriffsbildung) • Sortieren und Klassifizieren (Kategorien finden, erkennen, ordnen) • Gesetzmäßigkeiten in Mustern erkennen, beschreiben, fortsetzen
Zahlen und Operationen	• Zählen und Zählkompetenzen • Strukturierte Anzahlerfassung

2.5 Beispiele und Ansätze zu ausgewählten Fächern und Lernfeldern

Tab. 2.1: Relevante Inhaltsbereiche der Mathematik für Kinder mit geistiger Behinderung (in Anlehnung an Schäfer et al. 2019, S. 486 ff.) – Fortsetzung

Inhaltsbereiche der Mathematik	Inhaltsbeschreibung
	• Einsicht in die Zerlegbarkeit von Zahlen (Teil-Ganzes-Verständnis) • Strukturiertes Zählen (simultane und quasi-simultane Anzahlerfassung)
Raum und Form	• Formen und ihre Konstruktion • Operieren mit Formen • Koordination • Maße und Formeln • Geometrische Gesetzmäßigkeiten und Muster • Formen in der Umwelt • Übersetzen in Zahlen- und Formensprache
Größen und Messen	• Zeitmessung (Vorgänge, Handlungsabläufe, z. B. Dauer des Films) • Umgang mit Geld (z. B. Münzen, Geldscheine, Waren) • Messen von Längen (z. B. anhand Ketten, Stäben, von Strecken oder Straßen) • Umgang mit Gewichten (z. B. Steine, Lebensmittel, Personen) • Umgang mit Rauminhalten, Hohlmaßen (z. B. mit Töpfen, Flaschen, Eimern, Kannen usw.) • Messen von Flächeninhalten (z. B. Spielfelder, Platten, Lege- und Einheitsplättchen)
Daten, Häufigkeit und Wahrscheinlichkeit	• Daten sammeln, festhalten und gezielt aufbereiten • Aus Diagrammen Informationen entnehmen • Vergleich von Wahrscheinlichkeiten (durch Grundvorstellung von Wahrscheinlichkeit, Festigung der Wahrscheinlichkeitsbegriffe und Einschätzen und Vergleichen von Eintrittsmöglichkeiten und Ereignissen

Die mathematischen Vorgaben der Grundschule, übertragen auf die kognitiven Bildungs- und Entwicklungspotenziale von Schüler*innen mit geistiger Behinderung, zeigen, dass auch ihnen möglichst viele mathematische Lernaufgaben angeboten werden sollten, auch wenn sie jene nicht immer vollständig lösen können. Es kann sich daher dem Fazit von Schäfer et al. (2019, S. 495) voll angeschlossen werden:

> »Die Inhaltsbereiche Raum und Form, Größen und Messen sowie Daten, Häufigkeit und Wahrscheinlichkeit bieten (…) abwechslungsreiche Betätigungsfelder im oft stagnierenden Zahlerwerb und wirken auf die Lernenden motivierend und anregend (Schäfer; Wittmann 2017). Der Inhaltsbereich Größen und Messen bietet als Bindeglied hin zur Arithmetik außerdem konkrete lebensweltbezogene Lernumgebungen (Peter-Koop; Wollring; Schäfer 2018).«

2.6 Bildungs- und Erziehungspartnerschaften mit Erziehungsberechtigten

Wenn Grundschullehrkräfte mit Eltern bzw. Erziehungsberechtigten von Kindern mit Behinderung Kontakt aufnehmen, sollten sie vorab darüber informiert sein, dass es sich einerseits um nahestehende Bezugspersonen der Kinder handelt, dieses Verhältnis jedoch andererseits durch die Behinderung der Kinder eine besondere Gestaltung erfährt. Nach der Geburt eines Kindes sind die Hoffnungen und Zukunftswünsche oftmals durch die vorliegende Behinderung zerstört. Nach Hensle und Vernooij (2002) haben Eltern nach der Geburt ihres behinderten Kindes oft ein Schockerlebnis, gepaart mit Schuldgefühlen und verschiedenen Formen von Abwehrverhalten. Diese reichen von der Verleugnung der Behinderung, der Projektion der Verursachung auf Schuldige außerhalb der eigenen Person, der Rationalisierung des Behinderungsproblems unter Hinzuziehung von Wissenschaftsaussagen bis hin zu Sublimierung, indem die Erziehungsberechtigten sich in einem verstärkten Maße für Menschen mit Behinderungen einzusetzen beginnen. Die Verarbeitung der Geburt eines behinderten Kindes dauert oft lebenslang.

Die Auswirkungen sind in den Bereichen innerfamiliärer Sozialbeziehungen, Partnerschafts- und Geschwisterprobleme und Zerfall der Familienstruktur festzustellen. Neben der Veränderung der Rollen als Erziehungsberechtigte bzw. Mutter, Vater und Geschwister eines behinderten Kindes, bekommt auch das Kind eine spezifische Rolle.

- Als mögliches »Sorgenkind« steht es im sozialen und emotionalen Mittelpunkt der Familie. Durch seine zentrale Rolle in der Familie gelingt es ihm schlechter, sich in andere soziale Systeme zu integrieren. Aufgrund seiner Vormachtstellung kommen die Interessen und Wünsche anderer Familienmitglieder (Mutter, Vater und Geschwister) oft zu kurz.
- Von einem »Partnersubstitut« spricht man, wenn das Kind mit geistiger Behinderung sich emotional, oftmals mit der Mutter, eng verbindet und dadurch ein eigenes Untersystem in der Familie entsteht. Andere Familienmitglieder werden dann, z. B. von der Mutter, hintenangestellt (Ehepartner*in, andere Geschwister).
- Wenn das Kind mit Behinderung in der Familie die Rolle des »Sündenbocks« hat, wird es für alles Negative verantwortlich gemacht, das durch seine Geburt respektive seine Behinderung in der Familie entstanden ist.
- Sehr oft ist bei Kindern mit geistiger Behinderung eine »Dauer-Kind-Rolle« zu beobachten. Es wird dem Kind, manchmal auch dadurch begründet, dass es dauerhaft Hilfe benötigt, nicht zugetraut, dass es erwachsen werden kann. Diese Rolle verhindert Entwicklungs- und Ablöseprozesse des Kindes von seiner Familie und umgekehrt.

Die jeweilige Stärke der Probleme einer Familie mit behindertem Kind ist, neben den genannten emotionalen Faktoren, vom Verhalten und dem sozialen Druck der Umwelt auf die Familie abhängig (vgl. Speck 2018, S. 334). Die Umweltreaktionen werden nicht sofort als belastend wahrgenommen, sondern es bildet sich »eine besondere Empfindlichkeit gegenüber der Umwelt bei den Eltern erst allmählich heraus, je nachdem, wie man die Reaktionen der Umwelt erlebt und bewertet« (ebd.).

Wer auch immer die Eltern bzw. Erziehungsberechtigen eines Kindes mit Behinderung berät, muss sich Folgendes bewusst machen: a) Zum einen ist es wichtig, die Hintergründe einer Familie eines behinderten Kindes zu kennen (vgl. weiter oben); b) zum anderen muss davon ausgegangen werden, dass die Erziehungsberechtigten (durch vielfältige medizinische und psychologische Beratungen) deutlich mehr als andere Menschen über die Hintergründe der Behinderung ihres Kindes Bescheid wissen; c) zum dritten werden nach Speck (vgl. 2018, S. 342) folgende Qualifikationen lebensweltlicher Kommunikation von der beratenden Person erwartet:

- Realitätsoffenheit – keine Verbohrtheit in die eigene Welt,
- Empathie – sich einfühlen können in andere,
- kontrolliert und aufmerksam zuhören können,
- Wertschätzung, Bejahung, Toleranz und Akzeptanz des anderen,
- positive Grundhaltung im Sinne von Zuversicht, um Hoffnung und Mut erschließen zu können,
- eine Sprache, die verständlich ist und zum Gespräch einlädt,
- Bemühung um Sachlichkeit und Redlichkeit,
- sich Zeit für den anderen nehmen können,
- Bereitschaft zur Revision eigener (Fehl-)Urteile, zum Bekenntnis eigener Grenzen und u. U. zum Hinzuziehen oder Empfehlen eine*r weiteren Ratgeber*in,
- relative Festigkeit im eigenen Standpunkt (fachlich und ethisch) und Offenheit und Anpassungsbereitschaft zugleich.

Für manche Situationen und Inhalte kann es strategisch und erfolgreicher sein, Eltern bzw. den Erziehungsberechtigten von behinderten Kindern die Gelegenheit zu geben, untereinander ins Gespräch zu kommen. Die Erfahrung hat gezeigt, dass diese ihre Probleme leichter tragen und zum Teil auch lösen können, wenn sie erfahren, dass andere ebenfalls das gleiche Schicksal erlebt und durchgemacht haben wie sie.

Zum Abschluss noch ein paar Gedanken zur Erziehungspartnerschaft. Sie zeichnet sich, im Gegensatz zu früherer »Elternarbeit«, bei der es darauf ankam, Eltern zu informieren, ihnen etwas vorzustellen, anzubieten, sie anzuregen oder einzuladen, dadurch aus, »dass die Aktivitäten und Anregungen nicht ausschließlich von den pädagogischen Fachkräften ausgehen, sondern miteinander auf einer gemeinsamen Basis gedacht und geplant werden« (Wehinger 2021, S. 10). Die Eltern bzw. Erziehungsberechtigten heutiger Grundschüler*innen, auch jene mit einem Kind mit geistiger Behinderung, wollen nicht mehr belehrt oder »behandelt« werden. Sie verstehen sich als Partner*innen an der gleichen Aufgabe: die Erziehung und Bildung des Kindes im Verbund mit anderen Kindern.

»Dabei mag der Experte über das differenziertere und qualifiziertere Wissen und Können verfügen, dies jedoch im Wesentlichen in genereller Hinsicht. Was aber die individuelle Situation des (geistig behinderten) Kinds betrifft, so dürfte dafür niemand kompetenter sein als seine Mutter oder sein Vater« (Speck 2018, S. 343).

Ausgewählte Einrichtungen und Dienste auf Landes- und Bundesebene

- Arbeitskreis Down-Syndrom e. V. in Bielefeld
  Internet: http://down-syndrom.org (mit Infos über Selbsthilfegruppen in Deutschland)
- Bundesverband für Körper- und mehrfachbehinderte Menschen e. V. in Düsseldorf
  Internet: https://bvkm.de/ (mit Adressen für Selbsthilfegruppen in Deutschland)
- Bundesverband Hilfe für das autistische Kind – Vereinigung zur Förderung autistischer Menschen e. V. in Hamburg
  Internet: https://www.autismus.de/
- Bundesvereinigung Lebenshilfe für Menschen mit geistiger Behinderung e. V. in Marburg
  Internet: https://www.lebenshilfe.de/
- Deutscher Behindertenrat p. A. Sozialverband VdK Deutschland e. V. in Berlin
  Internet: www.behindertenrat.de

Literatur

Bach, H. (Hrsg.) (1979): Pädagogik der Geistigbehinderten. Handbuch der Sonderpädagogik, Bd. 5. Berlin: Marhold.
Biever, G./Koenig, O. (2019): Personenkreis. In: H. Schäfer (Hrsg.), Handbuch Förderschwerpunkt geistige Entwicklung (S. 35–44). Weinheim, Basel: Beltz.
Buchka, M. (1973): Der Geistigbehinderte – ein Mehrfachbehinderter. In: Zeitschrift Praxis der Kinderpsychologie und Kinderpsychiatrie, 22 (5), 171–174.
Comenius, J. A. (1985): Große Didaktik. Hrsg. von A. Flitner. Stuttgart: Klett-Cotta.
Euker, N./Koch, A. (2019): Deutsch II: Leseunterricht. In: H. Schäfer (Hrsg.), Handbuch Förderschwerpunkt geistige Entwicklung (S. 469–477). Weinheim, Basel: Beltz.
Fornefeld, B. (2004): Einführung in die Geistigbehindertenpädagogik (3. Aufl.). München: Reinhardt.
Gontard, A. von (2013): Genetische und biologische Grundlagen. In: G. Neuhäuser/H.-C. Steinhausen (Hrsg.), Geistige Behinderung. Grundlagen, klinische Syndrome, Behandlung und Rehabilitation (3. Aufl., S. 30–43). Stuttgart: Kohlhammer.
Hensle, U./Vernooij, M. A. (2002): Einführung in die Arbeit mit behinderten Menschen. 1. Psychologische, pädagogische und medizinische Aspekte (7. Aufl.). Wiebelsheim: Quelle & Meyer.
Hofmann, T. (1979): Allgemeine Prinzipien der Erziehung und des Unterrichts bei Geistigbehinderten. In: H. Bach (Hrsg.), Pädagogik der Geistigbehinderten (S. 151–157). Berlin: Marhold.
Josef, K. (1968): Lernen und Lernhilfen bei geistig Behinderten. Berlin: Marhold.

Montessori, M. (2002): Kinder sind anders (19. Aufl.). München: Klett-Cotta/dtv.
Neuhäuser, G./Steinhausen, H.-C. (Hrsg.) (2003): Geistige Behinderung. Grundlagen, klinische Syndrome, Behandlung und Rehabilitation (3. Aufl.). Stuttgart: Kohlhammer.
Pitsch, H.-J./Thümel, I. (2019): Methoden I: Grundlagen. In: H. Schäfer (Hrsg.), Handbuch Förderschwerpunkt geistige Entwicklung (S. 117–124). Weinheim, Basel: Beltz.
Pohl, R. (1979): Bereich der Kognition. In H. Bach (Hrsg.), Handbuch der Sonderpädagogik. Bd. 5 (S. 247–260). Berlin: Marhold.
Rath, H. (1979): Lernpsychologie. In: H. Bach (Hrsg.), Pädagogik der Geistigbehinderten (S. 354–391). Berlin: Marhold.
Schäfer, H./Peter-Koop, A./Wollring, B. (2019): Grundlagen der Mathematik. In: H. Schäfer (Hrsg.), Handbuch Förderschwerpunkt geistige Entwicklung (S. 478–497). Weinheim, Basel: Beltz.
Speck, O. (2018): Menschen mit geistiger Behinderung. Ein Lehrbuch zur Erziehung und Bildung. (13., aktualisierte Aufl.). München: Reinhardt.
Stöppler, R. (2017): Einführung in die Pädagogik bei geistiger Behinderung (2. Aufl.). München, Basel: Reinhardt.
Wehinger, U. (2021): Eltern beraten, begeistern, einbeziehen (2. Aufl.). Freiburg im Breisgau: Herder.

3 Schüler*innen im Förderschwerpunkt emotionale und soziale Entwicklung

Thomas Maschke

> Schüler*innen mit besonderen Bedürfnissen im Bereich des Erlebens und Handelns müssen in ihrem »auffälligen Verhalten« primär verstanden werden. Hierzu bedarf es eines umfassenden und multiprofessionellen Blicks und einer offenen Haltung diesen Schüler*innen gegenüber. Pädagogik und Unterricht sollten sich derart gestalten, dass vielfältige und dabei primär handlungsorientierte Ansätze berücksichtigt werden, welche im Sinne von Kohärenz wirken.
>
> Diejenigen Kinder und Jugendlichen, mit denen sich der folgende Beitrag befasst, werden als »in Not« befindlich identifiziert. Auch um den relationalen bzw. interaktionistischen Verständnisansatz (s. u.) zu betonen, kann und soll von einer Not *um* das Kind oder Jugendlichen gesprochen werden. Damit ist auch dezidiert gemeint, dass die jeweilige Umgebung unter Umständen in Not gerät.

3.1 Fallgeschichten von Schüler*innen in Not

Anna lebte seit Beginn der Sommerferien vor ihrer Einschulung in einer Pflegefamilie. Diese neue Wohnform (sowie die fachliche Begleitung der Familie) war ein Angebot eines regionalen (kirchlichen) Trägers der Jugendhilfe, welche durch das örtliche Jugendamt anerkannt und finanziert wurde. Anna lebte bisher mit ihrem verwitweten Vater in einem abgelegenen Haus am Ortsrand eines kleinen Dorfes in Süddeutschland. Der langzeitarbeitslose Vater war Alkoholiker. Das Jugendamt nahm Anna in Obhut, als es zu Anzeigen durch den Hausarzt sowie von Nachbar*innen kam. Vermutet wurden Misshandlungen des Mädchens, denn es wurden Hämatome über den ganzen Körper verteilt festgestellt. Annas Mutter war ein Jahr nach Annas Geburt verstorben, sie verdiente in ihren letzten Lebensjahren ihren Lebensunterhalt als Prostituierte. Es war unklar, wer Annas leiblicher Vater ist. Anna hatte in der neuen Familie die Rolle der Prinzessin eingenommen. Neben den Pflegeeltern, die sich viele Gedanken um ihre Erziehung machten und sie mit liebevoller Strenge und Klarheit führten, lebte ein 18-jähriger Sohn in der Familie. Anna genoss die Zuwendung der Pflegeeltern und bewunderte den großen Bruder. Täglich rieb sie sich an den von den Pflegeeltern aufgestellten und durchgesetzten Regeln und Abläufen des Miteinanders – diese waren bisher unbekannt für sie. Es gab Tage und Momente, in denen sich Anna freundlich auf ein konstruktives Miteinander in der Familie einlassen konnte, sowie solche, an denen sie sich allem widersetzte. Für die Pflegeeltern war nicht absehbar, welche Möglichkeiten Anna an den jeweiligen Tagen hatte. Sie fühlten sich mit zunehmender Dauer des Aufenthaltes von Anna in ihrer Familie unter Druck und waren besorgt über ihre vermeintlich unzureichenden Möglichkeiten, für Anna das erhoffte heilsame Heim zu schaffen.

Jannis kam in der 35. Schwangerschaftswoche mit einem Geburtsgewicht von 2000 g auf die Welt. Die ersten sechs Lebenswochen verbrachte er in einer Kinderklinik. Als er im Alter von gerade sieben Jahren eingeschult wurde, war er ein kleiner, dabei drahtiger und zäher Junge, der sich selbst immer an die Grenzen seiner physischen und psychischen Leistungsfähigkeit brachte. So wollte er immer »Bestleistungen« erbringen und den Mitschüler*innen beweisen, was in ihm steckt: Beim morgendlichen Seilspringen etwa schaffte er ohne Unterbrechung 80 Sprünge, um anschließend völlig ausgelaugt zusammenzubrechen und eine Stunde zum Ausruhen zu benötigen. Alle Sinnesreize aus der unmittelbaren und auch weiteren Umgebung nahm er nahezu ungefiltert auf, suchte immer neue Eindrücke, wirkte dabei getrieben und unruhig. Er konnte nur kurze Zeit an einem Sitzplatz oder einer Aufgabe verweilen, immer wieder gab es Neues, zu entdecken. Jannis' Eltern kümmerten sich liebe- und sorgenvoll um ihren Sohn, gestalteten einen klar strukturierten Tagesablauf und eine möglichst reizarme häusliche Umgebung. Sie waren dabei in permanenter Anspannung und ob der von ihnen als besonders empfundenen Herausforderungen häufig überfordert. Mit seiner zwei Jahre jüngeren Schwester spielte Jannis leidenschaftlich und ausdauernd, war dann ganz Kind und bei sich. Seine innere wie äußere Anspannung fiel dann zeitweilig von ihm ab.

Maik lebte mit seinen acht Geschwistern und seiner Mutter in einem von der Gemeinde zur Verfügung gestellten Anbau an einem Supermarkt. Besonders die älteren Brüder verbrachten ihre Zeit damit, im Supermarkt und in anderen Geschäften des Wohnortes Diebstähle – meist in Bezug auf Alkohol und Zigaretten – zu verüben. Da Maik mit seinen zehn Jahren (er besuchte sporadisch die vierte Klasse der örtlichen Grundschule) noch nicht strafmündig war, wurde er von den Brüdern als Ladendieb ausgebildet und eingesetzt. Schulische Regeln konnte er weder wirklich wahrnehmen noch akzeptieren: Diese berührten sein Gefühl und sein Verständnis für ein gemeinschaftliches Zusammenleben nicht. Mitschüler*innen hatten Angst vor ihm, Maik hingegen konnte kein nachhaltiges Vertrauen zu den Lehrkräften entwickeln, die ihn unterstützen und in die Gemeinschaft integrieren wollten. Maik war dennoch immer wieder überrascht, wenn Lehrkräfte ihm Verantwortung übertrugen und Mitschüler*innen sich ihm zuwandten.

Aaron wuchs, integriert in die handwerklichen Betriebsabläufe und das dörfliche Leben, in einer bäuerlichen Kleinfamilie auf. Die Großeltern lebten im selben ländlichen Ortsteil, eine Tante mit ihrer Familie ebenfalls. Aaron besuchte die Verwandten häufig, später auch eigenständig. Er beschäftigte sich meist allein mit Tier-Bilderbüchern und -Filmen und war ein Spezialist für die Tierwelt der tropischen Regenwälder. Aaron besuchte ein Jahr vor Schuleintritt den örtlichen Kindergarten. Hier bekam er zeitweilig eine Integrationshelferin, da er sich nicht in die Abläufe und sozialen Gesetzmäßigkeiten der Gruppe einfinden konnte. Er spielte meist allein. Wenn er sich anderen, ausschließlich jüngeren, Kindern zuwandte, dann befahl er diesen das Spielgeschehen, was in immer gleicher Weise abzulaufen hatte. Die Integrationshelferin versuchte, Aaron in kommunikativen Prozessen mit Gleichaltrigen zu unterstützen. Aarons Eltern hatten große Sorgen vor der Einschulung und den mit dem Schulbesuch einhergehenden Anforderungen. In der Woche vor der Einschulung besuchten sie mit Aaron täglich die neue Schule, besonders das Klassenzimmer war für Aaron wichtig. Seine zukünftige Klassenlehrerin nahm jeweils für einen kurzen Moment Kontakt zu Aaron auf. Es wurden mit ihm klare Regeln vor dem ersten Schultag vereinbart: Er durfte das Klassenzimmer eigenständig verlassen und den Nebenraum aufsuchen, wenn es ihm zu laut und umtriebig wurde. Er bekam eine rote Wäscheklammer, die er dann auf seinen Tisch legte. Voller Spannung, die Wäscheklammer in seiner Hand verborgen, kam Aaron in der kommenden Woche zur Schule und setzte sich schnell an seinen Einzeltisch in der Nähe der Nebenraumtür. Seine Mitschüler*innen betrachtete er mit Skepsis, aber zunehmender Sicherheit. Nach vier Wochen sprach er zum ersten Mal einen Jungen aus der Klasse an.

3.2 Beschreibungen, Ursachen und Folgen beeinträchtigter emotionaler und sozialer Entwicklung

Die vorgestellten Fallbeispiele repräsentieren potenzielle Formen der Genese von Beeinträchtigungen des emotionalen Erlebens sowie des sozialen Handelns (s. u.), welche grundsätzlich als »Verhaltensstörungen« kategorisiert werden. Unterschiedliche Erklärungs- und Kategorisierungsansätze sollen hier nun dargestellt und diskutiert werden. Eine klare Grenze zu ziehen, fällt hier grundsätzlich ebenso schwer wie eine begriffliche Schärfung oder Abgrenzung und ist ggf. nicht sinnvoll (vgl. Stein/Müller 2015, S. 19 ff.)[1], auch da Schüler*innen mit pädagogischen Wahrnehmungs- und Unterstützungsbedürfnissen beispielsweise nicht auffällig oder gar ge-

---

1 So werden Begriffe wie »verhaltensauffällig« und »verhaltensgestört« häufig synonym verwendet: Beide fallen dabei in die Kategorie des Förderbedarfs emotionale und soziale Entwicklung.

stört erscheinen können. »Positive Auffälligkeiten« werden mit dieser Attribuierung ebenfalls nicht berücksichtigt.

Der Anspruch eines interaktionistischen Verständnisses für Notsituationen von Schüler*innen vermag einen offeneren Zugang in der Betrachtung zu erklären: Unterschiedlichste Einflussfaktoren bedingen das individuelle Erleben und Handeln. Sogenannte »auffällige Persönlichkeitsanteile« sind per se noch keine Störungen, diese entstehen situativ (wobei hier u.U. auch systemische Habitualisierungen[2] zu berücksichtigen sind):

> »Erst aus den Interaktionen von Menschen mit ihren Lebensbedingungen innerhalb verschiedener Situationen und Systeme entwickeln sich Problematiken, die als störend empfunden und erfahren werden!« (ebd., S. 13).

Im Bildungsplan der (Sonder-)Schule für Erziehungshilfe des Landes Baden-Württemberg[3], welcher den KMK-Empfehlungen (KMK 2000, s. u.) folgt, wird obige Sichtweise dezidiert um die potenzielle Veränderbarkeit sowie die wechselwirksamen Umfeldbedingungen erweitert:

> »Es handelt sich um Kinder und Jugendliche, bei denen die Entwicklung im emotionalen Erleben und sozialen Handeln beeinträchtigt ist. Diese Beeinträchtigungen sind weder als unveränderliche Eigenschaften der Persönlichkeit noch als situationsunabhängige Tatsachen zu verstehen, sondern als Ausdruck einer inneren Erlebens- und Erfahrungswelt, die sich aus Interaktionsprozessen im persönlichen, familiären, schulischen und gesellschaftlichen Umfeld herausgebildet hat. Die von diesen Schülerinnen und Schülern entwickelten Ausdrucksformen nehmen Menschen in ihrer Umgebung in der Regel als Verhaltensauffälligkeiten wahr« (MKS 2010, S. 8).

Die als auffällig oder störend wahrgenommenen Verhaltensweisen lassen sich grundsätzlich in externalisierende und internalisierende Formen differenzieren: Erstere treten nach außen und sind primär für das Umfeld problematisch, letztere sind nach innen gerichtet und werden als »auf die Person selbst gewandte Problematiken« (Stein 2014, S. 83) identifiziert. Diese Grundtendenzen lassen sich mit Blick auf das wahrnehmbare Verhalten auch als expansiv und dabei vereinseitigt oder die eigene Erlebens- und Handlungsmöglichkeiten zunehmend einschränkend (bis zur Handlungsunfähigkeit) beschreiben.

Myschker und Stein (2014) klassifizieren mit Bezug zu diversen Autor*innen vier Gruppen von Verhaltensstörungen mit den jeweils dazu identifizierbaren Symptomatiken[4]:

1. »Kinder und Jugendliche mit externalisierendem, aggressiv-ausagierendem Verhalten« → »aggressiv, überaktiv, impulsiv, exzessiv, streitend, aufsässig, tyrannisierend, regelverletzend, Aufmerksamkeitsstörungen«

---

2 Rollenzuschreibungen wie z. B.: »Anton stört immer!«, welche das Verhalten und das Erleben des Kindes ggf. determinieren.
3 Die Sonderschulform kann ein Bildungsort für die beschriebenen Schüler*innen sein, jedoch ist deren Beschulung primär Aufgabe der Regelschule.
4 Die zitierten Kategorien finden sich bereits in früheren Auflagen des Buches von Myschker und Stein und können damit quasi als »klassisch« bewertet werden.

2. »Kinder und Jugendliche mit internalisierendem, ängstlich-gehemmten Verhalten« → »ängstlich, traurig, interesselos, zurückgezogen, freudlos, somatische Störungen, kränkelnd, Schlafstörungen, Minderwertigkeitsgefühle«
3. »Kinder und Jugendliche mit sozial-unreifem Verhalten« → »nicht altersentsprechend, leicht ermüdbar, konzentrationsschwach, leistungsschwach, Sprach- und Sprechstörungen«
4. »Kinder und Jugendliche mit sozialisiert-delinquentem Verhalten« → »verantwortungslos, reizbar, aggressiv-gewalttätig, leicht erregt, leicht frustriert, reuelos, Normen missachtend, risikobereit, niedrige Hemmschwellen, Beziehungsstörungen« (Myschker/Stein 2014, S. 58).

Diese Klassifizierung basiert auf einer »Symptomliste« von Verhaltensstörungen, welche sich jeweils aktualisiert auch in Vorläufer-Ausgaben des Standardwerkes findet (ebd., S. 54). Auch wenn das Bedürfnis nach Benennung und Kategorisierung auf Seiten der Lehrer*innen (und auch der Eltern bzw. Erziehungsberechtigten) verständlich erscheint, müssen mit Blick auf die Tabelle und die Möglichkeit einer das Kind betreffenden isolierenden und vereinseitigenden Zuschreibung die dynamische Genese der Entstehung und Verstärkung sowie das Primat der Pädagogik betont werden.

Neben allen Erklärungen besteht ein Grundkonflikt zwischen betroffenen Schüler*innen und deren Umfeld in der Wahrnehmung bzw. Bewertung des als störend oder auffällig wahrgenommenen Verhaltens: Ist dieses für die Schüler*innen subjektiv aufgrund ihrer Genese sinnvoll und folgerichtig, kann es von der Umgebung als sanktionierungsnotwendig empfunden werden, was zu einer (weiteren) Verunsicherung der Schüler*innen führt: Eine Not-Situation entsteht, auch und besonders aufgrund unterschiedlicher Bewertungen aktuell möglicher Handlungsoptionen. Eine Situation kann daher als »herausfordernd« von allen oder einzelnen Beteiligten erlebt werden – eine alleinige Verantwortungs-Zuschreibung auf Einzelne (z. B. Schüler*innen) ist daher nicht angemessen.

Pädagogisch ist daher Wert darauf zu legen, störendes Verhalten von der jeweiligen Bewertung der Person zu trennen. Das sich äußernde Verhalten bzw. Erleben der betroffenen Schüler*innen ist (oftmals rekonstruktiv) zu verstehen[5] und zu erklären. Ein Verständnis im Sinne von Nachsicht mit dem das Umfeld schädigenden Verhalten kann damit nicht gemeint sein. Dennoch – und das ist als spezifische professionell-pädagogische sowie soziale Herausforderung zu identifizieren – besteht für das Offen-Halten einer Perspektive im Bereich der emotionalen und sozialen Entwicklung auch im Sinne einer (zunehmenden) eigenverantwortlichen Professionalisierung von Lehrkräften eine unbedingte Notwendigkeit: So drückt sich eine supportive pädagogische Haltung aus, die sich mehr in einer suchenden denn einer »wissenden« Zugangsweise zu potenziell allen Schüler*innen zeigt (vgl. hierzu Maschke 2015).

---

5 Vgl. hierzu KMK 2000: »Zu den vordringlichen Aufgaben gehört es, die Bedingungen für das Entstehen einer Störung der emotionalen und sozialen Entwicklung, ihre Eigendynamik und innere Logik zu verstehen« (S. 4).

Myschker legt eine »allgemein anerkannte Definition von Verhaltensstörungen« (Stein 2014, S. 82) vor, welche grundsätzlich die unterschiedlichen Bedingungen wie Ausdrucksformen berücksichtigt:

> »Verhaltensstörung ist ein von den zeit- und kulturspezifischen Erwartungsnormen abweichendes maladaptives Verhalten, das organogen und/oder milieureaktiv bedingt ist, wegen der Mehrdimensionalität, der Häufigkeit und des Schweregrades die Entwicklungs-, Lern- und Arbeitsfähigkeit sowie das Interaktionsgeschehen in der Umwelt beeinträchtigt und ohne besondere pädagogisch-therapeutische Hilfe nicht oder nur unzureichend überwunden werden kann« (Myschker 2009, S. 49).

Für das Verständnis dieser Lebens-Situationen von Schüler*innen im Einzelnen wie grundsätzlich ist ein Rückgriff auf die pädagogischen »Grundregeln« des großen Heilpädagogen Paul Moor (1899–1977) hilfreich. Er postuliert einen (professionellen) Weg vom Verstehen der jeweiligen Situation über die Frage nach möglichen Ressourcen auf Seiten der Schüler*innen hin zur systemischen Sicht (Einbezug der Umgebung) sowie der Professionalisierung der Erzieher*innen (vgl. Moor 1999, S. 17 ff.). Diese Schritte können auf der Basis einer (heil-)pädagogischen Haltung gelingen, welche sich durch Fragen an die Schüler*innen und das bedingungslose Annehmen der Schüler*innen entwickeln kann und damit die basale und fundamentale pädagogische Beziehungsgestaltung bestimmt:

> »Aber wer ist denn das nun? ›Das Kind?‹ Es ist der werdende Mensch; und das gleiche Ganze, um das es allen gehen muß, ist sein Menschwerden. Die Sorge aber um diesen werdenden Menschen und sein Menschwerden ist die pädagogische Sorge. Wer immer sich an seiner Stelle dieser Sorge […] unterzieht, anerkennt damit seine pädagogische Mitverantwortung« (ebd., S. 16).

Mit einem Blick auf die Praxis sonderpädagogischer Diagnostik plädiert Hansjörg Kautter mit seinem programmatischen Aufsatz »Das ›Außen‹ wahrnehmen, das ›Innen‹ verstehen« (1998, S. 25 ff.) für eine empathische »Rekonstruktion der Innenseite«, also ein Verstehen des hinter den äußerlich wahrnehmbaren Handlungen Liegenden (ebd.).

Die Gegenüberstellung definierender Aussagen versus fragender, Haltung prägender, zeigt das Spannungsfeld im Verständnis und Umgang mit Beeinträchtigungen im Bereich der emotionalen und sozialen Entwicklung auf, ohne der jeweiligen Betrachtungsweise einen höheren Grad an Gültigkeit zuzumessen.

Die hier aufgenommene Diskussion um eine adäquate Definition der gemeinten Schüler*innen verweist für pädagogisches wie therapeutisches Handeln auf einen notwendigen relationalen Ansatz des Verstehens und (pädagogischen) Handelns, welcher sich durch Vernetzung aller am Erziehungs- und Unterstützungsprozess Beteiligten ausdrückt (s. u.).

3.3 Lernpsychologische und didaktische Zugänge des inklusiven Unterrichts

In der Planung möglicher unterrichtlicher Zugänge muss sich stets vergegenwärtigt werden, dass Schüler*innen mit besonderen Bedürfnissen im Bereich der emotionalen und sozialen Entwicklung aktuell – in diesem Moment – nicht bereit sind (oder sein können), sich auf Lernanforderungen einzulassen, da sie von eigenen Gefühlslagen überwältigt sind. Sinnbildlich hierfür ist der Aufschrei einer Neuntklässlerin, die entrüstet auf die Aufforderung des Lehrers an die Gruppe der Schülerinnen zur Beteiligung am Unterricht mit »Aber Herr Lehrer, wir sind doch verliebt!« reagierte. Die Entrüstung rührte daher, dass der Lehrer die Gefühlsbefangenheit einerseits nicht zu bemerken schien und andererseits diese für ihn nicht handlungsleitend war. Die Beeinträchtigung oder Ohnmacht einer potenziellen eigenen Handlungsfähigkeit bzw. -bereitschaft gegenüber kann als grundlegendes Charakteristikum dieser Schüler*innen benannt werden, unabhängig von der zugrunde liegenden jeweiligen Ursache.

Für schulisches Miteinander und Unterricht muss daher das Postulat gelten, den Schüler*innen konstruktive und positiv erlebbare Handlungsfähigkeit zu ermöglichen, welche sozial akzeptiert ist. Dieser Ansatz drückt sich u. a. im oben genannten baden-württembergischen Bildungsplan aus, welcher sechs »Bildungsbereiche« als Handlungs- und Erlebensfelder definiert, welche sich jenseits einer Zuschreibung bzw. Verengung auf einzelne Schulfächer (also fächerübergreifend) pädagogisch sowie didaktisch-methodisch gestalten bzw. gestaltet werden sollen (▶ Abb. 3.1).

Es werden hier Bereiche bzw. Felder beschrieben, welche Entwicklungsmöglichkeiten eröffnen können, dabei (neben den primären curricularen Lernzielen) einen klaren Handlungsbezug haben und so in der Umsetzung ein konstruktives Selbstwirksamkeitserleben der Schüler*innen implizieren.

Dieser beispielhafte und umfassende Ansatz soll hier in einen pragmatischen »übersetzt« bzw. fokussiert werden, indem – ausgehend vom Salutogenese-Konzept Antonovskys – wenige und klare relationale Leitgedanken für pädagogisches Handeln und Erlebensmöglichkeiten für Schüler*innen dargestellt werden.

Das durch den Medizin-Soziologen Aaron Antonovsky entwickelte Konzept des »Sense of Coherence« (SOC; vgl. Antonovsky 1997, S. 33 ff.) zeigt auf, welche Komponenten im Erleben und Handeln [sic!] als individuelle und jeweils erlebbare »Widerstandsressourcen« (ebd., S. 16) wirksam werden können. Das SOC kann demnach ein Maß ausdrücken,

> »in dem man ein durchdringendes, andauerndes aber dynamisches Gefühl des *Vertrauens* [Hervorhebung T. M.] hat, daß die eigene interne und externe Umwelt vorhersagbar ist und daß es eine hohe Wahrscheinlichkeit gibt, daß sich die Dinge so entwickeln werden, wie vernünftigerweise erwartet werden kann« (ebd.).

Eine Sicherheit im jeweiligen Bezug von Individuum – Umwelt wird hier angesprochen: »Kohärenz bedeutet Zusammenhang, Stimmigkeit« (BZgA 2001, S. 28). Um diese zu erreichen, werden drei »Komponenten« (Antonovsky 1997, S. 35)

3.3 Lernpsychologische und didaktische Zugänge des inklusiven Unterrichts

Abb. 3.1: Bildungsbereiche (aus: Ministerium für Kultus, Jugend und Sport Baden-Württemberg (MKS) (Hrsg.) (2010): Bildungsplan 2010: Schule für Erziehungshilfe. Stuttgart: MKS, S. 10)

identifiziert, welche je einzeln betrachtet wirksam sind und gemeinsam dann den SOC bilden:

- »Verstehbarkeit«
- »Handhabbarkeit« und
- »Bedeutsamkeit« (Antonovsky 1997, S. 34f.).

Es hängt also von »dieser individuellen, sowohl kognitiven als auch affektiv-motivationalen Grundeinstellung« (BZgA 2001, S. 28) ab, ob und inwieweit Menschen ihre positiven Entwicklungsmöglichkeiten ergreifen können.

Aus lernpsychologischer wie didaktischer Sicht kann und soll dieses Verständnis für schulisch-pädagogische sowie unterrichtliche Prozesse verfügbar gemacht werden. Die Unterstützung der Entwicklung von Vertrauen (s. u.) als zentrales Motiv wird durch folgende Abbildung verdeutlicht (▶ Abb. 3.2).

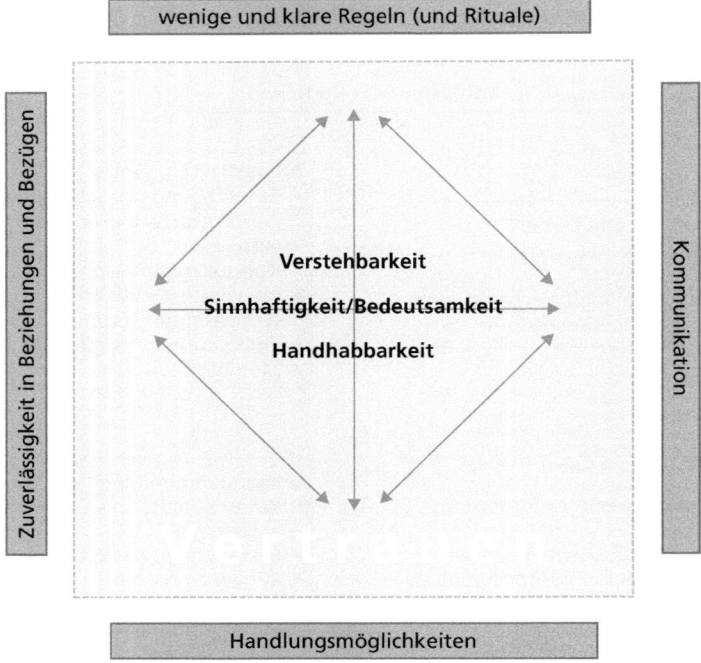

Abb. 3.2: Quadrat des Gelingens

Die Komponenten des zu erlangenden Kohärenzgefühls (SOC) werden innerhalb des Begegnungs- und Handlungsrahmens (welcher als potenziell offen verstanden werden sollte) zentral gesetzt: Deren Erfüllung schafft bei den Beteiligten (Schüler*innen) Vertrauen – in zwei Richtungen: sich selbst und allen anderen Beteiligten gegenüber, also Lehrkräften und Mitschüler*innen. Umrahmt wird dieses Feld durch grundlegende pädagogische Leitmotive, welche in unmittelbarem Bezug zueinander stehen und handlungsleitend sein sollen. Diese stehen in jeweiligen wechselwirksamen Bezügen zueinander, stärken sich damit in qualitativer wie quantitativer Weise, um personale wie dingliche Weltbegegnung zu ermöglichen bzw. zu unterstützen.

Konkret wird es also darum gehen, für alle Schüler*innen ein unterrichtliches Angebot zu machen, das auf der Ebene des jeweils eigenen Handelns ergriffen werden kann: nicht über etwas reden – sondern zugreifen! Curriculare Vorgaben, wie sie sich z. B. in als begrenzt verstandenen »Schulfächern« manifestieren, gilt es im pädagogischen Sinne, zu erweitern oder gar zu überwinden. Bestehende Vorgaben oder Strukturen sind in diesem Sinne zu befragen: Können z. B. Lehrkräfte für verschiedene Fächer, die im Stundenplan benachbart angeordnet sind, gemeinsam zwei Unterrichtsstunden gestalten und dabei die jeweilige Expertise im Sinne erlebnisorientierten Unterrichts verfügbar machen (z. B. Mathematik und Sport)? Können Projekttage oder Wochen im Sinne der dargestellten Bildungsbereiche mit spezifischen Schwerpunkten gestaltet werden? Und anderes mehr …

3.4 Methoden und Medien des inklusiven Unterrichts

Unterricht, der die jeweiligen und damit heterogenen Erlebens- und Handlungsmöglichkeiten aller Schüler*innen einbeziehen will, muss zwangsläufig erlebnis- und handlungsorientiert sein. Das klingt zunächst banal oder gar paradox, weist jedoch auf die Notwendigkeit von methodischer Vielfalt und damit multimodalen Ansätzen hin:

Wird die Erklärung für das Entstehen abweichenden Erlebens und Verhaltens als Beeinträchtigung der Wahrnehmungs- und Ausdrucksmöglichkeiten akzeptiert und das pädagogische Ziel der Erweiterung – auch im Sinne des SOC – derselben formuliert, dann hat Unterricht diesen Maßgaben zu folgen:

- Die methodischen Zugänge zu den jeweiligen Inhalten sollen für die Schüler*innen Möglichkeiten zu Eigenaktivität und Bewältigung beinhalten → Handlungsorientierung.
- Unterrichtliche Aufgabenstellungen sollen im Sinne der Verstehbarkeit klar und logisch aufgebaut sein → Strukturierung.
- Die möglichen Sozialformen sollen Wahlmöglichkeiten (bspw. Einzel-, Partner*innen- oder Gruppenarbeit) sowie eine damit verbundene Verbindlichkeit beinhalten → soziale Vielfalt.
- Die Möglichkeit alternativer Lern- sowie Sozialformen sollte grundsätzlich zur Verfügung stehen (bspw. Arbeitsmaterialien für eigenständiges und zeitlich wie räumlich abgegrenztes Arbeiten) → Differenzierung.

Individuelle Hilfsmittel (z. B. die Nutzung eines Laptops für Schüler*innen mit Schreibblockaden, Kopfhörer für geräuschempfindliche Schüler*innen, abgegrenzte Arbeitsbereiche für reizsensible Schüler*innen und anderes mehr) sollen zur Verfügung stehen und für alle Schüler*innen der Klasse selbstverständlich und damit akzeptiert sein. Verlässliche Wiederholungen und Rituale können Schüler*innen entspannen und auf dieser Basis neue Unterrichtsinhalte und -formen ermöglichen. Gezielte Übungen und Spiele zur Entwicklung der Wahrnehmungs- und Sozialfähigkeit bewähren sich ab der ersten Klasse (vgl. Maschke 2021).

Letztlich ist inklusiver Unterricht mit der Berücksichtigung der beschriebenen Bedingungen kein besonderer, sondern ein allgemeiner im grundsätzlichen und weit verstandenen Sinne. Er kommt damit allen Schüler*innen zugute.

3.5 Beispiele und Ansätze inklusiver Pädagogik und inklusiven Unterrichts

Im Morgenkreis der ersten Klasse kommt es zu einem Streit zwischen Anna und Leon, weil sich dieser – wie an jedem Tag – neben Lisa setzt, was heute auch Anna will. Anna gerät außer sich, fängt an zu weinen, steigert dieses in lautes Kreischen. Alle Versuche, sie zu beruhigen, scheitern. Der Lehrer entscheidet schließlich, den gewohnten Ablauf mit den anderen Schüler*innen fortzusetzen und »ignoriert« Anna fortan. Die Kinder und der Lehrer stehen im Kreis, einander zugewandt, Anna liegt außerhalb desselben auf dem Boden, schreit, schlägt mit den Fäusten auf den Boden, strampelt, wirft Stühle um.

Die erste Klasse singt das Morgenlied, macht Übungen zur Körpergeografie und spricht gemeinsam und auch einzeln Zungenbrecher – alles begleitet und übertönt von Annas schrillem Geschrei. Anschließend setzen sich die Kinder und dürfen nun nacheinander Erlebnisse des Vortages erzählen. Anna wird leiser, kriecht zur Gruppe und legt mit einem lauten Seufzer schließlich ihren Kopf auf Leons Schoß. Der Kreis öffnet sich und Anna wird nach einer Viertelstunde des eigenen Ausschlusses nun in die Gruppe aufgenommen. Als letztes aller Kinder kann sie schließlich ein Erlebnis des Vortages erzählen.

Was hat in der beschriebenen Situation pädagogisch gewirkt? Es ist

- das Vertrauen des Lehrers in seine eigene Handlungsfähigkeit;
- das Vertrauen des Lehrers in Annas Willen zur Teilnahme am Klassengeschehen;
- das Einhalten klarer Abläufe, die allen Schüler*innen vertraut sind: Das gibt der Gruppe Halt und Sicherheit, das »Regelhafte« überwiegt das »Störende«;
- der »Nicht-Ausschluss« von Anna: Ihr wurde die Möglichkeit der Teilnahme nicht entzogen, obwohl sie sich zeitweise selbst entzog;
- die zuvor angelegte und erübte Kultur des Miteinanders.

Ein weiteres Beispiel:

Zu Beginn der ersten Schulwoche nach den Ferien kündigten die Lehrkräfte der vierten Klasse an, dass sich alle Schüler*innen im Rahmen einer Projektwoche mit einem Tier und einer Pflanze eigenständig beschäftigen sollten, sich hierzu ggf. Partner*innen aus der Klasse suchen und eigenverantwortlich arbeiten könnten. Unterstützung durch die Lehrkräfte wurde ebenfalls angeboten und die Möglichkeiten und Strukturen hierfür aufgezeigt.

Aaron, der in solchen Phasen für gewöhnlich allein arbeitete, wählte für seine Arbeit und spätere Präsentation den »Blattfisch« aus dem Amazonas und die Liane aus. Die gewählten Themen wurden in der Klasse an der Pinnwand gesammelt. In der Pause fragte Lisa Aaron, was denn ein Blattfisch sei, und Aaron konnte in der Beantwortung dieser Frage mit seinem Spezialwissen glänzen. Lisa wollte immer mehr wissen und fragte Aaron schließlich, ob sie zusammen arbeiten können. Aaron war mit dieser Frage überfordert und lief davon. Lisa sprach die Klassenlehrerin an, welche dann Aaron zu einem Gespräch bat und mit ihm klare Vereinbarungen traf, wie eine Zusammenarbeit mit Lisa erfolgen könnte. Aaron wurde dabei die Möglichkeit geboten, jederzeit bei der Lehrerin, zu der er Vertrauen hatte, um Unterstützung zu bitten. Auch wurde vereinbart, dass beide Kinder gemeinsame und separate Arbeitsphasen haben sollen. Die Zusammenführung ihrer Ergebnisse wurde jeweils für die letzte halbe Stunde der Arbeitszeit festgelegt. Die Sicherheit dieses Rahmens sorgte dafür, dass Aaron und Lisa ein gemeinsames Projekt begannen. An den beiden ersten Tagen achtete Aaron penibel auf die Einhaltung seiner isolierten Arbeitszeiten, dann jedoch öffnete sich diese Struktur immer mehr, sodass am Ende der Woche eine ausschließlich gemeinsam verbrachte Arbeitszeit und eine gleichberechtigte Präsentation standen.

Mit Bezug auf die im obigen Beispiel identifizierten Wirkparameter sowie die Relevanz des Rahmens und der pädagogischen Maßnahmen aus dem »Quadrat des Gelingens« kann attestiert werden, dass Aaron in Gemeinschaftlichkeit erweiterte Handlungs- und Begegnungsmöglichkeiten erfuhr. Dies kann als Ziel inklusiven Unterrichts formuliert werden.

3.6 Bildungs- und Erziehungspartnerschaften mit Erziehungsberechtigten

Wenn sich die Situation um ein Kind als »Situation der Not« darstellt bzw. als solche erlebt wird, besteht eine dringende Notwendigkeit der Kommunikation aller Beteiligten. Hier gilt als professionelle Handlungsmotivation der Leitsatz Moors (s. o.), dass die Umgebung am Leiden des Kindes leidet (vgl. Moor 1999), diese ist also in die Suche nach Lösungen einzubeziehen. Weiter gilt die Erfahrung, dass es für das Verstehen der jeweiligen Situation von Schüler*innen drei Arten der Expert*innen gibt:

1. die professionellen Begleiter*innen (Lehrkräfte, Erzieher*innen, Therapeut*innen u. a.)
2. die Eltern bzw. Erziehungsberechtigten
3. das Kind bzw. der*die Jugendliche selbst.

Nach dieser Maßgabe sind z. B. Gespräche zur Krisenbewältigung immer unter Beteiligung der Genannten zu führen.

Für Lehrkräfte sollten Unterstützungsmöglichkeiten etabliert sein oder werden: kollegiale Beratung durch Erwerb und Zur-Verfügung-Stellung spezifischer Expertisen sowie die Entwicklung von Intervisionsformaten und Angebote für Supervision. Teamstrukturen sollten etabliert und gestärkt werden.

Erste Orientierungsmöglichkeiten für Eltern und Pädagog*innen können Ratgeber bieten, z. B. das »Online-Familienhandbuch« des Staatsinstituts für Frühpädagogik und Medienkompetenz (siehe folgenden Kasten). Weitere außerschulische Hilfen und Unterstützungsmöglichkeiten sind im Kasten aufgeführt.

Es ist hier die jeweilige Verantwortlichkeit zu berücksichtigen: So können alle Hilfen aus dem medizinisch-therapeutischen Bereich (siehe Kasten) ausschließlich die Eltern bzw. Erziehungsberechtigten in Anspruch nehmen bzw. initiieren. Dies gilt auch für Hilfen zur Erziehung nach SGB VIII, welche das Jugendamt auf Antrag gewähren kann. Einen sonderpädagogischen Fachdienst innerhalb der Schule um Unterstützung zu bitten, obliegt wiederum der Schulleitung. Bei allen Fragen um Zuständigkeit und primäre Verantwortung sollten die Vernetzung und das Motiv des Teilens von Wissen und Ideen, aber auch von Nöten, leitend sein. So sind Formate von »runden Tischen«, an denen alle Beteiligten zusammenkommen, sinnvoll und bewährt. Ängsten und Vorbehalten von Eltern bzw. Erziehungsberechtigten kann durch maximale Transparenz entgegengewirkt werden: Alle Bemühungen dienen dem Verstehen sowie dem Wohlergehen des Kindes; dieses Motiv muss für alle erlebbar sein. Kompetenzen, besonders bei Lehrkräften im Sinne problemzentrierter und dabei wertschätzender Gesprächsführung, sollten im Sinne der Entwicklung pädagogischer Qualität Ziele von Schulentwicklung sein.

Ausgewählte Einrichtungen und Dienste auf Landes- und Bundesebene

- Außerschulische Hilfen und Unterstützung können erhalten werden
  – im medizinisch-therapeutischen Bereich (Psycholog*innen, Kinder- und Jugendlichen-Psychiater*innen, Sozial-Pädiatrischen Zentren, Ergotherapeut*innen etc.)
  – im außerschulischen (sozial-)pädagogischen Bereich (Erziehungsberatungsstellen o. a., Hort)
  – bei pädagogischen Fachdiensten (sonderpädagogischer Dienst, Jugendamt). Im Sinne der Vernetzung sind all diese Spezialist*innen bzw. Institutionen in der Lage, auf weitere Angebote (z. B. Selbsthilfegruppen, Elternaktivitäten) in der jeweiligen Region hinzuweisen.
- »Online-Familienhandbuch« des Staatsinstituts für Frühpädagogik und Medienkompetenz
  Internet: https://familienhandbuch.de/index.php
  Hier gibt es neben Fachartikeln auch konkrete Unterstützungsangebote.
- »Handlexikon Lernschwierigkeiten und Verhaltensstörungen« (Wember/Stein/Heimlich 2014)
  Hier werden in kurzen fundierten Fachartikeln Problemfelder, Unterstützungsansätze sowie theoretische Erklärungen zur Verfügung gestellt (siehe Literaturverzeichnis).

Literatur

Antonovsky, A. (1997): Salutogenese. Zur Entmystifizierung der Gesundheit. Tübingen: dgvt-Verlag.

BZgA (2001): Was erhält Menschen gesund? Antonovskys Modell der Salutogenese – Diskussionsstand und Stellenwert. Eine Expertise von Jürgen Bengel, Regine Strittmatter und Hildegard Willmann im Auftrag der BZgA. Erweiterte Neuauflage. Köln: Bundeszentrale für gesundheitliche Aufklärung.

Kautter, H. (1998): Das »Außen« wahrnehmen, das »Innen« verstehen – Aspekte einer ganzheitlichen sonderpädagogischen Diagnostik. In: W. Mutzek (Hrsg.), Förderdiagnostik. Konzepte und Methoden (S. 194–204). Weinheim, Basel: Beltz.

KMK (Sekretariat der Ständigen Konferenz der Kultusminister der Länder in der Bundesrepublik Deutschland) (2000): Empfehlungen zum Förderschwerpunkt emotionale und soziale Entwicklung. Online verfügbar unter: https://www.kmk.org/fileadmin/veroeffentlichungen_beschluesse/2000/2000_03_10-FS-Emotionale-soziale-Entw.pdf, Zugriff am 20.06.2022.

Maschke, T. (2015): Das Bedürfnis nach Entwicklung – und das Recht darauf! Ein pädagogischer Essay. In: Zeitschrift behinderte menschen, 38 (6), 55–59.

Maschke, T. (2021): Miteinander-Spiele. Wahrnehmung und Begegnung üben. Salzburg: Residenz.

Ministerium für Kultus, Jugend und Sport Baden-Württemberg (MKS) (Hrsg.) (2010): Bildungsplan 2010: Schule für Erziehungshilfe. Stuttgart: MKS.

Moor, P. (1999): Heilpädagogik. Ein pädagogisches Lehrbuch (2. Aufl.). Luzern: Edition SZH.

Müller, T. (2021): Basiswissen Pädagogik bei Verhaltensstörungen. München: Reinhardt UTB.

Müller, T./Stein, R. (2015): Erziehung im Förderschwerpunkt emotionale und soziale Entwicklung. In: R. Stein/T. Müller (Hrsg.), Inklusion im Förderschwerpunkt emotionale und soziale Entwicklung (S. 216–229). Stuttgart: Kohlhammer.

Myschker, N. (2009): Verhaltensstörungen bei Kindern und Jugendlichen. Erscheinungsformen – Ursachen – Hilfreiche Maßnahmen (6. Aufl.). Stuttgart: Kohlhammer.

Myschker, N./Stein, R. (2014): Verhaltensstörungen bei Kindern und Jugendlichen. Erscheinungsformen – Ursachen – Hilfreiche Maßnahmen (7., überarbeitete und erweiterte Auflage). Stuttgart: Kohlhammer.

Stein, R. (2014): Verhaltensstörung und Verhaltensauffälligkeit (Förderschwerpunkt emotionale und soziale Entwicklung). In: F. B. Wember/R. Stein/U. Heimlich (Hrsg.), Handlexikon Lernschwierigkeiten und Verhaltensstörungen (S. 82–87). Stuttgart: Kohlhammer.

Stein, R./Müller, T. (Hrsg.) (2015): Inklusion im Förderschwerpunkt emotionale und soziale Entwicklung. Stuttgart: Kohlhammer.

Wember, F. B./Stein, R./Heimlich, U. (Hrsg.) (2014): Handlexikon Lernschwierigkeiten und Verhaltensstörungen. Stuttgart: Kohlhammer.

4 Schüler*innen im Förderschwerpunkt Sprache

Ulrich Maiwald und Dorothee Maiwald

> *Alltagsintegrierte Sprachförderung in heterogenen Klassen oder wie Fips und Brogur beim Lernen der Grammatik helfen*
> Mit diesem Beitrag werden Anregungen zur Sprachförderung in inklusiven Klassen im Grundschulbereich gegeben. Hierzu werden die Bedeutung der Sprache und des Sprechens in der Schule sowie Kategorien der Sprache als Grundlage der Diagnostik von Beeinträchtigungen der kindlichen Sprachentwicklung aufgeführt und durch Beispiele erläutert. Biografische Skizzen zu betroffenen Kindern stellen mit Beispielen sprachlicher Föderansätze aus dem Schulalltag den Bezug zur pädagogischen Praxis her.

4.1 Fallgeschichten von Kindern mit sprachlichen Besonderheiten

Wir betrachten zunächst anhand von zwei biografischen Beispielen, wie Beeinträchtigungen der Sprech- und Sprachfähigkeit eines Kindes im Schulalltag sichtbar werden können.

Martin ist zehn Jahre alt und besucht die vierte Klasse. Zuhause beschäftigt er sich mit seinen Modellflugzeugen, spielt am PC oder sieht sich Comicsendungen im Fernsehen an. An den Fang- und Ballspielen in den Pausen beteiligt er sich nicht. Er sucht stattdessen häufig den Anschluss an seine Lehrerin, der er im Zweiergespräch von seinen Hobbys und Wochenenderlebnissen erzählt. Über die anderen Kinder äußert sich Martin bisweilen in abwertender Weise. Seine Mitschüler*innen reagieren teilweise ablehnend auf diese Art der Kommunikation.

Im Unterricht verhält sich Martin sehr still. Er beteiligt sich nicht aktiv am Gespräch und meldet sich bei Aufgabenstellungen selten, um Lösungen oder Ergebnisse zu nennen. Wird er aufgerufen, wirkt er meist peinlich berührt und verlegen und antwortet häufig ausweichend.

Martin fällt das Lernen schwer. Es gelingt ihm nicht, sich über einen längeren Zeitraum zu konzentrieren. Seine Merkfähigkeit ist schwach ausgeprägt. Er kann nur ansatzweise mit eigenen Worten wiedergeben, was die Klasse am Vortag gelernt oder besprochen hat. Sich Fachbegriffe einzuprägen, überfordert ihn häufig. So hat Martin zum Schulhalbjahr der vierten Klasse nicht gelernt, nominell zwischen Addition und Subtraktion, Multiplikation und Division zu unterscheiden, obwohl er in der Lage ist, die eigentlichen Rechenaufgaben auszuführen. Ähnlich verhält es sich mit Begriffen der Grammatik wie Verb oder Adjektiv. Auch hier fällt es Martin schwer, sich die entsprechende Zuordnung einzuprägen. Er kann langsam und stockend lesen, einen Text jedoch nicht mit eigenen Worten referieren. Dies hindert ihn häufig daran, schriftliche Aufgabenstellungen eigenständig zu erfassen und umzusetzen. Sein Wortschatz ist nicht altersentsprechend entwickelt. Martins Erzählungen sind sprachlich wenig differenziert und häufig mit Einwürfen aus der Comicsprache wie »Boing« oder »Crash« versetzt. Zugleich wirkt seine Sprechweise etwas monoton und nur wenig moduliert, sodass Frage- und Aussagesätze keine prosodische Modifikation erfahren. Besonders auffällig sind Martins Schwierigkeiten im Bereich des Schreibens. Es fällt ihm nicht leicht, seine Gedanken zu verschriftlichen. Wenn Martin den Satz »Gestern gab es ein starkes Gewitter« schreiben möchte, wird daraus zum Beispiel »*Getrn gabs staaks Getter*«. Er lässt Buchstaben oder ganze Wörter aus oder verdreht einzelne Wortteile. Hinzu kommt seine schwer lesbare Handschrift. Die Feinmotorik bereitet ihm beim Schreiben Probleme. Die Buchstaben sind oft kaum zu erkennen, er wechselt zwischen Druck- und Schreibschrift und kann die vorgegebenen Schreibzeilen nicht einhalten. Martin nimmt seine Schwächen in diesem Bereich selbst wahr. Ihm sind seine Schrift und die fehlerhafte Rechtschreibung peinlich. Daher legt er meist den Arm über sein Heft, damit weder seine Sitznachbar*innen noch die Lehrer*innen das Geschriebene sehen können. In Gruppenarbeitssituationen, in denen jedes Kind einen Textbaustein beitragen soll, vermeidet er es, etwas aufzuschreiben.

Lesen und Schreiben bilden die Grundlage für die Lern- und Arbeitsprozesse in sämtlichen Schulfächern. Daher ist die Beherrschung dieser Techniken und Kompetenzen entscheidend für den erfolgreichen Verlauf der Schulausbildung sowie für das Erreichen eines Abschlusses und die späteren Berufschancen (vgl. Stitzinger/Sallat/Lüdtke 2017, S. 89). Martin hat damit begonnen, Vermeidungsstrategien zu entwickeln, um Herausforderungen zu entgehen. Würde sich diese Entwicklung ohne sprechpädagogische Intervention fortsetzen, ist zu erwarten, dass sich die sprachlichen Schwierigkeiten im Bereich der Phonetik und Phonologie sowie im lexikalischen Bereich weiter manifestieren und sich auch auf andere Lernbereiche auswirken. Erste Anzeichen dafür zeigen sich bereits im Schriftsprachgebrauch durch die Weglassung oder Vertauschung einzelner Laute, in dem eingeschränkten Verständnis von Textinhalten und der darauf basierenden Wiedergabe von Zusammenhängen. Darüber hinaus lassen sich auf der pragmatischen Ebene im kommunikativen Verhalten ein sozialer Rückzug und eine Sprechscheu oder unangemessene Kommunikationsformen bei belastenden und psychosozial als unangenehm empfundenen Situationen feststellen. Martin benötigt Hilfestellungen, um Defizite und sprachliche Einschränkungen aufzuarbeiten, mögliche schulische Barrieren abzubauen und sein Selbstbewusstsein durch positive Lern- und Sozialerfahrungen zu stärken.

Um Martin inklusiv zu fördern, setzt seine Lehrerin an mehreren Stellen an. Anhand von Sprachübungen werden die Deutlichkeit und Vollständigkeit der Aussprache von Wörtern, silbengerechtes Sprechen sowie die unterschiedliche Stimmführung bei Frage-, Ausrufe- und Aussagesätzen erprobt und gefestigt. Um ihn im kommunikativen Bereich zu unterstützen, übt sie mit der Klasse kurze Spielszenen und Dialoge zu den behandelten Unterrichtsthemen ein, die eine differenzierte und modulierte Sprache unterstützen. Dabei nutzt sie vorgegebene Dialogstrukturen, um kommunikative Normen spielerisch zu üben und zu festigen. Wenn nötig, gibt die Lehrerin individuelle Hilfestellungen bei Verständnis-, Ausdrucks- und kommunikativen Hemmnissen. Außerdem achtet sie im Unterrichtsgespräch auf ihren eigenen sprachlichen Ausdruck, indem sie Inhalte klar artikuliert und strukturiert, eine moderate Satzlänge und Sprechgeschwindigkeit nutzt, bewusste Pausen vor zentralen Worten und Aussagen setzt, die dynamische und prosodische Gestaltung auf den Sprechinhalt abstimmt, ihre Gestik und Mimik unterstützend einsetzt und die Aussagen bei Bedarf durch mitgebrachte Gegenstände konkret visualisiert.

Als Wiederholung für die gesamte Klasse und zur Unterstützung von Martin im lexikalischen Bereich bringt die Lehrerin an der Klassenzimmerwand Plakate an, die neben den mathematischen Fachbegriffen die zugehörigen Rechenzeichen sowie ein einfaches Aufgabenbeispiel zeigen. So kann er sich besser orientieren und eigenständig an die Arbeit gehen. Auch für die oben genannten grammatikalischen Bezeichnungen fertigt sie Plakate mit Beispielen in vereinfachter, alltagsnaher Sprachform an. Zusätzlich nutzt sie Bilder zur Veranschaulichung.

Jannis ist sieben Jahre alt und besucht die zweite Klasse. Im ersten Schuljahr fällt er dadurch auf, dass er körperlich sehr unruhig ist, kaum am Platz stehen kann, auch im Sitzen ständig die Position wechselt und sich in den Pausen häufig beim Spielen verletzt. Sein Muskeltonus wechselt zwischen Über- und Unterspannung. Mit der Einführung der Buchstaben hat Jannis zunächst kaum Probleme, solange diese sehr groß und noch ganz frei positioniert mit Wachs- und Buntstiften geschrieben werden. Sobald die Feinmotorik der Kinder stärker gefordert wird und die Buchstaben mit dem Bleistift innerhalb der Lineatur geschrieben werden sollen, gelingt ihm dies nicht mehr. Seine Buchstaben sind verschieden groß, liegen häufig außerhalb der Schreibzeilen und neigen sich in unterschiedliche Richtungen. Das Verbinden zu Silben oder ganzen Wörtern fällt Jannis schwer, ebenso das Einhalten eines Abstands zwischen zwei Wörtern. Zugleich wird deutlich, dass Jannis beim Sprechen häufig Fehler im grammatischen Bereich bei der Verwendung der Präpositionen unterlaufen.

Nach einem Arztbesuch berichtet die Mutter, dass bei Jannis eine angeborene Störung des Gleichgewichtsorgans vorliegt und er deshalb oft stürzt und stolpert. Auch seine Orientierungsschwäche im Räumlichen, die sich unter anderem in seiner Schrift zeigt, hängt damit zusammen. Jannis wird nun außerschulisch durch Ergotherapie und Krankengymnastik gefördert.

Im schulischen Bereich stellt Jannis' Disposition ein Hemmnis für das Erlernen einer flüssigen, lesbaren Schrift dar. Daher überlegt seine Lehrerin sich

Fördermöglichkeiten, die die außerschulischen Therapien unterstützen und in das alltägliche Unterrichtsgeschehen integriert werden können.

Sie greift das Thema Gleichgewicht durch vielfältige Bewegungsübungen auf. So übt sie mit der Klasse das Balancieren auf einem ausgelegten Seil, Stehen und Hüpfen auf einem Bein, macht Übungen zur Körpergeometrie und übt das Jonglieren und Werfen mit Bohnensäckchen. Jannis macht diese Bewegungseinheiten begeistert mit und gewinnt im Lauf der Zeit mehr Standfestigkeit und Balance. Für das Üben der Präpositionen kommen die beiden Zwergenpüppchen Fips und Brogur zum Einsatz, die die Lehrerin jeden Morgen im Klassenraum versteckt. Puppen sind ein zentrales Mittel für die Sprachförderung, da sie auch für schüchterne Kinder einen niederschwelligen Zugang zu Sprachübungen und Rollenspielen eröffnen und dadurch sprachmotivierend wirken (vgl. Reber/Schönauer-Schneider 2014, S. 42). Die Kinder stellen Fragen wie: »Sitzt Fips unter dem Waschbecken?« oder »Liegt Brogur hinter der Tafel?«

Wurden die Zwerge entdeckt, versuchen die Kinder den Fundort durch möglichst viele Ortsbeschreibungen zu ergänzen: »Fips sitzt auf dem Fensterbrett, neben der Gießkanne, über der Heizung, vor der Postkarte« usw. Die Lehrerin wiederholt die korrekten Aussagen der Kinder mit besonderer Hervorhebung der Präpositionen. Jannis beteiligt sich an diesem Suchspiel mit viel Freude und nutzt die Präpositionen zunehmend richtig. Um ihn beim Schreiben zu unterstützen, gibt die Lehrerin Jannis spezielle Schreibblätter mit deutlich erkennbaren, farbig voneinander getrennten Zeilen. Diese Form der inklusiven Hilfestellung ermöglicht es ihm, sich visuell besser zurechtzufinden und Lesbarkeit sowie Schreibtempo zu steigern.

An den Beispielen von Martin und Jannis wurde exemplarisch gezeigt, wie in der Planung und Durchführung allgemeiner Unterrichtsinhalte durch gezielte Schwerpunktsetzungen und Variationen in inklusiver Form sprachliche Barrieren aufgelöst und Sprachkompetenzen gefördert werden können.

4.2 Beschreibungen, Ursachen und Folgen einer Sprachbeeinträchtigung

Die Bedeutung der Sprache

Der Mensch ist als soziales Wesen von Geburt an auf soziale Interaktion und den Austausch mit anderen Menschen orientiert und angewiesen (vgl. Lersch 1965, S. 25). Sprache ermöglicht, Beziehungen zu anderen Menschen aufzubauen und Austausch zu pflegen. Durch die sprachliche und nonverbale Kommunikation gestaltet der Mensch seine sozialen Verhältnisse und Interaktionen. Er kann Bedürfnisse und Absichten artikulieren, aber auch Abgrenzung und Ablehnung formulieren. Auf diese Weise wird Sprache zur Selbstoffenbarung des Menschen und vermittelt gleichzeitig die Erfahrung von Selbstwirksamkeit. Sie trägt damit zur Identitätsbildung und Selbstkonstituierung bei. Durch die Sprache erschließt der Mensch sich Zugang zu Bildung und damit zur Partizipation am gesellschaftlichen Leben (vgl. Mußmann 2020, S. 13). Damit ist die sprachliche Entwicklung des Kindes ein wesentlicher Baustein in seiner Bildungsbiografie und Persönlichkeitsbildung.

Die Sprachentwicklung des Kindes stellt eine enorme Lernleistung dar, die es scheinbar mühelos bewältigt. Es sind jedoch zentrale physiologische und seelisch-geistige Voraussetzungen notwendig, damit das Kind seine Umgebung und sich selbst erfassen und sprachlich widerspiegeln kann. Die Fähigkeit, Eindrücke und Absichten in Worte zu fassen, bildet das Kind im Kontext seiner Gesamtentwicklung und im Austausch mit seinen Bezugspersonen aus. Dabei führt der Weg von der Wahrnehmung zum Wort über die Sensomotorik und die emotionale Beziehung zu seiner Umgebung.

Der Stimmtrakt muss sich nach der Geburt den sprachlichen Anforderungen anpassen. Sowohl Grob- und Feinmotorik als auch Respiration, Intonation und Artikulation müssen aufeinander abgestimmt werden, um Worte verständlich bilden zu können. Die Sensorik des Kindes bildet sich an der Wahrnehmung der Welt und seiner selbst weiter aus und reift im Lauf der Zeit nach. Durch facettenreiche Wahrnehmungen sammelt das Kind Eindrücke, von denen es emotional berührt wird. Die intensive sensorische Erkundung des Objekts führt zum tätigen Begreifen und wird so zur Motivation des sprachlichen Ausdrucks. Dabei müssen grammatikalische Strukturen erkannt sowie die angemessenen Formen der Kommunikation erlernt und erprobt werden. Das Kind legt mit dem Erlernen seiner Muttersprache einen weiten Entwicklungsweg zurück. Dabei benötigt es die liebevolle Begleitung und Unterstützung durch seine Bezugspersonen, die ihm sprachliches Vorbild sind und ihm Sprechanreize bieten (vgl. Butzkamm 2019, S. 29 f.).

Mit dem Eintritt in die Grundschule ist die basale Sprachentwicklung weitgehend vollzogen. Die Kinder beherrschen alle Laute, haben sich einen umfangreichen aktiven Wortschatz erschlossen und sind in der Lage, auch komplexe Satzstrukturen mit Haupt- und Nebensätzen zu bilden. Das Verständnis von abstrakten sprachlichen Zusammenhängen ist vorhanden (vgl. Mahlau/Herse 2017, S. 14).

Sprachliche Störungen in der kindlichen Entwicklung

In den Sprachstandserhebungen in Kitas und in Schuleingangsuntersuchungen zeigt sich dennoch, dass eine große Zahl von Kindern sprachliche Auffälligkeiten aufweist. Prof. Dr. Mahlau führt mit Bezug auf Erhebungen verschiedener Studien an, dass ca. 20–30 % der Kinder bei Schulantritt sprachliche Auffälligkeiten zeigen (vgl. Mahlau/Herse 2017, S. 14).

Diese Zahlen machen deutlich, dass Kinder auch noch im Grundschulalter insbesondere durch die hohe Diversität ihrer Voraussetzungen und Bedürfnisse eine sprachliche Unterstützung benötigen.

Um Kinder im pädagogischen Kontext kompetent in ihrer sprachlichen Entwicklung begleiten und fördern zu können, ist es nötig, Grundelemente der Sprache zu kennen. Auf dieser Basis ist es möglich, sprachliche Auffälligkeiten zu erkennen und gezielte Unterstützungsangebote bereitzustellen (vgl. ebd., S. 11).

Für die Sprachförderung in heterogenen Klassen sind vier Kategorien des Sprachgebrauchs von Bedeutung. Dazu zählen die Art und Weise,

1) wie das Kind Worte artikuliert und sinnvoll bildet,
2) welche Worte es im täglichen Sprachgebrauch versteht und anwendet,
3) in welcher Form es einzelne Worte in grammatikalisch sinnvolle Satzstrukturen fasst und
4) wie es seine Kommunikation situationsabhängig gestaltet.

In der Linguistik werden diese vier Bereiche unter den Begriffen

1) Phonetik und Phonologie,
2) Lexikon und Semantik,
3) Morphologie und Syntax sowie
4) Pragmatik und Kommunikation zusammengefasst.

Mit dem Ziel der Sensibilisierung für sprachliche Phänomene sollen die folgenden fiktiven Beispiele einen Eindruck vermitteln, in welcher Form Beeinträchtigungen in den einzelnen sprachlichen Ebenen auftreten können.

Phonetische Auffälligkeiten betreffen die Lautbildung. Einzelne Laute werden fehlerhaft gebildet, sind aber in der Lautbildungsabsicht erkennbar.

Beispiel Lucie, sechs Jahre

»Ith war mit Thabine Eithethen. Dath war tho lecker!«

Das Th wird in diesem Beispiel wie das englische th verwendet. Die eigentliche Satzaussage lautet »Ich war mit Sabine Eisessen. Das war so lecker!«. In dem angeführten Beispiel ist die Lautfehlbildung auf eine Beeinträchtigung der Muskelspannung und des Bewegungsmusters der inneren und äußeren Mundmuskulatur zurückzuführen. Auffälligkeiten dieser Art werden unter dem Begriff »Myofunktionelle Störungen« zusammengefasst (vgl. Fox-Boyer/Groos/Schauss-Golecki 2015, S. 48).

Phonologische Beeinträchtigungen betreffen die sinnkonstituierende Eigenschaft der Laute in der Wortbildung. Kinder mit phonologischen Auffälligkeiten können die einzelnen Laute isoliert meist korrekt bilden, wenden sie aber nicht konsequent und sinngerecht an. Dabei kann es u. a. zu Lautauslassungen und -vereinfachungen, Lautangleichungen und/oder Lautersetzungen kommen, sodass die Verständlichkeit der Aussage betroffen ist (vgl. Reber/Schönauer-Schneider 2014, S. 64). Darüber hinaus können Schwierigkeiten beim Erkennen von Silben und

Wortstrukturen auftreten. Das bedeutet, dass ein Kind u.U. keine Silbeneinheiten im Wort oder Wortgrenzen im Satz erkennt (vgl. Wendland 2017, S. 92).

Beispiel Viola, sieben Jahre

»Meine Bille is rund, damit tann ich besser lesen.«

Viola lässt das T bei »ist« am Ende weg, obwohl sie es bilden kann. Sie spricht das R als Anlaut, lässt es aber in der Lautverbindung bei dem Wort »Brille« aus und ersetzt bei dem Wort »kann« das K durch T. Für die Zuhörenden ist die Satzaussage damit zwar noch verständlich, aber im Klangbild irritierend. Diese Irritation wird wahrscheinlich auch von Viola bemerkt werden und kann dazu führen, dass sie ihrerseits in ihrem kommunikativen Verhalten verunsichert wird.

Beispiel Paul, acht Jahre

»Iss habe son viele Tussen debatten. Iss tann dut Tussen batten.«

Paul teilt mit, dass er schon viele Kuchen gebacken hat und das Backen gut beherrscht. Er ersetzt bei seiner Aussage diverse Laute durch andere. Er verlegt konsequent Ch und Sch nach vorne, indem er sie durch den Laut S in unterschiedlicher Differenzierung ersetzt und die Laute K und G durch T und D austauscht. Möglicherweise hört Paul nicht den Unterschied zwischen den vertauschten Lauten, was sich im weiteren Verlauf seiner Entwicklung beim Schriftspracherwerb hemmend auswirken kann. Der korrekte Schriftspracherwerb hängt wesentlich davon ab, dass Kinder auf eine gute Entwicklung phonologischer Fähigkeiten aufbauen können (vgl. Lüdtke/Stitzinger 2017, S. 76).

Beeinträchtigungen des lexikalisch-semantischen Bereichs zeigen sich durch einen verminderten aktiven und passiven Wortschatz und ein eingeschränktes Wortverständnis. Das kann sowohl an einer geringeren Vertrautheit mit einzelnen Worten als auch mit der Merkfähigkeit des Kindes zusammenhängen. Worte können nicht oder nicht angemessen schnell erfasst und abgerufen werden. Die mangelnde Verfügbarkeit spiegelt sich als Folge im Kommunikationsverhalten der Kinder wider (vgl. Mahlau/Herse 2017, S. 64f.).

Beispiel Martina, acht Jahre

Martina spielt mit anderen Kindern Memory. Als sie an der Reihe ist, deckt sie zwei gleiche Karten mit einem Huhn auf. Als sie gefragt wird, was auf den Karten zu sehen ist, zögert sie erst lange und antwortet dann: »Tiere«. Auf die Frage der Pädagogin, um welches Tier es sich handelt, sagt sie wiederum nach längerem Schweigen: »Vogel«. Die Pädagogin bestätigt Martina und erklärt ihr, dass dieser Vogel ein Huhn ist. Auf die Frage, ob Martina schon einmal ein Huhn gesehen hätte, antwortet sie strahlend: »Ja, auf dem ähm, dem Dings, dem Tierhof zusammen mit Oma«.

Martina beteiligt sich erfolgreich am Memoryspiel. Leider kennt sie nicht alle Namen der abgebildeten Objekte und wird dadurch in ihrer Spielfreude gebremst. Sie beginnt zunächst zu verstummen und greift dann ersatzweise nach verallgemeinernden Hilfsworten und eigenen Wortschöpfungen wie »Tierhof«, um die Fragen der Pädagogin zu beantworten.

Lexikalisch-semantische Beeinträchtigungen können die Entwicklung der Kinder vielfältig beeinträchtigen. Sie betreffen sowohl das Kommunikations- als auch das Sozialverhalten. Die betroffenen Kinder beteiligen sich aufgrund des eingeschränkten Sprachverständnisses und des mangelnden Wortschatzes oft nicht mehr am Unterrichtsgespräch und können Erklärungen, Texte und Aufgaben nicht ausreichend verstehen, um sie selbstständig lösen zu können (vgl. Mahlau/Herse 2017, S. 66 f.).

Einschränkungen im Bereich der Morphologie und Syntax machen sich durch eine nicht altersentsprechende oder fehlerhafte formale Gestaltung von Worten und Sätzen bemerkbar. Dabei haben die Kinder Schwierigkeiten, einen richtig gedachten Sachverhalt in eine grammatikalisch korrekte Form zu fassen (vgl. Braun 2006, S. 194).

Beispiel Thomas, neun Jahre

Die dritte Klasse hat einen Klassenausflug auf den Bauernhof gemacht. Thomas wird von der Pädagogin gefragt, was er noch von dem Besuch der letzten Woche weiß. Er antwortet darauf begeistert: »Viele Kühe gesehen und gestreichelt hab.« Die Pädagogin hört Thomas aufmerksam und in Ruhe zu und wiederholt anschließend den Satz bestätigend in der korrekten sprachlichen Form: »Richtig, wir haben viele Kühe gesehen und gestreichelt.«

Thomas weiß noch Einzelheiten des Ausflugs. In seiner Aussage lässt er das Subjekt »wir« weg und berücksichtigt die Verbzweitstellung des Verbs »haben« nicht. Er hat einen Sachverhalt gut erinnert und inhaltlich richtig zusammengefasst, aber die syntaktische und morphologische Form ist fehlerhaft. Eine Beeinträchtigung der Morphologie und der Syntax steht oft im Kontext anderer Sprachentwicklungsbeeinträchtigungen (vgl. Mahlau/Herse 2017, S. 93) und betrifft daher die Gesamtentwicklung des Kindes im schulischen Zusammenhang.

Auffälligkeiten im Bereich der kommunikativ-pragmatischen Fähigkeiten sind oft eingebunden in andere Sprachentwicklungs- und/oder psychosoziale Entwicklungsbeeinträchtigungen (vgl. Kannengieser 2012, S. 275).

Phänomene, die auf eine Störung im Bereich der pragmatisch-kommunikativen Fähigkeiten hindeuten können, sind eine eingeschränkte Deutung körpersprachlicher Signale sowie ein nicht situativ angemessenes Redeverhalten. Der Inhalt des Gesagten berücksichtigt oft nicht das Vorwissen der Zuhörenden. Zwischen Wesentlichem und Unwesentlichem wird im Erzählen nicht differenziert (vgl. Mahlau/

Herse 2017, S. 142f.). Ein weiteres Indiz kann das mangelnde Verständnis von sprachlichen Abstraktionen in Form von Witz und Ironie sein (vgl. Kannengieser 2012, S. 276f.).

Beispiel Rebekka, zehn Jahre

> Wenn Rebekka morgens in den Klassenraum kommt, bestürmt sie die Lehrerin sofort: »Weißt du, gestern ist mein Kaninchen weggelaufen, weil der Toni den Käfig nicht richtig zugemacht hat. Ey, der ist so blöd! Und dann hat die Mama es gesucht und der Herr Müller hat es am Abend rübergebracht und ich freue mich schon so, weil morgen die Heike Geburtstag hat und da gehen wir zum Essen ...« und so weiter. Alle Gedanken und Emotionen sprudeln aus Rebekka heraus, wobei sie nicht bemerkt, dass die Lehrerin gerade mit einem anderen Kind etwas bespricht und durch ihre Körperhaltung signalisiert, dass sie sich diesem weiter zuwenden möchte.

Rebekka beginnt ohne Wahrnehmung der Gesamtsituation und der körpersprachlichen Signale auf die Lehrerin einzureden. Dabei verwendet sie eine zum Teil unangemessene Ansprache und springt in den Motiven ihrer Erzählung. Rebekka wählt diese kommunikative Form nicht aus Unhöflichkeit und auch die nonverbalen Signale übersieht sie nicht absichtlich. Ihr fehlt die Fähigkeit, sich in die Situation angemessen einzufühlen. Auch ist ihr nicht bewusst, dass die Lehrerin weder Herrn Müller noch Heike kennt, weil sie sich nicht in die Perspektive ihrer Zuhörerin versetzen kann.

4.3 Lernpsychologische und didaktisch-methodische Zugänge zu Themen des inklusiven Sprachunterrichts

Im Anschluss an die Betrachtung sprachlicher Grundlagen und Beeinträchtigungen sollen in diesem Kapitel Aspekte der inklusiven Sprachdidaktik in heterogenen Klassen aufgezeigt werden. Nach der Beobachtung, Dokumentation und Analyse sprachlicher Beeinträchtigungen einzelner Kinder geht es in der Sprachförderdidaktik darum, den inklusiven Unterricht so zu planen und zu gestalten, dass für alle Kinder einer Klasse ein inhaltlicher Lernfortschritt und Fähigkeitszugewinn möglich ist. Das bedeutet, dass allgemeine didaktische Unterrichtsziele hinsichtlich der Inhalte und Fertigkeiten, die von den Schüler*innen erworben werden sollen, berücksichtigt werden. Zudem muss die Unterrichtsplanung so dynamisch strukturiert werden, dass für Kinder mit sprachlichen Beeinträchtigungen durch entsprechende methodische und strukturelle Interventionen Lernhemmnisse abgebaut und mangelnde sprachliche Fähigkeiten erweitert werden können (vgl. Lüdtke/Stitzinger 2017, S. 86).

Mögliche Barrieren für Kinder mit sprachlichen Beeinträchtigungen umfassen sowohl räumliche und psychosoziale als auch sprachliche Aspekte. Mußmann benennt in seinem Artikel »Sprachförderung in inklusiven Settings« diverse Faktoren. Diese sind z. B. akustische Verhältnisse der Räumlichkeiten, die durch Nebengeräusche zu Ablenkungen führen können. Ebenso fallen darunter interaktive Unterrichtsformen, die durch ihren dynamischen Charakter die Konzentration der Kinder erschweren können. Auch die Länge, Dauer und der Abstraktionsgrad des Lehrervortrags sowie Anspruchs- und Erwartungshaltung der Pädagog*innen können zu psychischen Belastungen führen. Kinder mit sprachlichen Beeinträchtigungen zeigen nachweisich eine erhöhte Ablenkbarkeit und leichtere Erschöpfung, was eine weitere Barriere im Lernprozess darstellen kann (vgl. Mußmann 2012, S. 24).

Die Binnendifferenzierung innerhalb der Klasse setzt eine genaue Beobachtung und Kenntnis der Fähigkeiten und Bedarfe der Schüler*innen voraus sowie eine hohe Flexibilität und pädagogische Fantasie in der methodischen Differenzierung und sozialen Interaktion. Gleichzeitig gewinnt der Unterricht durch den multiperspektivischen Zugang zur Themenbehandlung methodisch und interaktional an Vielfalt. Auch der analytische Blick auf die Heterogenität der Klasse legt nahe, dass die Kinder insgesamt von der pädagogischen Differenzierung profitieren können.

Das »Didaktische Dreieck« nach Bönsch (2006) muss in der inklusiven Sprachförderung um den Aspekt der Sprache zum »Sprachdidaktischen Dreieck« ergänzt werden. Bönsch stellt zunächst drei Elemente des Unterrichts in ihrer Wechselwirkung ins Zentrum seiner Betrachtung: den Lerngegenstand, also das, was thematisch behandelt und erlernt werden soll, die Schüler*innen als zentrale Bezugspunkte des Unterrichts und die Pädagog*innen mit ihren Gestaltungs- und Vermittlungsaufgaben (vgl. ebd., S. 149 f.). Der inklusive Sprachförderansatz wird von Lüdtke und Stitzinger in dem »Sprachdidaktischen Dreieck« zusammengefasst und visualisiert (vgl. Lüdtke/Stitzinger 2017, S. 89). Für die Unterrichtsplanung müssen strukturelle Fragen geklärt werden, die sowohl die Lernziele als auch den Aufbau der Unterrichtseinheiten und deren Kontextualisierung im Gesamtzusammenhang der Unterrichtsreihe berücksichtigen. Darüber hinaus muss der gewählte Ansatz pädagogisch begründet und hinsichtlich der entwicklungsbezogenen und fähigkeitsorientierten Voraussetzungen der Schüler*innen inhaltlich und in der Methodenwahl abgestimmt sein. Mit Blick auf das »Sprachdidaktische Dreieck« muss dieser allgemeine pädagogische Ansatz um die Frage nach den sprachlich-kommunikativen Voraussetzungen der Schüler*innen ergänzt werden. Es wird nach Möglichkeiten gesucht, den Lerninhalt mit sprachlich-kommunikativen Förderansätzen zu verbinden. Auch methodische Hilfestellungen durch entsprechende Materialien sowie Erklärungsansätze werden im Vorfeld bedacht und in die Planung miteinbezogen. Im Zentrum der didaktischen Überlegungen steht die Frage, in welcher Weise der Unterrichtsinhalt für alle Kinder in Bezug auf ihre Gesamtentwicklung und ihre sprachlichen Kompetenzen aufbereitet und genutzt werden kann und wie mögliche Barrieren im Sinne des inklusiven Unterrichts aufgelöst werden können.

Ein Beispiel zur sprachsensiblen didaktischen Vorbereitung einer Unterrichtseinheit soll die bisherige Darstellung veranschaulichen.

Wir blicken noch einmal auf Martina, die wir bereits unter dem Aspekt der lexikalischen Beeinträchtigungen (▶ Kap. 4.2) kennengelernt haben. Wie schon erwähnt, stellt Martinas sprachliche Situation eine besondere Herausforderung für die Kommunikation dar. Zudem können sich nachteilige Folgen für den Schriftspracherwerb einstellen. Ziel der sprachsensiblen Didaktik ist, das Hauptthema der geplanten Unterrichtsstunde so aufzuarbeiten, dass die Klasse als Ganzes neue Lernschritte vollziehen und Martina zusätzlich sprachliche Defizite und mögliche Barrieren bewältigen kann. Eventuell kann dabei auch auf kollegiale und/oder interaktionale Ressourcen wie Partner*innen- und Gruppenarbeit zurückgegriffen werden.

Die Klassenlehrerin Frau Demir plant eine Stunde im Rahmen des Sachkundeunterrichts »Natur und Umwelt« zum Thema »Tiere des Waldes«. Das Lernziel dieser Einheit ist die Kenntnis der im Wald lebenden Tiere und deren Behausungen. Die gewonnenen Kenntnisse sollen anhand einer Zuordnung von Bild- und Wortkarten in einem Plakat zusammengefasst werden. Dabei werden die Bildkarten mit den Waldtieren den Wortkarten, die die Tierwohnungen bezeichnen, zugeordnet und auf einem Plakat mit der aufgemalten Waldlandschaft an die entsprechenden Stellen geklebt. Zunächst erzählt Frau Demir in einfachen, überschaubaren Sätzen eine Geschichte, in der sie beschreibt, in welchen Wohnungen die Tiere des Waldes ihr Zuhause haben. Sie achtet darauf, dass die Tiernamen sprachlich besonders betont und kontextualisiert werden. Dabei werden Eigenschaften, Fähigkeiten und Verhaltensweisen der Tiere zur semantischen Anreicherung der Begriffe bildhaft geschildert und dadurch mit anderen Wörtern vernetzt (vgl. Reber/Schönauer-Schneider 2020, S. 54). Die Kinder sollen sich anschließend in der Gruppenarbeit über die genannten Tiere austauschen, eigene Kenntnisse einbringen und gemeinschaftlich die Aufgabenstellung lösen. Durch die Vielfalt der Wortbeiträge, verbunden mit individuellen emotionalen Erinnerungen, können die Wörter leichter im lexikalischen Speicher vernetzt werden (vgl. ebd., S. 55). Für Martina stellt sich die besondere sprachliche Herausforderung, dass ihr nicht alle notwendigen Bezeichnungen der Waldtiere zur Verfügung stehen bzw. angesprochene Tiere nicht semantisch gefüllt werden können. Hier kann die einleitende Geschichte der Lehrerin durch die emotionale Anbindung und inhaltliche Kontextualisierung der Tiere in ihr Lebensumfeld stärkere Bezüge zwischen Wort und Wortinhalt herstellen. In der Gruppenarbeit können fehlende Informationen gemeinsam ergänzt und durch die angebotenen Bildkarten visuell unterstützt werden. Durch die Interaktion des Zuordnens und Einklebens wird über die emotionale und sensomotorische Vertiefung die Lernerfahrung gefestigt. Abschließend wird der Unterricht durch die Lehrerin reflektiert, methodische Vorgehensweisen werden hinsichtlich ihrer Zielführung überprüft und erreichte Lernziele evaluiert, um nächste Lernschritte sprachdidaktisch vorzubereiten.

4.4 Methoden und Medien der inklusiven Sprachförderung

Die Methodik der inklusiven Sprachförderung orientiert sich an zwei grundlegenden Elementen. Zum einen werden die in Kapitel 4.2 beschriebenen vier Ebenen der Sprache als Ausgangspunkt der sprachlichen Unterstützung und Förderung einzelner Kinder im Klassenzusammenhang genutzt. Zum anderen schließt die Methodik der sprachlichen Förderung an die Erfordernisse der allgemeinen Unterrichtsdidaktik an. Auf diese Weise können die gewählten Methoden allen Kindern des Klassenverbands einen optimierten Zugang zu den Lerninhalten ermöglichen.

Die Methodik umfasst nach Lüdtke und Stitzinger fünf Profilbereiche, die bei der methodischen Umsetzung der inhaltlichen und sprachlichen Förderziele relevant sind und bedacht werden müssen.

Dazu zählt der Bereich der *spezifischen Sprachförderung* (Lüdtke/Stitzinger 2017, S. 101), angefangen von grob- und feinmotorischen Körperübungen und -spielen, Übungen zur Mundmotorik, Artikulation und Geläufigkeit, über Sprach- und Bewegungsspiele bis hin zu gezielten phonetisch-phonologischen Übungen wie z. B. Pustespiele zur Fokussierung des Atemstroms. Ergänzt wird die spezifische Sprachförderung durch das Entwickeln von Lautgeschichten zur Lautanbahnung und Sensibilisierung der phonetischen Wahrnehmung. Auch Kinderverse, Sprüche und Gedichte bieten – bei entsprechender Anleitung und Fokussierung auf einzelne Sprachelemente – ein reiches Feld phonetisch-phonologischer Übungen. Insbesondere in der Verbindung von Bewegungselementen und sprachlichen Anregungen liegt aufgrund ihrer positiven wechselseitigen Beeinflussung ein großes Potenzial für sprachfördernde Ansätze und Methoden (vgl. Zimmer 2019, S. 17 f.).

4.5 Beispiele und Ansätze zur inklusiven Sprachförderung

Auch die *Lernumgebung und Unterrichtsgegenstände* (Lüdtke/Stitzinger 2017, S. 101) sind von besonderer Bedeutung. Durch eine gezielte Gliederung können Lern- und Kommunikationsräume mit unterschiedlichen Qualitäten für Kleingruppen und Partner*innenarbeit sowie zur selbstständigen Erarbeitung von Themenfeldern eingerichtet werden. Fragen nach der Aufteilung des Raums und dem Sitzplan sind auch unter akustischen und visuellen Aspekten relevant, um sensorische Lernhemmnisse zu vermeiden. Die zeitliche Struktur und Gestaltung der Unterrichtseinheit kann durch entsprechende Pausengestaltung und Stillarbeitsphasen die Konzentrationsfähigkeit der Kinder unterstützen. Auch der unterschiedliche Zeitbedarf zur Aufgabenbewältigung bei Kindern mit z. B. Redeflussbeeinträchtigungen oder Leseschwächen muss methodisch durch das Bereitstellen notwendiger Zeitkontingente berücksichtigt werden. Für den inklusiven Ansatz ist es wichtig, die im Unterricht verwendeten Materialien und Medien an die Bedarfe der Kinder anzupassen. So können einfache Unterstreichungen oder farbliche Hervorhebungen innerhalb eines Textes an der Tafel oder im Lesebuch die Aufmerksamkeit auf relevante Wort- und Satzteile lenken und so die Zuordnung und Verarbeitung für die Kinder erleichtern. Bei sämtlichen methodischen Ansätzen ist es notwendig, die Vielfalt der individuellen Wahrnehmungs- und Verarbeitungskanäle der Kinder zu kennen und bei der Einführung neuer Themen und Unterrichtsgegenstände zu berücksichtigen. Kinder mit z. B. olfaktorischen Präferenzen können durch Gerüche, etwa im Sachkundeunterricht vom Duft einer Blume oder von Gewürzen, intensiv emotional angesprochen werden und dadurch eine nachhaltigere Lernerfahrung machen, die sich auch im Bereich des lexikalischen Gedächtnisses widerspiegelt.

Die Sprache der Lehrkraft (ebd., S. 101) ist sowohl durch ihren Vorbildcharakter als auch durch ihre zentrale Bedeutung bei der Vermittlung von Unterrichtsinhalten ein wirksames methodisches Mittel in der inklusiven Sprachförderung. Durch unterstützende Gestik und Mimik können Sachverhalte veranschaulicht und Interaktionen unterstützt werden. Die Deutlichkeit und Prägnanz der Lehrer*innensprache ist maßgeblich für die Sprachverständlichkeit, aber auch Akzentuierung phonologischer Charakteristika verantwortlich. Durch dynamische Gestaltungsmittel wie Lautstärke, Tempo und Pausengestaltung kann die Sprache für die Kinder auf der Laut-, Wort- und Satzebene durch Hervorhebung und Gliederung strukturiert und damit besser wahrgenommen und verarbeitet werden.

Wie schon im Beispiel von Martin (▶ Kap. 4.1) beschrieben, ist eine bildhafte und anschauliche, durch inhaltsbezogene Gestik unterstützte Sprache in Form von überschaubaren Sätzen für Kinder mit sprachlichen Besonderheiten leichter zu erfassen. Bei Bedarf können, wie in unserem Beispiel beschrieben, auch unterstützende Medien wie Wortkarten und bildliche Darstellungen eingesetzt werden. Mit gezielten Fragen, multiperspektivischen Beschreibungen von Abläufen und Handlungen sowie dem modellierenden Feedback, welches fehlerhafte Aussagen von Kindern auf der Wort- und Satzebene in der korrekten Form wiederholend wiedergibt, können einzelne Kinder mit sprachlichen Auffälligkeiten inklusiv innerhalb der Klasse gefördert werden. Die Lernatmosphäre, die das Kind umgibt, prägt wesentlich den Lernerfolg. *Das sprachlich-kommunikative Milieu und die Kooperation* (Lüdtke/Stitzinger 2017, S. 101) innerhalb des Klassenverbands gehören zusammen mit der *Förderung der emotionalen Selbstkompetenz* (ebd., S. 143) zur Methodik der inklusiven Sprachförderung. Das Ziel besteht darin, ein kommunikatives Milieu aufzubauen, in dem Kinder und Lehrer*innen in einem gleichwertigen Gesprächsaustausch stehen. Kinder mit sprachlichen Beeinträchtigungen geraten häufig in eine defensive Position innerhalb des Unterrichtsgesprächs. Darum sollten vielfältige kommunikative Unterrichtssituationen wie Partner*innenaustausch, Kleingruppenarbeit und Expert*innengespräche u. v. m. angeboten werden, in welchen sich die Kinder in unterschiedlichen Gesprächssituationen, Rollen und Anforderungen wiederfinden können (vgl. ebd., S. 133).

Sprachliches Lernen vollzieht sich in der Regel in kommunikativen Situationen, die für die Beteiligten intentional und emotional von Bedeutung sind. Durch die

Sprache werden Interessen, Bedürfnisse, Gefühle und Erkenntnisse ausgetauscht. Im Rahmen dieses Sprechhandelns erfahren sich Kinder als selbstwirksame Individuen und zugleich eingebunden in die Gemeinschaft. Dazu ist es förderlich, wenn Kinder mit sprachlichen Einschränkungen kommunikative Situationen erleben, in denen sie sich in ihrem Selbstausdruck, wie etwa im Rollenspiel und der Aufführung kleiner Szenen, erproben können. Durch vorgegebene Handlungen und Textvorlagen können sie im geschützten Rahmen ihre sprachliche Selbstwirksamkeit entfalten, wie das Beispiel von Martin gezeigt hat. In der gleichen Weise wirken inszenierte Rollentausche im Klassenverband unterstützend auf das sprachliche Selbstbewusstsein, wenn z. B. von unterschiedlichen Kindern sprachliche Aufgaben für die Klassengemeinschaft gestellt werden. Solche und andere methodischen Ansätze sorgen für einen dynamischen Ausgleich der Gesprächssymmetrie innerhalb der inklusiven Klasse (vgl. Lüdtke/Stitzinger 2017, S. 143 ff.).

4.6 Bildungs- und Erziehungspartnerschaften mit Erziehungsberechtigten

Die Darstellung möglicher Ansätze der inklusiven Sprachförderung in der Grundschule wäre unvollständig, wenn nicht zum Abschluss auf die Bedeutung der Zusammenarbeit mit internen und externen Fachkräften und den Eltern bzw. Erziehungsberechtigten der Kinder verwiesen würde. Bei der hochkomplexen Aufgabe und Herausforderung der inklusiven Sprachförderung in heterogenen Klassen ist eine fachliche Begleitung und ein professioneller Austausch mit entsprechend ausgebildeten Fachkräften wie Logopäd*innen, Sprachtherapeut*innen, Sonderpädagog*innen und anderen in der Regel unerlässlich (vgl. Lüdtke/Stitzinger 2017, S. 150). Auch die Eltern bzw. Erziehungsberechtigten als direkte Bezugspersonen der Kinder müssen über die sprachliche Situation aufgeklärt, über didaktische und methodische Ansätze informiert und, wenn möglich, in die Förderarbeit miteinbezogen werden. Darüber hinaus benötigen die Erziehungsberechtigten Informationen über mögliche Unterstützungsangebote außerhalb der Schule (vgl. Mußmann 2020, S. 78 ff.), um für die Kinder das bestmögliche Milieu für eine gesunde Sprachentwicklung und Persönlichkeitsbildung im sozialen Kontext der inklusiven Grundschule zu ermöglichen.

Ausgewählte Einrichtungen und Dienste auf Landes- und Bundesebene

- Deutsche Gesellschaft für Sprachheilpädagogik e. V.
  Bundesvorsitzender Gerhard Zupp
  Goldammerstraße 34
  D-12351 Berlin

- DGS-Rheinland
  Bahnstr. 50
  D-42781 Haan-Gruiten
  Ansprechpartnerin Frau Hasencleve
  E-Mail: geschaeftsstelle@dgs-rheinland.de
- Rudolf-Hildebrand-Schule, Städtische Förderschule
  Förderschwerpunkt Sprache – Primarstufe
  Gotenstr. 20
  D-40225 Düsseldorf
- AWO Kreisverband Stormarn e. V.
  Große Straße 28–30
  D-22926 Ahrensburg

Literatur

Bönsch, M. (2006): Allgemeine Didaktik, ein Handbuch zur Wissenschaft vom Unterricht. Stuttgart: Kohlhammer.
Braun, O. (2006): Sprachstörungen bei Kindern und Jugendlichen (3., überarbeitete Aufl.). Stuttgart: Kohlhammer.
Butzkamm, W./Butzkamm, J. (2019): Wie Kinder sprechen lernen: Kindliche Entwicklung und die Sprachlichkeit des Menschen (4., überarbeitete und erweiterte Aufl.). Tübingen: Narr Francke Attempto.
Fox-Boyer, A./Groos, I./Schauss-Golecki, K. (2015): Kindliche Aussprachestörungen (3., überarbeitete Aufl.). Roßdorf: Schulz-Kirchner.
Kannengieser, S. (2012): Sprachentwicklungsstörungen (2. Aufl.). München: Urban und Fischer.
Lersch, P. (1965): Der Mensch als soziales Wesen (2. Aufl.). München: Johann Ambrosius Barth.
Lüdtke, U./Stitzinger, U. (2017): Kinder mit sprachlichen Beeinträchtigungen unterrichten. München: Reinhardt.
Mahlau, K./Herse, S. (2017): Sprechen, Spielen, Spaß – sprachauffällige Kinder in der Grundschule fördern. München: Reinhardt.
Mußmann, J. (2012): Sprachförderung in inklusiven Settings – 10 Beispiele für sprachliche Barrieren und Lernchancen. Dortmund: Verlag modernes Leben.
Mußmann, J. (2020): Inklusive Sprachförderung in der Grundschule (2., aktualisierte Aufl.). München: Reinhardt.
Reber, K./Schönauer-Schneider, W. (2014): Bausteine sprachheilpädagogischen Unterrichts (3., durchgesehene Aufl.). München: Reinhardt.
Reber, K./Schönauer-Schneider, W. (2020): Sprachförderung im inklusiven Unterricht (2. Aufl.). München: Reinhardt.
Stitzinger, U./Sallat, S./Lüdtke, U. (Hrsg.) (2016): Sprache und Inklusion als Chance?! Idstein: Schulz-Kirchner.
Wendland, W. (2017): Sprachstörungen im Kindesalter (8., überarbeitete Aufl.). Stuttgart: Thieme.
Zimmer, R. (2019): Handbuch Sprache und Bewegung (9. Aufl.). Freiburg: Herder.

5 Schüler*innen im Förderschwerpunkt körperliche und motorische Entwicklung

Christine Kippes und Inga Vogel

> Der folgende Beitrag setzt sich mit der Definition »Körperbehinderung im engeren und im weiteren Sinne« auseinander. Die unterschiedlichsten Ausprägungen körperlicher Behinderung setzen ein breites Spektrum an Maßnahmen zur gleichberechtigten Teilhabe der Schüler*innen im Unterricht voraus. Verschiedene Fallgeschichten von Schüler*innen verdeutlichen die Vielfalt der zu ergreifenden didaktischen Überlegungen. Eine exemplarische Sammlung an Methoden gibt Einblick in praktische Anwendungen der Förderansätze.

5.1 Fallgeschichten von Schüler*innen mit körperlichen und motorischen Beeinträchtigungen

Im folgenden Kapitel wird ein Einblick in das Thema Schüler*innen mit motorischer Beeinträchtigung und Körperbehinderung im Förderschwerpunkt körperliche und motorische Entwicklung im Wiener Schulsystem gegeben.

Zwei unterschiedliche Fallgeschichten von Schüler*innen dienen als Grundlage, um didaktische Überlegungen zum inklusiven Unterricht mit Kindern mit körperlichen Beeinträchtigungen darzustellen.

Dominik besucht nach einem Vorschuljahr die erste Klasse der Volksschule. Den Beschreibungen der Lehrerin zufolge sei er ein zappeliges und unkonzentriertes Kind. Er hält es nur kurze Zeit aus, auf dem Sessel zu sitzen, von dem er oft herunterrutscht. Einen Großteil der Unterrichtszeit verbringt er unter dem Tisch. In den Pausen verhält er sich ungestüm, was ihn und andere mitunter gefährdet. Dies ist auch im Turnunterricht zu beobachten. Er stößt hier beim Laufen scheinbar absichtlich gegen seine Mitschüler*innen und lässt sich häufig unmotiviert fallen. Dominik hat zudem erhebliche Schwierigkeiten, einfachste Bewegungsaufgaben langsam und präzise auszuführen. Es fällt ihm beispielsweise schwer, auf einem Bein zu stehen oder mit beiden Beinen gleichzeitig zu hüpfen. Es ist zu beobachten, dass sich das Kind bei Gleichgewichtsübungen sehr unsicher fühlt. Überkreuzbewegungen, die die Integration beider Körperhälften erfordern, können nicht ausgeführt werden.

Dominik hat zudem sowohl beim Schreiben als auch beim Malen Probleme: Seine Fein- und Grafomotorik sind von einer zu geringen Handkraft und einer daraus resultierenden nicht ökonomischen Stifthaltung gekennzeichnet.

Generell hat Dominik keine adäquate Muskelspannung. So zieht er sich beim Treppensteigen mit beiden Armen am Geländer hoch. Auch wirkt sein Laufen kraftlos. Er wechselt häufig in den Zehenspitzengang, um wieder ganzkörperlich Spannung aufzubauen. Zu anderen Kindern nimmt er gern Kontakt in Form von Stoßen auf. In den Bereichen Körperkoordination und Körperbewusstsein sind nach eingehender motorischer Beobachtung durch eine Lehrerin des Mobilen Motorik Teams[6] schwerwiegende motorische Defizite festzustellen.

Aufgrund dieser Auffälligkeiten werden Dominiks Eltern um eine entwicklungsdiagnostische neurologische Abklärung gebeten, die die Diagnose »Motorische Entwicklungsverzögerung« hervorbringt.

Mit dieser Diagnose wird anschließend der Förderbedarf »Motorik« eingeleitet, d. h. Dominik bekommt pro Woche eine Stunde zusätzliche Förderung im Bereich der Sensomotorik durch eine Lehrerin des (Wiener) Mobilen Motorik Teams, die zunächst mit dem Kind in Kleingruppenarbeit einfache Lauf- und Reaktionsspiele bzw. Übungen zur Verbesserung der Körperspannung und der Körperwahrnehmung durchführt. Durch gezielte grafomotorische Förderung versucht sie, die Stifthaltung und den Schreibandruck von Dominik zu verbessern. Nach einer Reihe derart aufgebauter Einheiten gewinnt Dominik zunehmend an Sicherheit. Er hat den Ablauf der Stunde verinnerlicht, kann sich gut orientieren und Bewegungserfahrungen auf neue Situationen übertragen. Er hat Spaß daran, eigene Ideen einzubringen und schult dabei seine koordinativen Fähigkeiten im grob- und feinmotorischen Bereich zunehmend. Später erfolgen gemeinsame Fördereinheiten mit der gesamten Klasse im Turnunterricht. Es werden Bewegungslandschaften aufgebaut, bei denen es vor allem darum geht, Dominik im Umgang mit anderen Kindern zu schulen. Gegen Ende des Schuljahres berichtet die Lehrerin, dass Dominik achtsamer und seine Handschrift ausgewogener ist. Ebenso kann sie von positiven Veränderungen innerhalb des Klassenverbandes berichten.

Bei *Marie* besteht nach einer Frühgeburt in der 27. Schwangerschaftswoche eine beidseitige beinbetonte spastische Cerebralparese. Ihr Gangbild ist unsicher taumelnd und sie hat wenig Stabilität in der Aufrichtung. Der Muskeltonus ist in beiden Beinen deutlich gesteigert, rechts stärker als links. Aufgrund einer Spitzfußstellung geht sie auf den Zehenspitzen.

Das Mädchen ist seit ihrem ersten Lebensjahr therapeutisch an ein Zentrum für Entwicklungsförderung angebunden. Sie bekommt dort therapeutische Versorgung wie Ergo-, Physio- und Psychotherapie. Außerdem wird sich dort sowohl

---

6 Mobile Lehrer*innen mit fachspezifischen Zusatzausbildungen zur Unterstützung des inklusiven Klassensettings für Kinder mit Körperbehinderung und motorischer Beeinträchtigung an Wiener Pflichtschulen.

um eine orthopädische Schuhversorgung gekümmert als auch um die Frage, ob eine Rollstuhlversorgung notwendig ist, da Marie häufig stürzt.

Marie besucht eine Volksschul-Integrationsklasse. Im Unterricht hat sie, bis auf eine erhöhte Ablenkbarkeit, keine Probleme, dem Geschehen zu folgen, da sie sehr ehrgeizig und äußerst genau und gewissenhaft ist.

Den Klassenlehrerinnen war es seit dem ersten Schultag sehr wichtig, dass sich Marie möglichst selbstständig im Unterricht entfalten kann. Um alle Beteiligten einzubinden, wurde eine Klassenkonferenz für Lehrer*innen und Nachmittagsbetreuer*innen einberufen. Bezogen auf Marie konnten so Wünsche, Ängste und Befürchtungen angebracht werden, mit dem Konsens, den »Faktor Zeit« bei allen Unternehmungen besonders zu berücksichtigen. So wurde beispielsweise anberaumt, dass die Gruppe bei Ortswechseln bzw. Ausflügen früher aufbricht, um zeitgerecht an Zielorten anzukommen. Marie durfte zudem im Schulhaus den Aufzug benutzen und im Treppenbereich wurden fehlende Handläufe montiert. Der Austausch zwischen den Lehrer*innen und Betreuer*innen wurde in regelmäßigen Abständen eingehalten.

Für eine optimale Arbeitsplatzversorgung kam sogar eine Ergotherapeutin aus dem Entwicklungszentrum in die Schule, die Maries Sitzplatz ergonomisch optimal an sie anpasste. Tisch und Sessel wurden auf die richtige Größe hin überprüft, die Arbeitsplatte schräg gestellt und um ein aufrechtes Sitzen zu unterstützen, bekam Marie einen Sitzkeil.

Damit alle Kinder auch vom Turnunterricht profitieren konnten, wurden zumeist integrative Bewegungsstationen und -landschaften aufgebaut. Die Zielsetzung dieser psychomotorisch orientierten Turnstunden ist grundsätzlich sowohl eine soziale und handlungsorientierte Kompetenzerweiterung als auch eine sportmotorische Entwicklungsförderung. Es wurde dabei auf physiotherapeutische Schwerpunkte Rücksicht genommen, die im Austausch mit der betreuenden Physiotherapeutin erstellt wurden. So konnten therapeutische Interventionen mit dem Schulalltag verknüpft werden.

Selbst die Teilnahme an der Schullandwoche stellte kein Problem dar. Marie konnte zum Beispiel ihr Therapierad mitnehmen, das sie zur Bewältigung von Gehstrecken nutzt.

5.2 Beschreibungen, Ursachen und Folgen körperlicher und motorischer Beeinträchtigungen

»Behinderung ist – nach dem Verständnis der ICF – ein Oberbegriff für Schädigungen auf der organischen Ebene (Körperfunktionen und Körperstrukturen), Beeinträchtigungen auf der individuellen Ebene (Aktivitäten) oder auf der gesellschaftlichen Ebene (Teilhabe)« (Hedderich 2006, S. 21). Die Trennung der einzelnen

Komponenten ermöglicht einen differenzierten Blick und macht deutlich, dass nicht jede Form einer körperlichen Schädigung zwangsläufig und in jeder Situation behindernd wirken muss. Die individuelle Ausformung wird zudem bestimmt durch eine fördernde bzw. beeinträchtigende Umwelt und personenbezogene Faktoren. Leyendecker unterteilt in motorische Behinderungen im engeren Sinn (Körperbehinderung) und im weiteren Sinn (motorische Beeinträchtigung) und bezieht sich in seiner Darstellung auf die ICF-Begriffe Körper, Aktivität und Partizipation (vgl. Leyendecker 2005, S. 21 ff.).

Motorische Behinderung im engeren Sinn: Körperbehinderung

»Die unterschiedlichen Formen der Körperbehinderung fußen auf Schädigungen einer körperlichen Funktion oder Struktur« (Leyendecker 2005, S. 21). Man unterscheidet Schädigungen von Gehirn und Rückenmark (Cerebralparesen, Schädel-Hirn-Traumata, Querschnittlähmungen, Anfallsleiden u. a.), Schädigung von Muskulatur und Knochengerüst (Muskeldystrophien, Dysmelien, Glasknochenkrankheit u. a.) und Schädigung durch chronische Krankheiten oder Fehlfunktionen (Rheuma, zystische Fibrose, Krankheiten der Haut u. a.). Aus der körperlichen Schädigung können Einschränkungen der Aktivität, bezogen auf die Bereiche Motorik, Wahrnehmung, Intelligenz, Lernen, Emotion und Kommunikation, resultieren. Es kann dadurch zu einer Beeinträchtigung der Partizipation kommen (vgl. Freynhofer/Kippes 2009, S. 127–132).

Motorische Behinderung im weiteren Sinn: motorische Beeinträchtigung

»Im Gegensatz zu den Körperbehinderungen sind sie [motorische Beeinträchtigungen; C. K./I. V.] nicht (oder noch nicht) auf die Schädigung einer körperlichen Struktur oder Funktion zurückzuführen« (Leyendecker 2005, S. 107). Motorische Beeinträchtigungen zeigen sich auf Ebene der Aktivität bzw. der Aktivitätseinschränkung und können zu eingeschränkter sozialer Teilhabe (Partizipation) führen.

Zu den motorischen Beeinträchtigungen zählen Beeinträchtigungen in der Entwicklung motorischer Funktionen in Bezug auf Muskeltonus, Haltung, Koordination, Grob- und Feinmotorik, die etwa mit der Diagnose »umschriebene Entwicklungsstörung der motorischen Funktionen« o. ä. bezeichnet werden. In der pädagogischen Praxis ist zu beobachten, dass die Zahl der Kinder mit derartigen Beeinträchtigungen zunehmend ansteigt, aber diagnostische Abklärungen mitunter ausbleiben. Auch Haltungsschwächen (Wirbelsäule, Füße) und Beeinträchtigungen motorischer Fähigkeiten aufgrund einer Intelligenzminderung zählt Leyendecker zu den Beeinträchtigungen in der Entwicklung motorischer Funktionen. Verhaltens- und emotionale Störungen, die sich im motorischen Bereich äußern (z. B. gehemmte Motorik, Bewegungsunruhe, motorische Tics, Sprech- und Redeflussstörungen o. ä.) fallen in seiner Klassifikation ebenso unter die motorischen Behinderungen i. w. S. Es wird in der schulischen Praxis zu prüfen sein, ob beim jeweiligen Kind der Bereich der Bewegung im Vordergrund steht und eine motorische Förderung sinnvoll und zielführend erscheint oder ob Angebote, beispielsweise durch Beratungslehrer*innen oder Sprachheillehrer*innen, angezeigt sind bzw. ergänzend erfolgen sollten.

Es sollen hier noch zwei Phänomene aufgezeigt werden, die im vorliegenden Kontext nach Leyendecker (2005, S. 22) interessant erscheinen: »[…] das reziproke Verhältnis zwischen dem Grad der motorischen Schädigung und dem Grad erlebter Behinderung, aus dem ersichtlich wird, dass auch eine als leichtgradig eingestufte Körperbehinderung zu einem hohen Maß an Partizipationsbeschränkung führen kann« (vgl. Freynhofer/Kippes 2009, S. 127–132).

5.3 Lernpsychologische und didaktische Zugänge zu Themen des inklusiven Unterrichts im Förderschwerpunkt körperliche und motorische Entwicklung

Wenn sich Kinder bewegen, hat dies weit mehr Auswirkungen als nur die Ausbildung und Erweiterung ihrer motorischen Kompetenzen. Bewegung ist das zentrale Medium der Förderung der gesamten Ich-Kompetenz und hat gleichzeitig eine verbindende Funktion für die körperliche, kognitive, soziale und emotionale Entwicklung. Vielfältige Bewegungserfahrungen, die durch das eigene Handeln und die damit einhergehenden Rückmeldungen gesammelt werden, leisten vor allem im Kindesalter einen unersetzlichen Beitrag in der Strukturierung der kindlichen Persönlichkeit. Aus inklusiver Sicht bietet das Bewegungsangebot in der Schule ein wertvolles Erfahrungsfeld. Es ergeben sich für die Kinder unterschiedlichste Möglichkeiten, die eigene und die fremde Bewegungs- und Handlungskompetenz einzuschätzen. Sie nehmen wahr, dass jedes Kind mit seinen individuellen Fähigkeiten zum Beispiel etwas zum Gelingen eines Spiels beitragen kann. Nicht zuletzt wächst die Wahrscheinlichkeit, dass sich im und durch das gemeinsame Bewegen individuelle »Bewältigungsstrategien« entwickeln. Unterrichtsmethoden sind so konzipiert, dass sich alle Kinder angesprochen und einbezogen fühlen. Kinder lernen, trotz großer individueller Unterschiede, zu kooperieren. Es wird die Basis für die Voraussetzung einer gelingenden inklusiven Bildung gelegt – einem Miteinander, das von Respekt und Toleranz geprägt ist. Die aktive Beteiligung der Kinder und Jugendlichen mit Behinderungen ist selbstverständlich (vgl. Beudels 2019, S. 31 ff.).

Das ermöglicht Schüler*innen mit Behinderung, im Rahmen eines barrierefreien Unterrichts, einen ihren Fähigkeiten entsprechenden schulischen Abschluss zu erreichen. Barrierefreiheit bezieht sich sowohl auf den Unterricht und die Ausstattung von Schulgebäuden als auch auf die Auswahl von Lehr- und Lernmedien. Alle

Kinder, ob mit oder ohne Behinderung, werden demnach gleichermaßen in den Unterricht mit einbezogen. Die Kompensation der Behinderung auf den Lernfortschritt wird in Form eines Nachteilsausgleichs beschrieben. Diese Überlegungen zum Ausgleichen der nachteiligen Besonderheiten sind wesentliche Bestandteile eines barrierefreien Unterrichts während der gesamten Schullaufbahn. Sie sollen es ermöglichen, individuelle Leistungen mit anderen zu vergleichen. Zentrales Thema dabei ist es, Bedingungen zu finden, unter denen Kinder und Jugendliche ihre Leistungsfähigkeit unter Beweis stellen können, ohne dass die inhaltlichen Leistungsanforderungen grundlegend verändert werden. Ein Nachteilsausgleich ist stets an die Person anzupassen, da bei gleichen Erscheinungsformen nicht immer gleiche Formen der Berücksichtigung angemessen sind. Die Festlegungen zum Nachteilsausgleich sind für den vereinbarten Zeitraum verbindlich, regelmäßig zu dokumentieren, zu überprüfen und, wenn nötig, anzupassen.

Nachteilsausgleichende Maßnahmen bei der Gestaltung von Leistungsüberprüfungen aufgrund der Körperbehinderung sind z.B. im österreichischen Schulunterrichtsgesetz § 18 Abs. 6 SchUG in Verbindung mit § 2 Abs. 4 Leistungsbeurteilungsverordnung verankert (vgl. RIS 2022).

5.4 Methoden und Medien des inklusiven Unterrichts

Um den individuellen Bedürfnissen eines Kindes im Förderschwerpunkt körperliche und motorische Entwicklung zu entsprechen, bedarf es verschiedener Formen der Differenzierung im Unterricht, besonders im Hinblick auf Unterrichtsziele und Lehrplan (zieldifferenter Unterricht). Es gilt, Unterrichtsinhalte und Angebote auf die Bedürfnisse der einzelnen Schüler*innen zu adaptieren (Ausarbeitung differenzierter Lernziele, Erstellen individueller Arbeitsmaterialien, Anwendung spezieller Methoden) und Aufgaben und Unterrichtssituationen so zu gestalten, dass diese auf dem jeweiligen Lernniveau aller Schüler*innen bearbeitet werden können. Differenzierungsmöglichkeiten ergeben sich beispielsweise durch

- das Zwei-Pädagog*innen-System
- die Art und Weise (und das Ausmaß) der Lehrer*innenhilfe
- die Einzelarbeit der Schüler*innen
- das Niveau der Anforderungen
- die Anzahl der Aufgaben
- die Bereitstellung von Medien
- flexible Lern- und Fortschrittsgruppen.

Für die Umsetzung von Differenzierungsmaßnahmen bieten sich vor allem offene und handlungsorientierte Unterrichtsformen an. Beispiele dafür wären

- Themenübergreifender Projektunterricht
- Stationenlernen
- Wochenplanarbeit
- Freie Arbeit.

Kinder mit körperlichen und motorischen Behinderungen bilden eine enorm inhomogene Gruppe bestehend aus allen Leistungsniveaus. Aus diesem Grund ist auch jede Unterrichtsmethode, die Individualisierung durch Differenzierung anstrebt, in das Schulgeschehen zu implementieren. Die Kognition oder der Grad der Behinderung sollte dabei nicht im Vordergrund stehen, sondern das individuelle Lernverhalten der Schüler*innen. Es gilt, den Lernstoff den individuellen Voraussetzungen, der subjektiven Lebenswelt und dem Leistungsniveau der Schüler*innen anzupassen und Heterogenität als positive Herausforderung zu erkennen (vgl. Tab. 5.1). Therapeutische Maßnahmen gehören ebenfalls in den Unterricht bei Kindern mit körperlicher und motorischer Behinderung und sollen im interdisziplinären Team eines Schulsystems realisiert werden.

> »So können z. B. bewegungserleichternde Maßnahmen durch die Physiotherapeutin, Gesichtspunkte der Wahrnehmungsförderung, Hilfsmittelanpassung und funktionellen Trainings mit der Ergotherapeutin und schließlich Sprachanbahnung und kommunikative Förderung gemeinsam mit der Logopädin in den unterrichtlichen Prozess einbezogen werden« (Leyendecker 2005, S. 164).

Nicht alle Schulen können auf ein Therapeut*innennetzwerk zurückgreifen, das vor Ort besteht, jedoch sollte die interdisziplinäre Zusammenarbeit mit Eltern bzw. Erziehungsberechtigten, Vertreter*innen anderer Fachbereiche, Kolleg*innen sowie die Beratung und Kooperation mit anderen Berufsgruppen, wie zum Beispiel Physio- und Ergotherapeut*innen, Logopäd*innen, Schulsozialarbeiter*innen, Psycholog*innen, Ärzt*innen, mobilen und ambulanten Teams, grundlegend in das Fördervorhaben implementiert werden (vgl. ebd., S. 159 ff.).

Tab. 5.1: Überlegungen zu methodisch-didaktisch unterstützenden Maßnahmen im inklusiven Unterricht

Ordnung und Organisation	Kommunikation und Verhalten
- Stehordner/Ablagesystem für Aufgaben/Arbeitsblätter - personalisierter Schüler*innenkalender - Checklisten und Merkhilfen - visuelle Hinweisreize für Schüler*innen, die Probleme mit der Selbstorganisation haben - visualisierter Stundenplan am Arbeitsplatz - Fächer und Schubladen mit Namen und Bildern versehen - Piktogramme, um sich in der Schulumgebung zurechtzufinden - Aufbewahrungssystem für Materialien mit Farb- bzw. Bildcodes versehen	- Schüler*innenfragebogen/Profilmappe/Steckbrief - Das-kann-ich-Album - Symbolkarten für Bedürfnisse - Rückzugsorte anbieten - Zuerst-Danach-Pläne - Souvenirs-Bücher

Tab. 5.1: Überlegungen zu methodisch-didaktisch unterstützenden Maßnahmen im inklusiven Unterricht – Fortsetzung

- Beschriftung von Klassenzubehör
- Visualisierung von Regeln, Klassenämtern und Tagesplan mittels Symbolkarten

Lernumgebung
- barrierefreies und geeignetes Schulmobiliar
- Sitzposition und -höhe beachten: Füße dürfen nicht in der Luft baumeln
- ungestörte Sitzplätze anbieten – Einzeltische so gestalten, dass Reize reduziert sind
- auf die Blickrichtung der Kinder achten – gerader Blick zur Tafel, wenig ablenkende Reize im Blickfeld, ggf. Sichtschutzwand zur besseren Konzentration
- Klassenraumgestaltung, z. B.: Einrichtung verschiedener Arbeits- und Funktionsecken, Ruhezonen, konstante Ordnungsprinzipien
- Sitzhilfen
- Stehpult
- richtige Beleuchtung (möglichst Tageslicht)
- technische Hilfen (orthopädische, elektronische Hilfsmittel und Materialien, spezielle Zeichengeräte, Software für einzelne Gegenstände)
- adäquate Schreibgeräte (z. B. dicke und dünnere Stifte mit Greifhilfen, Lineale mit Griff)
- Lesezeichen (z. B. Lesepfeil, Lineal o. ä.) zum Mitlesen einsetzen und bspw. Wäscheklammern, um Buchseiten aufzuhalten
- Fidget-Gegenstände, die zur Beruhigung und Entspannung beitragen
- Tisch-Spickzettel (Einmaleins-Tafel, Vokabeln, schwierige bzw. Merkwörter, individuelle Strukturzettel) oder individualisierte Wörterwand
- gummierte Unterlagen, um ein Verrutschen des Blattes zu vermeiden
- Leseständer verwenden, um den Augen-Blattabstand zu optimieren

Didaktik
- Kopie der Tafeltexte und Folien anstelle von Mitschrift
- adaptierte Arbeitsblätter (vergrößerte Schrift, Abstände oder Rechenkästchen; reduzierter Umfang; farbliche Markierung; Visualisierungen; übersichtliche Gestaltung, mit Vorgaben)
- Arbeitsblätter in Teilabschnitten bearbeiten lassen
- Aufgabenstellungen in schriftlicher und mündlicher Form vorgeben – je nach Beeinträchtigung stärkere Gewichtung auf mündliche oder schriftliche Beiträge legen
- individuelle Anpassung der Arbeits- und Pausenzeit
- differenzierte Hausaufgabenstellung in Art und Umfang
- reduzierte Ansprüche an die Schrift; Laptop oder PC als Schreibhilfe benutzen, angepasste Tastatur (größere Tasten) modifiziertes Schulbuch
- Bereitstellen von Formaten zum großflächigen Arbeiten und Zeichenplatten zum Einspannen eines Arbeitsblattes verwenden
- Anpassungen von Prüfungen und Benotung (Multiple Choice, Zeitverlängerung oder Aufgabenbearbeitung mit Hilfe unterstützenden Personals)
- Alternativaufgaben, wenn der Einsatz bestimmter Werkzeuge oder Techniken nicht möglich ist
- Einsatz von verschiedenen Medien, Hörbüchern, Videos, Büchern …
- Wortsticker, Stempel, Symbolbilder, Kommunikationstafel, Collagen, Bildgeschichten
- Spezielles Rechen- und Alltagsmaterial zum Be-greifen (Nüsse, Murmeln, Kieselsteine, Muscheln …)

5.5 Beispiele und Ansätze zu ausgewählten Fächern des inklusiven Unterrichts

Die Grundlage des Erlernens von Buchstaben und Zahlen liegt in der sensomotorischen Entwicklung des Menschen, also der Wahrnehmung der Umwelt – basierend auf der Wahrnehmung des eigenen Körpers. Raumwahrnehmung, Auge-Hand-Koordination sowie die Entwicklung der Seitigkeit sind die Grundlagen für den Erwerb von Kulturtechniken. Es liegt daher nahe, Wahrnehmung und Bewegung in den Unterricht miteinzubeziehen. Folglich ist es auch hier von Bedeutung, auf die Psychomotorik als Unterrichtsmethode ein besonderes Augenmerk zu legen.

Der Erwerb der Kulturtechniken wird für viele Kinder mit Störungen in der Wahrnehmung oder im Bewegungsvermögen erschwert sein. Daher ist es wichtig, dass nicht nur der Arbeitsplatz (s. o.) optimal angepasst und mit entsprechenden Arbeitsmaterialien ausgestattet ist, sondern auch Bewegungsmöglichkeiten für das Kind im Rollstuhl vorhanden sind. Nach Möglichkeit sollte ein Wechsel zwischen Arbeits- und Sozialform ohne großen Aufwand vollzogen werden können. Es sollte Gelegenheiten geben, Arbeitsformen auch außerhalb des Rollstuhls zu verwirklichen, wenn nötig mit Hilfsmitteln (Lagerungskeil, Polster, Sitzsack, Rollbrett, etc.). So entsteht vor allem auch ein handlungsorientierter Unterricht. Natürlich ist dabei immer auf die individuellen Voraussetzungen des Kindes zu achten. Die Schüler*innen sollten in der Lage sein, eine Beziehung zwischen der Tätigkeit und dem Unterrichtsgegenstand herzustellen.

Beispielsweise kann der Umgang mit Mengen und einfachen Rechenoperationen gut an Bewegung gekoppelt werden. So lassen sich Mengen großräumig darstellen und handlungsorientiert mit Gegenständen erfahren (zum Beispiel mit Bällen, Schaumstoffwürfeln, Bauklötzen, Stäben, Naturmaterialien usw.). Aus einem Spiel könnte so eine mathematische Operation entstehen: Für einen (Rollstuhl-)Parcours müssen gleich große und viele Materialien hergenommen werden (Schaumstoffwürfel, Hütchen, Stöcke etc.), für eine Treppe muss dann zum Beispiel immer ein Baustein mehr hinzugefügt werden. Mathematische Aufgaben können aber auch gegenständlich dargestellt und dinghaft erfahren werden: Minusaufgaben können mit Bällen, Kastanien oder Muggelsteinen durchgeführt werden, Verdopplung lässt sich durch den Bau gleich hoher oder langer Konstrukte nachbilden (beispielsweise mittels gleich langer, selbst gesammelter und zugeschnittener Stöcke), Mengenrelationen wie größer/kleiner werden durch großräumige Darstellungen, etwa mit Matten oder Kästen, um die es herumzulaufen oder die es zu umfahren gilt, deutlich. Der Bereich der Mathematik lässt sich demnach vielseitig darstellen und erfahrbar machen und es kann eigentlich alles verwendet werden, was man im Alltag findet (vgl. Hachmeister 2006, S. 110 ff.).

Nachfolgend werden fächerübergreifende Beispiele für den inklusiven Unterricht mit Schüler*innen im Förderschwerpunkt körperliche und motorische Entwicklung mit dem Schwerpunkt auf Wahrnehmung und Bewegung vorgestellt. Die jeweiligen Beispiele verstehen sich als Anregung zur Adaptierung an das Niveau und Können der Schüler*innen.

- *Eine Bewegungsgeschichte,*
  um das Prinzip der Unveränderlichkeit der Menge in einem fächerübergreifenden Kontext von Mathematik und Bewegung und Sport erfahrbar zu machen (vgl. Stehno 1997, S. 53 f.):
  Es war einmal ein König, der hatte eine sehr schöne und liebenswerte Tochter. Alle Menschen hatten die Prinzessin gern, denn sie war gütig und freundlich. Eines Tages, auf einem Waldspaziergang, entführte sie ein Zauberer. Er wollte sich an dem König für die letzte Steuererhöhung rächen, und so brachte er sie zu einer Höhle, gab ein Gitter davor und sagte, dass er nun noch das Schloss verzaubern werde, damit niemand die Prinzessin retten könne. Er zeichnete, links und rechts des Schlosses, jeweils einen Kreis auf den Waldboden (z. B. Reifen aus dem Turnsaal) und versperrte es mit einem großen Schlüssel (z. B. aus Karton, wobei das Schlüsselprofil wie ein Gleichheitszeichen aussieht). Anschließend gab er einige Dinge in den einen Kreis (Dinge, die, für die Kinder sichtbar und erreichbar, nochmal im Raum zu finden sind). Der Zauberer vermeldete, dass er den Schlüssel nun nicht mehr bräuchte, da eh kein Mensch den Zauber lösen könne, und ging fort. Alle suchten die Prinzessin, aber niemand konnte sie finden. Nach einer Weile entdeckten ein paar spielende Kinder die Höhle und versuchten, die Prinzessin zu befreien. Sie probierten, das Schloss aufzusperren, es gelang ihnen aber nicht (Erzähler*in hält den großen Kartonschlüssel so, dass das Profil, welches wie ein Gleichheitszeichen aussieht, verdeckt ist). Wer kann nun behilflich sein?
  Die Kinder sollen durch Versuch und Irrtum erkennen, dass sie die exakte Anzahl und Art an Dingen in den zweiten Kreis legen müssen, damit sie die Prinzessin befreien können und der Schlüssel sein Gleichheitszeichen erkennbar macht. Um die Gegenstände für den zweiten Kreis zu erhalten, müssen die Kinder Hindernisse überwinden (Fußwege aus Bierdeckeln, Felsspalten aus Tischen, Kriechstrecken, Slalom-Parcours, Kletterstiege o. ä.). Damit die Kinder die Bedeutung von größer als (>) und kleiner als (<) verstehen, können des Weiteren die entsprechenden Zeichen dafür in die Geschichte, bzw. deren Auflösung, eingebaut werden.

Weitere Beispiele für die Unterrichtsfächer Deutsch und Mathematik aus dem eigenen Unterricht für bewegtes Lernen im inklusiven Setting:

- *Mengen spüren*
  Ein Kind liegt auf dem Bauch, ein anderes Kind legt nacheinander Klötze oder kleine Sandsäckchen auf Rücken, Beine, Arme usw. Das liegende Kind zählt still mit.
- *Erbsen hören*
  Ein Kind schließt die Augen. Das Partnerkind lässt eine Erbse nach der anderen in ein Glas oder einen anderen Behälter fallen. Das erste Kind zählt still mit und nennt zum Schluss die entsprechende Zahl.
- *Zahlen-Fangen* (Zahlenraum 10–20)
  Als Spielort eignet sich hier am besten ein Turnsaal oder ein Platz im Freien. Es kann mehrere Fänger*innen geben. Die Nichtfänger*innen erhalten je eine Zahlenkarte. Die Fänger*innen bekommen dann die Aufgabe, die Zahl 20 (oder

eine andere Zahl) »zusammenzufangen«. Ist das Ergebnis nicht zu erreichen, weil die fehlende Zahl nicht mehr im Spiel ist, gewinnt jene Gruppe, die dem Ergebnis am nächsten ist. Das Spiel kann auch nicht fangend, sondern schlichtweg suchend gespielt werden.

- *Rechen-Spaziergang*
  Die Schüler*innen bekommen eine Karte mit einer Rechnung oder Lösung. Die Schüler*innen gehen durch den Raum auf der Suche nach ihrer Rechnung oder ihrer Lösung. Wenn sich ein »Rechenpaar« gefunden hat, setzen sie sich zusammen oder bleiben beieinanderstehen. Für die nächste Runde werden die Karten neu gemischt und ausgeteilt.
- *Laufdiktat* (Wörter, Sätze, Zahlen, Rechnungen etc.)
  In gewisser Distanz liegen Diktatzettel auf dem Boden. Die Schüler*innen müssen auf einer von der Lehrperson vorgegebenen Art (laufend, hüpfend, auf dem Rollbrett fahrend etc.) zum Diktatzettel kommen, das Wort, den Satz, die Zahl oder die Rechnung lesen, sich diese merken, zum Start zurückkommen und notieren, was sie sich gemerkt haben.
- *Wörter fotografieren*
  Die Schüler*innen gehen paarweise zusammen und stehen hintereinander. Das Kind vorne hat die Augen geschlossen und wird so zu einem Wort geführt. Dort öffnet es die Augen, »fotografiert« das Wort und schließt danach wieder die Augen.
  Nun gehen sie zum nächsten Wort. Wenn das Kind drei Wörter »fotografiert« hat, kommt das Paar zum Ausgangspunkt zurück und die drei »fotografierten« Wörter werden auf ein Blatt Papier geschrieben. Dann findet ein Wechsel statt.
- *Angeln*
  Ein Wort (Kärtchen mit Büroklammern) wird mit einer Angel (Stiel mit Magnet) aus einer Dose oder Kübel geangelt und soll dann pantomimisch dargestellt werden.
  Alternativ können in Partner*innenarbeit die Wörter aufgeschrieben werden, die geangelt wurden.
- *Interpunktions-Ballspiel*
  Es gibt drei Markierungen/Begrenzungen am Boden/an der Wand – durch Zeichnungen, Klebeband, Kästen, Kübel etc., welche jeweils die Zuordnung und das visuelle Zeichen (Punkt, Ausrufezeichen oder Fragezeichen) bekommen. Sätze ohne Interpunktion werden (vor-)gelesen und die Kinder sollen einen Ball (kann auch selbstgemacht aus Zeitungspapier sein) in/an/zu den jeweiligen Markierungen bzw. vorgesehenen Plätzen werfen und den Satz entsprechend seiner Kategorie definieren.
- *Wortarten-Fangen*
  Den Kindern werden Wortarten oder Satzglieder zugeordnet, die zuvor auf Zetteln notiert und mit Malerkrepp an der Kleidung befestigt werden. Die Fänger*innen müssen bestimmte Wortarten sammeln (fangen) und/oder Sätze bilden, indem die richtigen Kinder »erwischt« und zusammengestellt werden.
  Variation: Kann auch in Teams gespielt werden und das Team, welches den ersten korrekten Satz zusammenstellt, hat gewonnen.

Erweiterung: Je nach Anzahl der Mitspieler*innen kann eine ganze Geschichte zusammengestellt werden.

5.6 Bildungs- und Erziehungspartnerschaften mit Erziehungsberechtigten

Die Erziehungspartnerschaft stellt eine wichtige Säule zur Bewältigung einer positiven Schullaufbahn dar. Gelingt eine Bindung zu den Eltern bzw. Erziehungsberechtigten, können sich die Lernentwicklung und das Wohlbefinden des Kindes förderlich entfalten. Die Umsetzung des Kommunikationsprozesses zwischen der Schule und den Erziehungsberechtigten stellt einerseits formalisierte Kontaktmöglichkeiten dar, wie Elternabende und Sprechstunden, andererseits ist darauf zu achten, dass es Raum für aktive Formen der Einbindung der Erziehungsberechtigten gibt. Diese sollen

- die Möglichkeit haben, am Unterricht mitwirken zu können (zum Beispiel an Buchstabentagen, beim gemeinsamen Musizieren)
- in Überlegungen eingebunden werden
- in die Unterstützung und Beratung zur Freizeitgestaltung eingeladen werden
- eine lernförderliche Umgebung zu Hause gestalten (vgl. Werning/Avci-Werning 2015).

Beispiele für eine lernförderliche Umgebung zu Hause und in der Freizeit sind vor allem die Einbindung in den Alltag, angepasst an die physischen Voraussetzungen, durch beispielsweise:

- einkaufen
- Tisch decken
- Spülmaschine ausräumen oder Gespültes wegräumen
- abwaschen und abtrocknen
- Obst und Gemüse schälen und schneiden, Essen zubereiten, mithelfen beim Backen, Kekse ausstechen
- Wäsche aufhängen, zusammenlegen und wegräumen
- telefonieren und Telefonate annehmen
- Müll trennen
- selbstständig anziehen.

All diese Verrichtungen fördern und üben Grob- und Feinmotorik, Kognition, Aufmerksamkeit, Konzentration und Sprache, genauso wie kreative Tätigkeiten (Malen, Basteln, Stempeln, Kneten …), Gesellschaftsspiele (Mikado, Domino, Puzzles, Kugelbahn …) und das Anbieten von Bewegungsmöglichkeiten am

Spielplatz, beim Spaziergang im Wald oder Park, beim Ausüben von Sport (vgl. Dernick/Küstenmacher 2019, S. 125 ff.).

> **Ausgewählte Einrichtungen und Dienste auf Landes- und Bundesebene (Österreich)**
>
> - Ambulatorien für entwicklungsdiagnostische Abklärung und Förderung: VKKJ – Verantwortung und Kompetenz für besondere Kinder und Jugendliche
>   Internet: https://www.vkkj.at
> - Mobiles Motorik Team
>   Internet: https://heilstaettenschule.schule.wien.at/mobiles-team-motorik
> - WienExtra Überblick über Sportangebote in Wien
>   Internet: https://www.wienxtra.at
> - Ergotherapie
>   Internet: https://www.ergotherapie.at
> - Physiotherapie
>   Internet: https://www.physiotherapie.at
> - Motopädagogik AKMÖ – Aktionskreis Motopädagogik Österreich
>   Internet: https://akmoe.at

Literatur

Beudels, W./Diehl, U./Böcker-Giannini, N. (2019): Bewegungsförderung in der inklusiven Kita. München: Reinhardt.
Boenisch, J./Daut, V. (Hrsg.) (2002): Didaktik des Unterrichts mit körperbehinderten Kindern. Stuttgart: Kohlhammer.
Dernick, R./Küstenmacher, W. (2019): Topfit für die Schule (11., aktualisierte Aufl.). München: Kösel.
Freynhofer, S./Kippes, C. (2009): Die Integration von Schülerinnen mit motorischer Behinderung in Wien. In: bm:uk (Hrsg.), Sonderpädagogik aus inklusiver Sicht (S. 127–131). Wien: Jugend & Volk.
Hachmeister, B. (2006): Psychomotorik bei körperbehinderten Kindern. Entwicklung und Förderung (2., überarbeitete Aufl.). München: Reinhardt.
Hedderich, I. (2006): Einführung in die Körperbehindertenpädagogik (2. Aufl.). München: Reinhardt.
Köckenberger, H. (2010): Bewegungsspiele mit Alltagsmaterial. Dortmund: modernes lernen.
Leyendecker, C. (2005): Motorische Behinderungen – Grundlagen, Zusammenhänge und Förderungsmöglichkeiten. Stuttgart: Kohlhammer.
Pauli, S./Kisch, A. (2019): Geschickte Hände. (2. Aufl.). Dortmund: modernes lernen.
Quante, S. (2015): Was Kindern guttut. Dortmund: modernes lernen.
Rechtsinformationssystem des Bundes RIS (Österreich) (2022). Online verfügbar unter: https://www.ris.bka.gv.at/GeltendeFassung.wxe?Abfrage=Bundesnormen&Gesetzesnummer=10009600, Zugriff am 08.11.2022.

Stehno, V. (1997): Können Zahlen fliegen lernen? In: V. Pinter-Theiss/C. Theiss (Hrsg.), Bewegt durchs Leben. Psychomotorik als Beitrag zur Entwicklung des Menschen (S. 53–64). Wien: Hölder-Pichler-Tempsky.

Werning, R./Avci-Werning, M. (2015): Elterneinbindung in inklusiven Schulen. Online verfügbar unter: https://www.friedrich-verlag.de/schulleitung/inklusion/elterneinbindung-in-inklusiven-schulen, Zugriff am 18.11.2022.

6 Schüler*innen im Förderschwerpunkt Hören

Andrea Wieland

> Eine Hörbeeinträchtigung ist nicht sichtbar und ihre Auswirkungen – sowohl hinsichtlich des Hörvermögens als auch des Sprachverstehens – sehr individuell. Pädagogische und didaktische Einflüsse, d.h., wie das Umfeld und die kommunikativen Bedingungen gestaltet werden, sind bei hörbeeinträchtigten Kindern von hoher Bedeutung, damit inklusiver Unterricht gelingt.

6.1 Fallgeschichte eines Schülers mit Hörbeeinträchtigung

Markus ist zehn Jahre alt und besucht die vierte Klasse. Er mag gerne Kunst und Sachkunde, vor allem das Thema Strom interessiert ihn sehr und die kleinen Experimente, die die Klasse hierzu gemeinsam in kleinen Gruppen durchgeführt hat. Markus hat von Geburt an eine Schallempfindungsschwerhörigkeit, die zu einem veränderten, verzerrten Hören führt. Dies kann auch durch seine Hörhilfen, mit denen er schon sehr früh versorgt wurde, nicht ausgeglichen werden. Durch kontinuierliche Hör- und Sprachtherapie hat er eine gut verständliche Aussprache und kann in einer ruhigen Umgebung Gesprächen folgen. Er kommuniziert ausschließlich lautsprachlich.

Seine Kindergartenzeit verbrachte Markus in der Kita einer Schule mit dem Förderschwerpunkt »Hören und Kommunikation«. Seine Eltern entschieden, dass Markus anschließend auf die Grundschule im Wohnort geht und dort inklusiv beschult wird. Er ist der erste Schüler, der in dieser Grundschule mit einer Hörbeeinträchtigung inklusiv beschult wird und die Lehrer*innen ließen sich im Vorfeld intensiv vom Mobilen Dienst der Förderschule beraten. So konnten bereits im Vorhinein der Einschulung die beiden Klassen so zusammengestellt werden, dass Markus in die Klasse kam, in der weniger Schüler*innen waren als in seiner Parallelklasse. Zudem wurde der Klassenraum schallhemmend, d.h. mit schallschluckenden Elementen an der Decke, ausgestattet. Ebenso wurde darauf verzichtet, dass der Klassenraum nach der zweiten Klasse gewechselt wird.

Mittlerweile kümmert sich Markus selbstständig um die Wartung und Kontrolle seiner Hörhilfen. Früher musste er regelmäßig von seinem Klassenlehrer daran erinnert werden, die Geräte zu tragen und sich zu melden, wenn die Batterien leer oder etwas damit nicht in Ordnung war. Nun bringt er die Ersatzbatterien mit und achtet darauf, dass in seiner Schublade immer genug Reservebatterien vorhanden sind.

Seit der dritten Klasse benutzt Markus eine drahtlose Übertragungsanlage und seine Schulkamerad*innen haben sich daran gewöhnt, dass sie nur dann sprechen, wenn sie das Mikrofon in der Hand haben. Diese Kommunikationsregel wurde allerdings direkt zu Beginn der ersten Klasse mit einem »Sprechstein« eingeführt, d. h., nur die Person, die den Stein in der Hand hat, darf sprechen.

In speziellen Fördereinheiten mit den Pädagog*innen des Mobilen Dienstes wird Markus nun dabei unterstützt, seine kommunikativen Bedürfnisse zu formulieren und einzufordern, damit der Wechsel in die weiterführende Schule und damit auch in eine größere Klasse mit Lehrer*innen und Schüler*innen, die den Umgang mit einem hörbeeinträchtigten Schüler nicht gewohnt sind, gut gestaltet wird. Zudem wird er in der neuen Schule nicht mehr in einem speziell schallisolierten Klassenraum, sondern in wechselnden Räumen Unterricht haben. Dies wird eine neue Herausforderung für Markus sein.

6.2 Beschreibungen, Ursachen und Folgen der Hörbeeinträchtigung

In Abhängigkeit davon, in welchem Bereich des Ohres eine Störung vorliegt, sind die Auswirkungen auf die Hörleistung sehr unterschiedlich. Man unterscheidet zwischen einer peripheren und einer zentralen Hörschädigung. Bei der peripheren Hörschädigung ist sowohl das Außen-, Mittel- und Innenohr betroffen als auch der erste Bereich der Hörbahn. Periphere Hörschädigungen sind zum Beispiel Schallleitungs- und Schallempfindungsschwerhörigkeit, Gehörlosigkeit oder eine kombinierte Schwerhörigkeit. Bei einer zentralen Hörschädigung sind weitere Bereiche der Hörbahn betroffen oder es liegen Funktionsstörungen im Gehirn vor, zu denen z. B. die Auditive Verarbeitungs- und Wahrnehmungsstörung (AVWS) zählt (vgl. Truckenbrodt/Leonhardt 2020, S. 8).

Hörbeeinträchtigungen können progredient sein, was bedeutet, dass sich das Hörvermögen zunehmend verschlechtern kann. In diesem Fall sind häufige Kontrolluntersuchungen vonnöten, was besonders für kleine Kinder und Kinder im Grundschulalter belastend sein kann. Die Ursachen einer Hörschädigung sind häufig nicht bekannt. Eine Hörschädigung kann pränatal entstehen und sowohl durch Vererbung als auch während der Schwangerschaft erworben worden sein. Perinatale Ursachen sind z. B. eine Schädelverletzung oder Atemstillstand bzw. Sauerstoffmangel während der Geburt. Postnatale Auslöser können Infektionskrankheiten sein wie z. B. Mumps, Masern, Scharlach oder Diphterie ebenso wie Mittelohrentzündungen, Meningitis oder eine Encephalitis. Zudem gibt es Kombinationen von Beeinträchtigungen mit verschiedenen anderen Beeinträchtigungen sowie im Rahmen von Syndromen. Bei der AVWS konnte bislang keine einheitliche Ursache gefunden werden. Kinder mit einer Hörbeeinträchtigung können zudem zusätzlich einen Tinnitus haben, was weitere Herausforderungen im Bereich der Kommunikation mit sich bringt und eine psychische Belastung bedeutet.

Die Gruppe der Kinder mit einer Hörbeeinträchtigung ist keine homogene: Die Beeinträchtigungen reichen von einer leichten Schwerhörigkeit, bei der ein fast normales Hören mit wenigen Höreinschränkungen möglich ist, bis zu einer an Taubheit grenzenden Schwerhörigkeit und einer Gehörlosigkeit, bei der die auditive Wahrnehmung von Sprache nicht mehr möglich ist. In der Form der Kommunikation ist zwischen den Kindern zu unterscheiden, die bevorzugt lautsprachlich kommunizieren, und denen, die Gebärdensprache bevorzugen (vgl. Leonhardt 2018a, S. 16). Im inklusiven Unterricht werden meist lautsprachlich kommunizierende Kinder beschult (vgl. Truckenbrodt/Leonhardt 2020, S. 11), weshalb der vorliegende Beitrag einen Schwerpunkt auf diese Gruppe legt. Bei Schüler*innen, die in Gebärdensprache kommunizieren, ist es erforderlich, dass Gebärdensprachdolmetscher*innen eingesetzt werden.

Wichtig für die Beschreibung der Folgen einer Hörschädigung ist der Zeitpunkt, wann sie eintritt, da dies Auswirkung auf den Spracherwerb hat. Tritt der Hörschaden nach dem abgeschlossenen (sowohl laut- als auch schriftsprachlichen) Spracherwerb ein, sind diese Kinder meist zunächst eher unauffällig. Tritt die Hörschädigung allerdings vor dem Spracherwerb ein, hat dies enorme Folgen, da Kinder ein »funktionsfähiges Gehör [brauchen], um Sprache (z.B. Lexikon und Grammatik) und Sprechen überhaupt erst zu erlernen« (Leonhardt 2018a, S. 17). Zudem stehen diese Kinder vor der komplexen Aufgabe, zusätzlich zum Spracherwerb auch Strategien zu entwickeln, um mit dieser Hörbeeinträchtigung umzugehen. Das Tragen von Hörgeräten ist erst einmal ungewohnt und erfordert regelmäßige Termine bei Akustiker*innen, um die Geräte optimal einzustellen und anzupassen. Parallel dazu müssen die Kinder das Absehen als Unterstützung zum lautsprachlichen Verstehen erlernen. Kinder, die von Geburt an hörgeschädigt sind, erwerben dies gleichzeitig zur Sprachentwicklung (vgl. Leonhardt 2018a, S. 17). Viele Menschen mit einer Hörschädigung zeigen eine auffällige Aussprache, die ihnen aber häufig nicht bewusst ist. Daher kommt es immer wieder zu Irritationen, wenn Schwierigkeiten in der Kommunikation mit hörenden Gesprächspartner*innen auftreten, und gerade jüngere Kinder benötigen hier eine adäquate Rückmeldung und Aufarbeitung der Situation, um ihre Kommunikationsstrategien entwickeln zu können.

Bei der AVWS ist die Wahrnehmung und/oder die Verarbeitung des Gehörten unvollständig. Die Folgen einer Hörschädigung können sowohl quantitativ (z.B. leiseres Hören, sodass Endungen oder Partikel ungenügend verstanden werden) als auch qualitativ (lückenhaftes und verzerrtes Hören) sein (vgl. Leonhardt 2018a, S. 20). Je stärker die Hörbeeinträchtigung ist, desto mehr ist das Sprachverständnis bei den Kindern betroffen: Sprachlaute können nicht mehr differenziert werden und einzelne Teile des Gesprochenen werden nicht mehr verstanden. Letzteres wird noch verstärkt, wenn zusätzliche Störgeräusche vorhanden sind. Somit hat eine

Hörschädigung auch Auswirkungen auf die Entwicklung der Lautsprache und in der Folge auch auf die Entwicklung der Schriftsprache.

Hörhilfen, wie z. B. Hörgeräte oder Cochlea Implantate (CI), können das Hörerleben optimieren, allerdings wird es trotz bestmöglicher Einstellung und einer frühen Versorgung der Kinder nicht möglich sein, ein natürliches Hören zu erwerben. Daher können weiterhin Schwierigkeiten in Kommunikationssituationen bestehen, ebenso können »negative psychosoziale Auswirkungen« (Truckenbrodt/ Leonhardt 2020, S. 14) folgen.

Im Unterricht wird oft zusätzlich eine Übertragungsanlage eingesetzt, wodurch zum einen Entfernungen überbrückt werden können, z. B. im Klassenraum zwischen den Schüler*innen und zur Lehrkraft, und zum anderen Störgeräusche minimiert werden. Hierbei wird ein Funkempfänger, der direkt mit dem Hörgerät des hörgeschädigten Kindes verbunden ist, und ein Mikrofon gekoppelt. Das Mikrofon benutzt dann die jeweilig sprechende Person, was die Kommunikationsdisziplin im Unterricht stark unterstützen kann.

6.3 Lernpsychologische und didaktische Zugänge zu Themen des inklusiven Unterrichts

Beim inklusiven Unterricht mit hörgeschädigten Kindern sind vor allem organisatorische Aspekte zu beachten. Dabei gilt es, den Nachteilsausgleich und den Notenschutz zu beachten, der bei hörbeeinträchtigten Schüler*innen in den Bereichen Schriftsprachkompetenz und Konzentrationsleistung zum Tragen kommen kann. Formen des Nachteilsausgleichs sind z. B. eine Adaption beim Diktat, statt einer mündlichen eine schriftliche Aufgabenstellung, oder die Möglichkeit der Zeitverlängerung bei einer Prüfung. Daneben geht es um den Einsatz von technischen Hilfsmitteln (Hörhilfen, Übertragungsanlage) sowie um die Gestaltung der optimalen Rahmenbedingungen, die in den Klassenräumen eingerichtet werden sollten.

Die in allgemeinen Schulen anzutreffende, große und verschiedenartig zusammengesetzte Schülerschaft fördert einen hohen Grundgeräuschpegel im Klassenraum und während des Unterrichts (z. B. durch Stühlerücken, Papierrascheln oder das Kramen im Ranzen). Dies führt bei den hörgeschädigten Schüler*innen zu einem erschwerten Sprachverstehen und erfordert eine hohe Konzentrationsleistung, um Störgeräusche herauszufiltern. Um dem entgegenzuwirken, empfiehlt es sich, die Klassengröße zu reduzieren. Ebenso sollte geprüft werden, ob der Klassenraum mit speziellen, schallisolierenden Maßnahmen ausgestattet werden kann (z. B. schallschluckende Elemente an der Decke oder an den Wänden, Pinnwände an den Klassenwänden, Vorhänge an den Fenstern oder Filzgleiter unter den Stühlen). Falls es möglich ist, sollte der Klassenraum nicht zu einer Straße ausgerichtet sein, da bei geöffneten Fenstern der von außen eindringende Lärm zu zusätzlichen Störgeräuschen führt. Beim Einsatz von Mediengeräten, wie z. B. Beamern oder Overheadprojektoren, sollten diese nach Gebrauch wieder abgeschaltet werden, da der Lüfter häufig als laut wahrgenommen wird. Auch das Ticken einer Wanduhr oder das ständige Geräusch der Pumpe eines Aquariums können störend wirken.

Um das sprachliche Verstehen während des Unterrichtes zu unterstützen, gilt es, die Sitzordnung im Klassenraum zu beachten. In einem Klassenraum verringert sich die Sprachlautstärke mit dem Abstand zwischen Sprecher*in und Zuhörer*in kontinuierlich, während Störgeräusche gleichbleibend stark sind. Im ungünstigsten Fall führt das dazu, dass die Umgebungsgeräusche lauter sind als die Lautsprache der Sprechenden. Daher sollte darauf geachtet werden, dass der Abstand zwischen Lehrkraft und hörgeschädigtem Kind möglichst gering ist. Ganz vorne am Lehrer*innenpult zu sitzen, ist für das betroffene Kind nicht immer die erste Wahl. Eine Veränderung der Sitzordnung sollte in der Klassengemeinschaft besprochen werden, um so für das Thema zu sensibilisieren und deutlich zu machen, dass es bei der Sitzplatzwahl nicht um Stigmatisierung geht.

Optimal ist zudem eine Sitzordnung im Halbkreis, damit das hörgeschädigte Kind einen freien Blick zur Tafel bzw. einen direkten Blickkontakt zu allen in der Klasse hat, damit das auditive Verstehen visuell durch das Mundbild unterstützt werden kann. Eine dauerhafte Sitzordnung in Form von Gruppentischen ist im inklusiven Unterricht mit der Zielgruppe ungünstig, da das betroffene Kind nicht alles im Blick halten kann. Bei Bedarf können aber für Gruppenarbeiten Tische schnell zusammengeschoben werden. Diese Variabilität in der Sitzordnung sollte mitbedacht werden, damit bei Gruppenaufgaben nicht viel Zeit für das Rücken der Tische benötigt wird.

Das hörgeschädigte Kind sollte mit dem Rücken zum Fenster sitzen, damit es nicht geblendet wird und der gesamte Raum sollte gut ausgeleuchtet sein. Das bedeutet, dass es auch an sonnigen Tagen sinnvoll ist, das Licht anzuschalten und dafür die Vorhänge zuzuziehen, da grelles Licht durch einfallenden Sonnenschein dazu führt, dass Gesichtskonturen nicht mehr deutlich wahrgenommen werden können, was das Absehen erschwert. Falls das Kind auf einem Ohr besser hört als auf dem anderen Ohr, sollte das bessere Ohr zur Klasse gewandt sein. Wenn es dann noch einen Drehstuhl zur Verfügung hat, kann es sich im Unterrichtsgeschehen schnell zu den jeweiligen Sprecher*innen hinwenden.

Bei der Gestaltung des Klassenklimas wirkt die Lehrkraft als Vorbild: sowohl in kommunikativer als auch in sozialer Hinsicht. Schüler*innen mit Hörbeeinträchtigung haben ein erhöhtes Risiko, in ihrer Klasse »kommunikativ und sozial ausgegrenzt zu werden« (Pospischil 2018, S. 167). Gerade jüngeren Kindern fällt es (noch) schwer, Rücksicht auf die kommunikativen Bedürfnisse des hörgeschädigten Kindes zu nehmen. Hier ist es die Aufgabe der Lehrkraft, die vereinbarte Gesprächsdisziplin (Blickkontakt halten, nacheinander sprechen) einzuüben und einzufordern, bei Missverständnissen die Themen aufzuarbeiten und die Kommunikationstaktik des hörgeschädigten Kindes zu fördern. Ebenso ist es für das Klassenklima wichtig, dass Nachfragen in Ordnung ist, wenn etwas nicht verstanden wurde. Menschen mit einer Hörschädigung neigen dazu, nicht mehrmals nachzufragen, wenn sie etwas (akustisch) nicht verstanden haben, da sie nicht als dumm angesehen werden möchten und nicht durch häufiges Nachfragen auffallen wollen.

Für die soziale Inklusion ist es von Vorteil, Hörschädigung als Thema im Unterricht zu bearbeiten und dabei auf die individuelle Situation des Kindes einzugehen. Dafür gibt es gute Beispiele im Internet, wie sich das Hören mit einer Hörbeeinträchtigung und mit Hörhilfen anhören kann oder aber welche Konzentrationsleistung das Absehen erfordert.

Probleme bei der sozialen Integration können dann aufkommen, wenn die Kommunikation gestört ist oder das Verhalten des hörgeschädigten Kindes irritiert und falsch interpretiert wird. Das hörbeeinträchtigte Kind steht – neben den schulischen Herausforderungen im inklusiven Unterricht – auch vor der Aufgabe, eine Identität zu entwickeln: Zu welcher Peergroup fühlt es sich zugehörig, der hörenden oder der hörgeschädigten? Hier ist es sinnvoll, dass Lehrkräfte den Austausch mit gleichaltrigen oder auch erwachsenen Menschen mit Hörbeeinträchtigung anregen und auch die Eltern dazu ermuntern, diese Schritte in der Entwicklung ihres Kindes zu unterstützen.

6.4 Methoden und Medien des inklusiven Unterrichts

Im inklusiven Unterricht mit einem hörgeschädigten Kind ist es nicht erforderlich, dass eine andere, »spezielle« Methodik angewendet wird. Die gängigen Methoden müssen nur der pädagogischen Situation angepasst werden. Die Lehrkräfte sind auch hier wieder die Vorbilder und Mittler*innen in der Unterrichtskommunikation. Schwerpunkte hierbei sind die für die Zielgruppe besonders notwendigen didaktischen Prinzipien wie Visualisierung, Strukturierung und Differenzierung (vgl. Truckenbrodt/Leonhardt 2020, S. 51). Die anderen Prinzipien sollten dabei nicht außer Acht gelassen werden. Auf diese wird hier aber nicht weiter detailliert eingegangen.

a) Das Prinzip der *Visualisierung* unterstützt mehrere für das Lernen wichtige Aspekte: Zum einen ist dies – neben der lautsprachlichen Übermittlung – ein weiterer Kanal der Informationsvermittlung, denn Visualisierung sichert das Verständnis ab, und zum anderen wird dadurch die Aufmerksamkeit und die Gedächtnisleistung gefördert (Truckenbrodt/Leonhardt 2020, S. 52). Schüler*innen im Allgemeinen, aber besonders jene mit einer Hörschädigung, werden durch Visualisierung von »Inhalten aktiv am Prozess der inneren Begriffsbildung beteiligt« (Pospischil 2018, S. 162). Es geht bei der Visualisierung also nicht nur um den Einsatz von medialen Angeboten in Form von Bildern, Symbolen oder Verschriftlichung, sondern sie unterstützt die Verarbeitung und die Auseinandersetzung mit den Inhalten. Bei der Nutzung einer Tafel ist dabei zu beachten, dass die Lehrkraft nicht gleichzeitig an die Tafel schreibt und dabei verbale Informationen an die Schüler*innen weitergibt, sondern erst spricht und dann schreibt oder umgekehrt, damit das hörgeschädigte Kind die Möglichkeit hat, das Mundbild abzusehen. Gut ist daher der Einsatz eines Overheadprojektors, da hier der Blickkontakt erhalten bleibt.

Vor allem Termine (Leistungsüberprüfungen) oder die Hausaufgaben sollten schriftlich respektive mit Symbolen oder Bildern festgehalten werden, sinnvoll ist dafür eine separate Tafel. Ebenso sollten neue Begriffe, Fremdwörter oder auch Seitenzahlen aufgeschrieben und bei den höheren Klassen Unterrichts- und Gesprächsinhalte kurz zusammengefasst werden. Symbole, Modelle und Wortkarten können ebenfalls den Unterrichtsablauf strukturieren und die Lerninhalte fokussieren, was wieder der gesamten Klasse zugutekommt.

Wenn die Lehrkraft im Unterricht ein Kind aufruft, ist es für das hörgeschädigte Kind hilfreich, wenn sie dabei gleichzeitig auf das aufgerufene Kind weist. So kann das hörgeschädigte Kind zeitnah in die Richtung blicken, aus der der nächste Unterrichtsbeitrag kommt und kann so wieder, mit Unterstützung durch das Mundbild, dem Unterrichtsgeschehen folgen.

Wird im Unterricht ein Film gezeigt, dann ist es förderlich, dass für Kinder, die schon lesen können, der Untertitel eingeblendet wird bzw. bei jüngeren Kindern oder bei Filmen ohne Untertitel, die Inhalte vorher besprochen werden. »Hauptziel der Visualisierung ist es, alle wichtigen Inhalte festzuhalten, um der Flüchtigkeit eines Höreindrucks entgegenzuwirken und dem Schüler mit Hörschädigung dennoch eine aktive Teilhabe am Unterricht zu ermöglichen« (Pospischil 2018, S. 163).

b) Das Prinzip der *Strukturierung* ist für jede*n Schüler*in förderlich. Zudem hilft ein strukturierter Unterrichtsablauf den Lärmpegel zu senken, was dem Kind mit Hörschädigung wiederum hilft, sich auf die Inhalte zu konzentrieren. Es bietet sich an, durch Symbol- oder Wortkarten den Tag oder einzelne Unterrichtsabschnitte vorzugeben und die Inhalte und Ziele damit darzustellen. Dies sorgt für Transparenz, das hörgeschädigte Kind ist orientiert und muss seine Konzentrationsleistung nicht dafür aufwenden, um herauszufinden, was der nächste Schritt sein wird. Dies bedeutet allerdings auch, dass spontane Veränderungen im Unterrichtsgeschehen nicht einfach umzusetzen sind.

Das Prinzip der Strukturierung sollte auch bei der Arbeit mit Texten eingesetzt werden. So bieten Zwischenüberschriften dem hörgeschädigten Kind einen Überblick, der Sicherheit gibt. Dies wird weiter dadurch unterstützt, dass Zusammenfassungen bzw. Wiederholungen von Inhalten, das Gelernte und Verstandene sichern und gleichzeitig die Möglichkeit bieten, noch einmal nachzufragen, wenn etwas nicht verstanden wurde. Besonders in der Grundschule können dabei Rituale (Handlungen oder Symbole) im Tagesablauf Sicherheit für alle bieten, Transparenz schaffen, Themenwechsel anzeigen und gleichzeitig Kommunikation vereinfachen.

c) Das Prinzip der *Differenzierung* des Unterrichts ist u. a. der Wechsel zwischen den verschiedenen Sozialformen. Während der lehrkraftzentrierte Unterricht den Vorteil bietet, dass das hörgeschädigte Kind gut nachvollziehen kann, wer gerade spricht, und es in der Regel im Klassenraum ruhiger ist, bedeutet dies aber auch eine erhöhte Konzentrationsleistung. Die verbale Kommunikation steht hier im

Vordergrund und die Lehrkraft vermittelt wichtige Informationen und Inhalte, die die volle Aufmerksamkeit erfordern.
In schüler*innenzentrierten Unterrichtseinheiten, vor allem bei der Einzelarbeit, wird die Aufmerksamkeit weniger stark gefordert, das Kind kann seine auditive Konzentrationsleistung herunterfahren und bekommt eine Hör- und Absehpause. Pro Unterrichtsstunde sollten ein bis drei kurze Hör- und Absehpausen eingeplant werden, um ein Absinken der Aufmerksamkeit zu verhindern. Partner*innen- oder Gruppenarbeit erfordert zwar wieder eine erhöhte Aufmerksamkeitsspanne, ist aber bei den Schüler*innen mit Hörschädigung beliebter, da sich hier alle Schüler*innen gegenseitig unterstützen.
Der Nutzen der Differenzierung ist die bestmögliche Förderung aller Schüler*innen in einer Klasse, es ist aber gleichzeitig auch ein »bedeutsames Unterrichtsprinzip für den Unterricht mit hörgeschädigten Schülern« (Pospischil 2018, S. 164). Dabei kann jeweils in der »Quantität oder Qualität des Lernstoffs« (Truckenbrodt/Leonhardt 2020, S. 56) unterschieden werden: So kann es Unterschiede in der Anzahl der gestellten Aufgaben oder im Schwierigkeitslevel geben oder die Aufgabenstellung wird anders formuliert oder mit Symbolen/Bildern ergänzt. Dies bedeutet einen Mehraufwand in der Vorbereitung durch die Lehrkraft.

Im inklusiven Unterricht im Förderschwerpunkt Hören ist auch die Sprache der Lehrkraft nicht zu vernachlässigen: Lehrkräfte sind Vorbilder für die Schüler*innen in der Klassengemeinschaft und können somit viel zu einer gelingenden Inklusion beitragen. Eine deutliche Aussprache, kurze Sätze und eine klare Fragestellung sind für das Verstehen sehr förderlich. Im Unterricht sollte darauf geachtet werden, dass das hörgeschädigte Kind seinen Wortschatz ausweitet und die Lehrkraft ein korrektives Feedback gibt, um die lautsprachliche Kompetenz zu erweitern. Es gibt wissenschaftliche Nachweise, dass Lehrer*innen an Regelschulen anders mit hörgeschädigten Kindern kommunizieren als mit hörenden Schüler*innen. So ist die Wahrscheinlichkeit z. B. höher, dass Lehrer*innen den hörbeeinträchtigen Schüler*innen öfter geschlossene als offene Fragen stellen, was jedoch auf Unsicherheit und fehlende Vertrautheit zurückzuführen ist und nicht auf eine bewusste Handlung (vgl. Marschark/Knoors 2012, S. 164). Hilfreich sind hier reflektierende Gespräch mit den Pädagog*innen des Mobilen Dienstes.

6.5 Beispiele und Ansätze zu ausgewählten Fächern des inklusiven Unterrichts

Sprache

Wie bereits beschrieben, hat eine Hörschädigung Auswirkungen auf das Sprachverstehen und somit auch auf die Lautsprach- und Schriftsprachentwicklung. Dies führt in nahezu allen Fächern dazu, dass hörgeschädigten Kindern das Verstehen von Texten schwerfallen kann und Texte im Sinne des didaktischen Prinzips der Differenzierung angepasst werden müssen. Der Leselernprozess kann – abhängig vom Grad der Hörschädigung und der sprachlichen Förderung – gegebenenfalls länger dauern. Kindern mit Hörschädigung fällt es im Vergleich zu hörenden Kindern nicht unbedingt auf, wenn sie einen schriftlichen Text nicht verstanden haben. Da der Lautspracherwerb beeinträchtigt ist, besteht die Gefahr, dass der aktive Wortschatz der Kinder weniger ausgeprägt und gegliedert ist als bei hörenden Kindern im gleichen Alter. Dies hat Auswirkungen auf das angeeignete Weltwissen, das Sprachverständnis, die Transferleistungen und die Problemlösestrategien (vgl. Pospischil 2018, S. 171). Daher ist die Erweiterung und Festigung des Wortschatzes ein zentraler Aspekt in der Förderung von Kindern mit einer Hörschädigung. Eine Wortschatzkartei und ein Synonymwörterbuch, die regelmäßig erweitert und deren Begriffe wiederholt werden, unterstützen z. B. dabei, dass neue Wörter und auch Fachbegriffe, in den aktiven Wortschatz übergehen. Dies wird durch die im Unterricht der Grundschule vorgesehene Beschäftigung mit Wortfeldern und Wortfamilien zusätzlich unterstützt.

Der Schriftspracherwerb wird dadurch erschwert, dass z. B. bei einer Hörschädigung in den hohen Frequenzen das Kind Frikative (Laute wie »s«, »f« oder »v«) nicht erkennen oder voneinander unterscheiden kann. Es ist also erforderlich, dass orthografische Regeln von Beginn des Schriftspracherwerbs besonders eingeübt werden müssen. Hier bieten sich Visualisierungen an (Lernposter für das Klassenzimmer, Markierungen grammatikalischer Besonderheiten im Text), um das Erlernte zu verfestigen. Im Sinne des didaktischen Prinzips der Differenzierung bietet es sich weiterhin an, Texte hinsichtlich der grammatikalischen Strukturen, des Satzbaus und nicht gebräuchlicher Wörter zu vereinfachen, was auch den hörenden Kindern in der Klasse im inklusiven Unterricht wiederum zugutekommt (vgl. Pospischil 2018, S. 172).

Truckenbrodt und Leonhardt (2020) empfehlen zur Anpassung von Texten:

- »Satzbau vereinfachen oder grammatikalische Strukturen erläutern
- nicht gebräuchliche oder komplexe Wörter/Formulierungen ersetzen oder im Vorfeld klären
- kontinuierliche Wortschatzerweiterung
- Textinhalte an der Lebenswelt und den Erfahrungen der Schüler ausrichten
- Text mit Bildern veranschaulichen

- Schlüsselbegriffe hervorheben« (ebd., S. 63).

Mathematik

Vor ähnlichen Herausforderungen stehen die Kinder im Fach Mathematik. Studien zeigen, dass »hörgeschädigte Schüler in ihren mathematischen Kompetenzen im Durchschnitt ca. drei bis vier Jahre zurück[liegen]« (Kaul 2018a, S. 176). Dies hat mehrere Gründe: Die sprachlichen Defizite hörgeschädigter Kinder wirken sich auf das Fach Mathematik aus, da dieses eine eigene Fachsprache mit vielen Synonymen hat (z. B. gibt es viele Synonyme für einfache Rechenoperationen wie Subtrahieren und Addieren). Kommen später dann Textaufgaben hinzu, steht das Kind weiterhin vor der Herausforderung, diese sprachlich zu entschlüsseln. Zudem werden die Grundlagen für mathematische Erfahrungen bereits im frühen Kindesalter gelegt (z. B. spielerisches Zählen, gemeinsames Problemlösen, Abzählreime, Zahlenvergleiche). Dies ist bei Kindern mit einer Hörschädigung eingeschränkt, da sie sich nicht gleichzeitig auf das Spiel oder auf die Situation und auf die Gesichter der Erziehungsberechtigten zur Unterstützung der Kommunikation konzentrieren können. Dadurch besteht die Gefahr, dass sich im Laufe der Zeit ein »Erfahrungsdefizit« (Truckenbrodt/Leonhardt 2020, S. 65) entwickelt, was sich auf die Rechensicherheit und auf hilfreiche Automatisierungen auswirkt. Eine besondere Aufmerksamkeit muss daher im Unterricht in der Grundschule auf die Zählfertigkeiten und deren Automatisierung gelegt werden.

Truckenbrodt und Leonhardt (2020) empfehlen zu Aufgaben im Fach Mathematik Folgendes:

- »mathematischen Fachwortschatz erarbeiten
- Formulierung von Sachaufgaben beachten und an den im Deutschunterricht erarbeiteten Satzstrukturen orientieren
- schriftsprachliche Kompetenzen berücksichtigen, auch in Leistungserhebungen
- zusätzliche Informationen anbieten (Hintergrundinformationen, Bildmaterial etc.)
- Aufgabe zur möglichst eigenständigen Lösungsfindung handelnd, zeichnerisch, verbal und/oder schriftlich darstellen
- schülernahe und authentische Problemstellungen verwenden
- Führungshilfen und visuelle Merkhilfen einsetzen, z. B. Frage, Rechnung, Antwort« (ebd., S. 65).

Musik

Oft besteht Befangenheit, wie hörgeschädigte Kinder in den Musikunterricht eingebunden werden können. Im Vergleich zur Wahrnehmungsfähigkeit von Sprache besteht bei der Wahrnehmung von Musik eine größere Bandbreite, sodass es für viele Kinder – mit individuellen Grenzen – möglich ist, Musik (Töne und Akkorde) wahrzunehmen. Das Nachvollziehen von Harmonien oder Tonqualitäten ist dennoch erschwert (vgl. Hüffer/Born 2019, S. 2).

Der Einsatz von Hörhilfen kann dabei sowohl förderlich als auch einschränkend sein. Insofern ist es möglich, dass sich ein Kind im Musikunterricht dazu entscheidet, in manchen Situationen das Hörgerät oder das CI auszuschalten und in anderen Situationen anzulassen. Zusätzlich können auch hier visuelle Eindrücke – die Beobachtung, wie ein Musikinstrument gespielt wird oder wie ein Orchester sich zur Musik bewegt – die Wahrnehmung unterstützen (vgl. ebd., S. 3). Es gibt sogar Musiker*innen mit Hörschädigung, die ihre musikalische Leidenschaft zum Beruf gemacht haben. Musik kann demnach – neben der Freude an der Musik selbst, an der Bewegung zur Musik oder an dem eigenen Musizieren – die Entwicklung der Persönlichkeit und weitere individuelle Kompetenzen von Kindern mit einer Hörschädigung fördern:

- kommunikative Fähigkeiten
- personelle und soziale Kompetenzen
- Methoden- und Fachkompetenzen (vgl. Born/Hüffer 2019, S. 3).

Für den Einsatz von Musikinstrumenten im Musikunterricht eignen sich besonders Rhythmusinstrumente, da diese auch gut visuell wahrnehmbar sind und somit Metrum, Rhythmus und die Art des Spielens zu erkennen sind (vgl. ebd., S. 9). Das Tanzen zu Musik, die Bewegung zum Rhythmus oder das gemeinsame Singen und Spielen von Spielliedern fördert sowohl die Körperwahrnehmung als auch die sozialen Kompetenzen und kann von Kindern mit einer Hörschädigung sehr gut im inklusiven Unterricht ausgeführt werden.

Der inklusive Unterricht für gebärdensprachlich kommunizierende Kinder stellt die Klassengemeinschaft und die Lehrkraft noch einmal vor weitere Herausforderungen. Während des Unterrichts ist ein*e Gebärdensprachdolmetscher*in anwesend, der*die den gesamten Unterricht begleitet und die Inhalte übersetzt, woran sich alle erst einmal gewöhnen müssen. Die Eltern bzw. Erziehungsberechtigten des hörgeschädigten Kindes müssen sich um die Übernahme der Kosten beim zuständigen Leistungsträger kümmern und stehen anschließend vor der enormen Herausforderung, den kontinuierlichen Einsatz der Gebärdensprachdolmetscher*innen sicherzustellen, was vor allem in ländlichen Gebieten, aber auch bei einem kurzfristigen Ausfall durch Krankheit, eine große Schwierigkeit darstellen kann. Sie sollten dabei nicht »nur« für die Sicherstellung der Kommunikation betrachtet werden, sondern sind auch als Kooperationspartner*innen anzusehen. Um die Inhalte des Unterrichts vermitteln zu können, bedarf es einer engen Abstimmung zwischen den Lehrkräften und den Dolmetscher*innen. So können die Qualität der Übersetzung sichergestellt und die Unterrichtsziele erreicht werden. Ebenso ist zu beachten, dass es bei der Verdolmetschung zu zeitlichen Verzögerungen kommt. Dies führt dazu, dass hörende Schüler*innen sich ggf. schon melden, um eine Antwort zu geben, während das hörgeschädigte Kind noch abwarten muss, bis der komplette Inhalt der Frage übersetzt ist (vgl. Kaul 2018b, S. 180.). Dies ist auch im Unterricht allgemein zu beobachten, da gehörlose Kinder in der Verarbeitung von Sprache eine längere Zeit benötigen.

6.6 Bildungs- und Erziehungspartnerschaften mit Erziehungsberechtigten

Eltern bzw. Erziehungsberechtigte sind seit vielen Jahrzehnten die antreibende Kraft, dass ihre hörgeschädigten Kinder inklusiv beschult werden. Die Entscheidung gegen eine Beschulung in den spezifischen Förderschulen hat u. a. den Hintergrund, dass diese Schulen oft überregional organisiert sind und die Teilnahme am Unterricht in den Schulen für die Kinder bedeutet, dass sie entweder zum Teil sehr lange Fahrwege auf sich nehmen müssen oder sogar die Entscheidung zu treffen ist, dass die Kinder unter der Woche in den dort angeschlossenen Internaten untergebracht werden und ein gemeinschaftliches Familienleben somit nur am Wochenende stattfinden kann.

Der Beginn dieser Entwicklung wurde vor allem von Eltern beeinflusst, deren Kinder lautsprachlich orientiert kommunizieren, und für die sie eine alternative, wohnortnahe Möglichkeit der Beschulung einforderten. Mittlerweile entschließen sich die Eltern bzw. Erziehungsberechtigten gebärdensprachlich kommunizierender Kinder vermehrt für eine inklusive Beschulung und setzen sich dafür ein, dass Gebärdensprachdolmetscher*innen im Unterricht an den Schulen eingesetzt und finanziert werden.

Für die Eltern bzw. Erziehungsberechtigten bedeutet die Diagnose Hörschädigung eine große Herausforderung. Während diese Diagnose früher meist eher spät gestellt wurde, bekommen Erziehungsberechtigte seit 2009 im Rahmen des Neugeborenen-Hörscreenings schon früh ein Ergebnis. Daraus ergibt sich, dass die Eltern kurz nach der Geburt wegweisende Entscheidungen zu treffen haben: Welche technische Versorgung soll und kann aus medizinischer Sicht eingesetzt werden? Ist die Versorgung mit Hörgeräten ausreichend oder sollte das Kind schon frühzeitig mit einem oder mehreren Cochlea Implantaten (CI) ausgestattet werden, was allerdings einen operativen Eingriff schon im ersten Lebensjahr erfordern könnte? Damit wird auch die Nachsorge nach der Operation erforderlich, die ebenfalls große Auswirkungen auf das Kind, aber auch auf das gesamte Familienleben hat. Für welche Kommunikationsform sollen sich die Eltern entscheiden? Für die lautsprachliche Förderung, da die Eltern hörgeschädigter Kinder in der großen Mehrzahl hörend sind und demnach die lautsprachliche Kommunikationsform in der Familie »normal« ist? Oder sollen sie sich zudem für eine Förderung in Gebärdensprache entscheiden, damit neben der auditiven Kommunikationsform auch eine visuelle entwickelt wird, die für das Kind eine Erweiterung der sprachlichen Möglichkeiten bedeuten kann? Dies hat allerdings zur Folge, dass auch das hörende Familiensystem sich mit dem Erlernen einer »Fremdsprache« auseinandersetzen muss, was eine zusätzliche zeitliche und organisatorische Belastung für die Familie bedeutet. In Familien, in denen die Eltern bzw. Erziehungsberechtigten ebenfalls hörgeschädigt sind und deren familiäres Kommunikationssystem die Gebärdensprache ist, stellt sich diese Frage nicht. Die Gebärdensprache wird von Beginn an verwendet und das hörgeschädigte Kind erlernt sie als seine Muttersprache.

Diese frühen Entscheidungen, die die Eltern bzw. Erziehungsberechtigten nach einer Diagnose treffen müssen, haben Auswirkungen auf den gesamten zukünftigen Lebensweg des Kindes. Vor allem zu Beginn sind diese notwendigen Beschlüsse belastend und dies hat Auswirkungen auf das gesamte Familienleben und ggf. auch auf die Geschwisterkinder. Die Eltern bzw. Erziehungsberechtigten fühlen sich oftmals überfordert und sehen sich nicht in der Lage, diese Entscheidungen zu treffen. Sie wünschen sich, dass Entscheidungen von Fachkräften aus dem medizinischen oder pädagogischen Bereich vorgegeben werden. Erst mit der Zeit entwickeln die Eltern bzw. Erziehungsberechtigten eine »professionelle Selbst- und Fachkompetenz« (Ludwig/Wessel 2018, S. 140) und werden somit zu Spezialist*innen für die Bedarfe ihres Kindes, was dann allerdings auch mit einer veränderten Erwartungshaltung gegenüber den Bildungs- und Erziehungspartnerschaften einhergeht.

Die Eltern bzw. Erziehungsberechtigten sind im inklusiven Unterricht in der Form anhaltend mit eingebunden, dass sie die Unterrichtsinhalte, die das Kind vormittags nicht oder nur teilweise verfolgen konnte, nachmittags nacharbeiten und bei den Hausaufgaben unterstützen. Ein übergreifendes Ziel der Grundschule ist es, das Lernen zu lernen; für hörgeschädigte Kinder bedeutet dies, zusätzlich zu lernen, ihre Konzentration sowohl auf den Unterrichtsinhalt als auch auf die Unterrichtskommunikation zu fokussieren und für ausreichenden Ausgleich zu sorgen, damit sie sich nicht überfordern. Hier ist ein regelmäßiger Austausch zwischen den Eltern bzw. Erziehungsberechtigten und Lehrer*innen anzuraten, sowohl qualitativ als auch quantitativ, um die Belastungs-, aber auch die Leistungssituation des Kindes, im Blick zu behalten und Anforderungen ggf. anzupassen.

Ein einfacher Austausch kann hierbei z. B. über das Hausaufgabenheft erfolgen, worin die Eltern bzw. Erziehungsberechtigten zum einen nachvollziehen können, was der aktuelle Unterrichtsstoff ist, und sie zum anderen den Lehrer*innen darüber Rückmeldung geben können, wie die Bearbeitung der Hausaufgaben zu Hause erfolgt ist. Eventuell ist es sinnvoll, dass eine Hausaufgabenbetreuung eingerichtet wird, um das Familiensystem zu entlasten. Daneben sollte es einen konstanten Austausch geben, der über reguläre Sprechtage hinausgeht (vgl. Truckenbrodt/Leonhardt 2020, S. 37).

Bei hörgeschädigten Eltern bzw. Erziehungsberechtigten eines hörgeschädigten Kindes, die in Gebärdensprache kommunizieren, bedeutet dies zusätzlich, dass solche Austauschtermine bzw. Sprechtage längerfristig geplant sind, damit die Erziehungsberechtigten die Möglichkeit haben, eine*n Gebärdensprachdolmetscher*in hinzuzuziehen. Ebenso sollten die Lehrer*innen im Blick haben, dass die Schriftsprachkompetenz dieser Eltern bzw. Erziehungsberechtigten eingeschränkt sein kann und schriftliche Schulinformationen oder auch Rückmeldungen zum Lernstand des Kindes ggf. nicht vollständig sinnverstehend erfasst werden können.

Ausgewählte Einrichtungen und Dienste auf Landes- und Bundesebene

- Bundeselternverband gehörloser Kinder e. V.
  Kontakt: Magdalena Stenzel

Carolinenstraße 10
D-01097 Dresden
E-Mail: info@gehoerlosekinder.de
- Deutsche Gesellschaft der Hörbehinderten – Selbsthilfe und Fachverbände e. V.
Johannes-Wilhelm-Geiger-Weg 8
D-24768 Rendsburg
Telefon: 04331–589750
E-Mail: info@deutsche-gesellschaft.de
Internet: https://www.deutsche-gesellschaft.de/
- Arbeitsgemeinschaft der Leiterinnen und Leiter der Bildungseinrichtungen für Gehörlose und Schwerhörige
Lachmannstraße 2–14
D-74076 Heilbronn
Internet: https://www.budiko.de/
- Berufsverband Deutscher Hörgeschädigtenpädagogen (BDH)
Kontakt: Christiane Stöppler
Hochgerichtsstraße 46
D-88213 Ravensburg
Internet: https://bdh-guter-unterricht.de/startseite

Literatur

Born, S./Hüffer, D. (2019): Textbaustein: Schülerinnen und Schüler mit Förderbedarf Hören im inklusiven MUSIKUNTERRICHT. Online verfügbar unter: https://www.idl.lehrerbildung-at-lmu.mzl.uni-muenchen.de/foerderschwerpunkte/hoeren/unterrichtsfaecher/musik/f13.pdf, Zugriff am 29. 06. 2022.

Hintermair, M. (Hrsg.) (2012): Inklusion und Hörschädigung. Diskurse über das Dazugehören und Ausgeschlossensein im Kontext besonderer Wahrnehmungsbedingungen. Heidelberg: Median-Verlag.

Hüffer, D./Born, S. (2019): Textbaustein: Musikwahrnehmung bei Menschen mit einer Hörschädigung. Online verfügbar unter: https://www.idl.lehrerbildung-at-lmu.mzl.uni-muenchen.de/foerderschwerpunkte/hoeren/unterrichtsfaecher/musik/f11.pdf, Zugriff am 29. 06. 2022.

Kaul, T. (2018a): Mathematikunterricht. In: A. Leonhardt (Hrsg.), Inklusion im Förderschwerpunkt Hören (S. 176–178). Stuttgart: Kohlhammer.

Kaul, T. (2018b): Unterricht und Förderung gebärdensprachlich kommunizierender Schüler. In: A. Leonhardt (Hrsg.), Inklusion im Förderschwerpunkt Hören (S. 179–181). Stuttgart: Kohlhammer.

Leonhardt, A. (2018a): Grundlagen. In: A. Leonhardt (Hrsg.) (2018), Inklusion im Förderschwerpunkt Hören (S. 15–51). Stuttgart: Kohlhammer.

Leonhardt, A. (Hrsg.) (2018b): Inklusion im Förderschwerpunkt Hören. Stuttgart: Kohlhammer.

Ludwig, K./Wessel, J. (2018): Zusammenarbeit mit den Eltern In: A. Leonhardt (Hrsg.) (2018), Inklusion im Förderschwerpunkt Hören (S. 139–150). Stuttgart: Kohlhammer.

Marschak, M./Knoors, H. (2012): Sprache, Kognition und Lernen. In: M. Hintermair (Hrsg.), Inklusion und Hörschädigung. Diskurse über das Dazugehören und Ausgeschlossensein im Kontext besonderer Wahrnehmungsbedingungen. Heidelberg: Median-Verlag.
Pospischill, M. (2018): Inklusiver Unterricht mit hörgeschädigten Schülern. In: A. Leonhardt (Hrsg.), Inklusion im Förderschwerpunkt Hören (S. 154–192). Stuttgart: Kohlhammer.
Truckenbrodt, T./Leonhardt, A. (2020): Schüler mit Hörschädigung im inklusiven Unterricht: Praxistipps für Lehrkräfte. München: Reinhardt.

7 Schüler*innen im Förderschwerpunkt Sehen

Andrea Wieland

> Ordnung ist das halbe Leben – für Kinder mit einer Sehbeeinträchtigung sind Ordnung und Struktur ein Gerüst, mit dem sie den Schulalltag möglichst selbstständig bewältigen können. Nur wenn Gegenstände stets an ihrem Platz liegen, kann das Lernen einer Taststrategie gelingen und die jeweiligen Gegenstände auch selbstständig gefunden werden. Dies gilt auch für Raum-, Heft- und Arbeitsstrukturen – wenn diese Parameter konsequent geordnet und eingeübt sind, didaktische Prinzipien von Beginn an angewendet werden und der Unterricht individualisiert und handlungsorientiert durchgeführt wird, sind wichtige Schritte auf dem Weg zum inklusiven Unterricht gegangen.

7.1 Fallgeschichte einer Schülerin mit Sehbeeinträchtigung

Lara ist acht Jahre alt und geht in die erste Klasse der Grundschule im Ort. Sie kam als Frühchen auf die Welt und hat eine Netzhautschädigung (Retinopathia praematurorum), in Folge derer sie kurzsichtig ist und einen Nystagmus hat, der ihre Augen schnell und unkontrolliert bewegen lässt.

Zu Schulbeginn kannte Lara einige der Kinder noch aus ihrer Zeit im Kindergarten, so dass sie sich nicht so alleine fühlte, und zum anderen kannten einige Kinder ihrer Klasse sie und ihre Sehbeeinträchtigung.

Laras Klassenraum befindet sich in der Nähe des Schuleingangs und in der Nähe der Toiletten. Nachdem sie zu Beginn von Klassenkamerad*innen von einem Raum zum anderen begleitet worden ist, schafft sie nun den Weg vom Klassenzimmer zur Toilette bzw. zur Sporthalle alleine. In den Pausen wird sie von Klassenkamerad*innen begleitet.

Laras Sitzplatz befindet sich vorne neben dem Lehrer*innenpult mit dem Rücken zum Fenster. Die Tische in der Klasse haben eine feste Ordnung, damit sie sich selbstständig orientieren kann. Die Lehrerin achtet mit darauf, dass die anderen Schüler*innen ihre Schulsachen nicht in den Gängen zwischen den Tischen liegen lassen, damit Lara nicht über Ranzen oder Taschen stolpert.

Während des Unterrichts nutzt Lara ein Monokular, um die Tafelbilder lesen zu können. Die Vorteile eines Monokulars sind, dass es transportabel, nicht elektrisch und dadurch jederzeit und überall nutzbar ist. Allerdings hat Lara dadurch nur ein kleines Sehfeld, wodurch sie viel Zeit benötigt, um ein Tafelbild in der Gesamtheit wahrnehmen und lesen zu können.

In Zusammenarbeit mit dem Mobilen Dienst wird nun überlegt, ob Lara ein mobiles Kamerasystem bekommen soll, wobei über eine schwenkbare Kamera das Tafelbild aufgenommen wird und dieses dann auf einen Laptop übertragen wird. Mit diesem Hilfsmittel hätte sie die Möglichkeit, die für sie optimalen Kontraste bzw. Vergrößerungen einzustellen.

Lara erlernt aktuell die Schriftsprache in Form der Schwarzschrift. Zum einen ist sie visuell noch in der Lage, Schwarzschrift zu erkennen, zum anderen kann sie so besser in das Lernen der Klassengemeinschaft einbezogen werden. Später soll sie zusätzlich die Brailleschrift (Punktschrift) erlernen.

Lara ist sehr ruhig und spielt in den Pausen nicht mit den anderen Kindern auf dem Schulhof Fangen, da sie Schwierigkeiten hat, die schnellen Bewegungen der anderen spielenden Kinder zu erkennen bzw. ihr Umfeld so wahrzunehmen, dass sie sich sicher bewegen kann. Sie hat zwei feste Freundinnen in der Klasse, die sie auch schon aus ihrer Zeit in der Kita kennt und die sie in der Schule von einem Klassenraum zum anderen begleiten und ihr in den Pausen behilflich sind. Lara wird von ihrer Mutter morgens zur Schule gebracht und nach dem Unterricht wieder abgeholt und nach Hause begleitet. Lara würde den Schulweg gerne alleine mit ihren Freundinnen gehen, aber ihre Mutter möchte das noch nicht, da der Schulweg entlang einer befahrenen Hauptstraße führt und die Kinder zweimal eine Straße überqueren müssen. Zu Beginn der ersten Klasse war Laras Mutter auch während des Unterrichts mit anwesend, um die Mobilität ihrer Tochter in der Schule zu unterstützen und den Lehrkräften und Mitschüler*innen Hinweise zu geben, wie sie Lara begleiten können. Da die Klassenkamerad*innen sich gut auf Lara und ihre Bedürfnisse einstellen konnten, war es möglich, dass die Mutter ihre Begleitung nach kurzer Zeit beenden konnte.

7.2 Beschreibungen, Ursachen und Folgen der Sehbeeinträchtigung

Es besteht die Möglichkeit, dass eine Sehschädigung pränatal entsteht, d.h. durch Vererbung oder während der Schwangerschaft, oder perinatale Ursachen hat (z.B. Komplikationen bei der Geburt durch Sauerstoffmangel). Postnatale Faktoren können Infektionskrankheiten oder Unfälle sein, die Schädigungen am Auge zur Folge haben. Eine Frühgeburt kann das Risiko einer Sehbeeinträchtigung erhöhen.

Bei Sehbeeinträchtigungen ist einerseits der Ort der Schädigung zu unterscheiden, d.h., ob im Auge die Linse, die Hornhaut oder die Netzhaut geschädigt sind, und andererseits, ob es (zusätzliche) Beeinträchtigungen bei der Weiterleitung der Reize (Störungen des Sehnervs) oder bei deren Verarbeitung gibt. Für Störungen bei der Reizverarbeitung im Gehirn wird der Begriff Cerebral Visual Impairment (CVI) verwendet (vgl. Lang/Thiele 2020, S. 11).

Die Auswirkungen einer Sehbeeinträchtigung sind sehr unterschiedlich: So kann das wahrgenommene Bild trüb und unscharf sein oder es besteht eine Einschränkung im Gesichtsfeld. Menschen mit einer Sehbeeinträchtigung sind oft licht- und blendempfindlich und benötigen starke Kontraste (z. B. schwarz – weiß, gelb – blau), um Gegenstände oder ihre Umgebung wahrnehmen zu können. Auf der anderen Seite kann das Farbensehen nur im geringen Umfang oder überhaupt nicht vorhanden sein, ebenso kann das räumliche Sehen eingeschränkt sein. Sich bewegende Objekte oder Personen können nur bedingt visuell verfolgt werden. Eine Auswirkung einer Sehbeeinträchtigung kann ein Zittern der Augen sein, das nicht kontrolliert werden kann, woraus die Schwierigkeit resultiert, die Augen auf einen Punkt zu fixieren. Menschen mit einer Sehbeeinträchtigung haben Probleme, Formen zu unterscheiden, und es kann zu einer extremen Kurz- oder Weitsichtigkeit kommen.

Neben der Einschränkung in der Sehfähigkeit kann es zu weiteren »indirekten Auswirkungen auf andere Entwicklungsbereiche (z. B. Motorik, Emotionalität, Soziabilität)« (ebd., S. 13) kommen. Ein wichtiger Faktor zur Ausprägung solcher indirekten Auswirkungen ist dabei der Zeitpunkt, an dem die Sehbeeinträchtigung eintritt. Kinder, die sehend geboren wurden und später erblindeten bzw. eine Sehbeeinträchtigung erworben haben, können auf sächliche und soziale Erfahrungen zurückgreifen, worauf sie ihr Weltwissen aufbauen und die sie mit neuen Erfahrungen verknüpfen können. Beschreibungen, wie z. B. »hellgrüne Wiese vor dunkelgrünem Tannenwald« oder der Unterschied zwischen Lächeln und Schmunzeln, können so besser kommuniziert werden. Zusätzlich spielen der Grad der Restsehfähigkeit, die Ursache sowie weitere zusätzliche Beeinträchtigungen eine Rolle.

Kinder mit einer Sehbeeinträchtigung besitzen die gleichen Voraussetzungen für ihre kognitive Entwicklung wie nicht-sehbeeinträchtigte Kinder. Allerdings ist das Lernen durch Imitation eingeschränkt; so brauchen Kinder mit einer Sehbeeinträchtigung ggf. Rückmeldungen zu ihrer Mimik und Gestik, das heißt dahingehend, welche Bedeutung eine bestimmte Mimik hat und wie sie auf andere wirkt und dass man sich in einem Gespräch seinen Gesprächspartner*innen zuwendet. Das Erlernen von Begriffen kann erschwert sein, da manche Gegenstände visuell sehr schnell zu begreifen sind, während sie umständlich erklärt und beschrieben werden müssen. Das erschwert auch die Entwicklung einer räumlichen Vorstellung: Während sehende Kinder schnell erfassen können, wie groß ein Klassenraum ist, wo sich was befindet und wer alles in dem Raum an welcher Stelle sitzt, muss dies einem Kind mit einer Sehbeeinträchtigung in Ruhe erklärt werden. Auch der Vergleich von räumlichen Größen (der Musikraum ist viel größer als der Werkraum, der erste Ball ist weiter gerollt als der zweite Ball) kann nicht visuell erfasst und dann benannt werden, sondern muss ggf. sprachlich beschrieben oder durch die Fortbewegung im Raum bzw. taktil erfasst werden. Es fehlt der Aufbau einer visuellen Vorstellung von

Räumen, wodurch auch die Entwicklung der Orientierungsfähigkeit eingeschränkt wird.

Kinder mit einer Sehbeeinträchtigung haben das Risiko, dass sie in ihrer Motorik eingeschränkt sind. Durch die visuellen Einschränkungen haben sie mitunter eine geringere Bewegungserfahrung, was dadurch auffällt, dass sich Probleme in der Koordination und in Körperhaltung zeigen. »Sehen ermöglicht Speicherung von Bewegungsmustern« (Hofer 2016a, S. 65) – daher kann es zu Auffälligkeiten in der Bewegungsharmonie, zu einer geringen Körperspannung sowie zu langsameren Bewegungsabläufen führen, wenn ein Kind nicht sehen kann. Das gilt sowohl für den fein- als auch für den grobmotorischen Bereich. Diese Kinder trauen sich nicht, einfach so eine Stufe herunterzuspringen, da sie nicht einschätzen können, wie tief dieser Sprung sein wird.

Sich nicht frei bewegen zu können, hat unter Umständen auch Auswirkungen auf die emotional-soziale Entwicklung. Wenn ein Kind mit Sehbeeinträchtigung nicht das spontan machen kann, was es zu dem Zeitpunkt gerne machen möchte, oder wenn es in einer Klassengemeinschaft erlebt, welche Erfahrungen für andere Kinder möglich sind, kann dies zu Frust und aggressivem Verhalten führen. Auf der anderen Seite können »misslungene«, schmerzhafte Bewegungserfahrungen durch Stürze oder das Laufen gegen Hindernisse dazu führen, dass diese Kinder eine Ängstlichkeit entwickeln, die Auswirkungen auf alle Lebensbereiche haben kann.

Das Erlernen von lebenspraktischen Fähigkeiten, z. B. das Zubereiten einer Mahlzeit und das gemeinschaftliche Essen, das selbstständige Anziehen oder auch die Körperpflege, eignen sich nicht-sehbeeinträchtigte Kinder durch Imitation und Lernen am Modell an; sehbeeinträchtigte Kinder müssen dies kleinschrittig erlernen und es kann in der Klassengemeinschaft wiederholt zu Irritationen führen, wenn das sehbeeinträchtigte Kind z. B. beim Gemeinschaftsfrühstück die Kanne mit Saft umstößt, da es diese einfach nicht erkennen konnte, als es das Glas Marmelade greifen wollte.

7.3 Lernpsychologische und didaktische Zugänge zu Themen des inklusiven Unterrichts

Anpassungen im Hinblick auf inklusiven Unterricht mit sehbeeinträchtigten Schüler*innen sind auf verschiedenen Ebenen durchzuführen: sowohl auf der inhaltlichen als auch auf der zielgerichteten Ebene, bei der Wahl der Unterrichtsmethoden, der eingesetzten Medien und bei der Gestaltung des Klassenraumes (vgl. Lang/Thiele 2020, S. 16). Die Kinder benötigen auf ihre Beeinträchtigung adaptierte, spezifische didaktische Zugänge, um Lernziele erreichen zu können. Dies beginnt auf der organisatorischen Ebene mit der Wahl des Klassenraumes. Gerade bei Kindern, die in die erste Klasse eingeschult werden, ist es sinnvoll einen Klassenraum zu wählen, der im Erdgeschoss und in der Nähe einer Toilette liegt, damit das sehbeeinträchtigte Kind möglichst selbstständig den Weg zur Toilette gehen kann. Der Raum selbst sollte klar strukturiert sein: Eine feste Tischordnung, die nach Möglichkeit nicht verändert werden sollte, hilft dem Kind, sich im Raum zu orientieren und zu bewegen. Von Beginn an sollte die Lehrkraft darauf achten – und auch die Mitschüler*innen dafür sensibilisieren –, dass die Gänge zwischen den Tischen frei bleiben und im Durchgang liegende Schulranzen oder Sporttaschen vermieden werden, damit keine Stolperfallen die selbstständige Bewegung im Raum verhindern. Vorteilhaft ist es, wenn der Raum mit schallhemmenden Elementen ausgestattet ist, da das sehbeeinträchtigte Kind den fehlenden visuellen Sinn hauptsächlich durch die auditive Wahrnehmung kompensiert und das Herausfiltern von Störgeräuschen die Konzentration beeinträchtigen kann.

Bei der Platzierung des sehbeeinträchtigten Kindes sollte darauf geachtet werden, dass sein Arbeitsplatz so gestaltet ist, dass »größtmögliche Ergonomie und Informationszugänglichkeit« (Lang/Thiele 2020, S. 35) gewährleistet sind. Das bedeutet, dass die Lernmaterialien leicht zu erreichen und Stuhl und Tisch höhen- und neigungsverstellbar sind, damit das Kind aufrecht arbeiten kann. Ein Platz in der Nähe der Tafel unterstützt die visuelle Wahrnehmung des Tafelbildes. Wenn das Gesichtsfeld ebenfalls eingeschränkt sein sollte, ist es erforderlich, Lernmaterialien so zu zeigen, dass sie im Wahrnehmungsbereich liegen. Wenn bei älteren Kindern technische Hilfsmittel (z. B. ein Kamerasystem oder ein Computer) eingesetzt werden, ist es sinnvoll, dafür einen zweiten Tisch zur Verfügung zu stellen, damit das Kind eine Freifläche vor sich hat, auf der es arbeiten kann, und die Kommunikation mit Lehrkräften und den anderen Kindern problemlos möglich ist. Die Tische sollten dann so im Klassenraum positioniert sein, dass Steckdosen in der Nähe sind und Kabel somit nicht im Weg liegen.

Das Kind sollte zudem möglichst mit dem Rücken zum Fenster sitzen, um Blendungen zu vermeiden. Störende Blendungen können auch durch Reflexion auf glatten Tischoberflächen oder durch glänzende Buchseiten und folierte Arbeitsblätter entstehen. Es ist des Weiteren darauf zu achten, dass das Klassenzimmer ausreichend beleuchtet ist. Meist ist es erforderlich, dass zusätzliche Arbeitsplatzlampen am Platz des Kindes eingesetzt werden. Für eine optimale Beleuchtung sorgen Deckenlampen, die einen hohen Anteil indirekten Lichtes besitzen (vgl. Lang/Thiele 2020, S. 34).

Um den didaktischen Zugang der Vergrößerung optimal einsetzen und nutzen zu können, ist es erforderlich, dass sehbeeinträchtigte Kinder eine gründliche Nutzung ihrer Hilfsmittel erlernen, was durch pädagogische Kräfte des Mobilen Dienstes unterstützt wird. Eine Vergrößerung ohne Hilfsmittel kann erreicht werden, indem der Seh- oder Leseabstand verringert wird. Dafür muss die Linse im Auge in der Lage sein, den Gegenstand auch bei einem geringeren Abstand scharf zu stellen (Akkommodationsfähigkeit), allerdings ist dies keine Lösung für die gesamte Unterrichtszeit, da die akkommodierende Leistung des Auges bei komplizierten Sehaufgaben zur Abnahme der Konzentrationsleistung und zum Abbau der Aufnahmefähigkeit führt. Zudem muss dabei darauf geachtet werden, dass auch die Arbeitsplatzumgebung so angepasst ist, dass das Kind diese Leseaufgaben aufrecht sitzend am Schreibtisch durchführen kann. Da die Fähigkeit der Akkommodation ab dem zehnten Lebensjahr kontinuierlich abnimmt, ist die Vergrößerung ohne

Hilfsmittel nur eine begrenzte Lösung; zudem gibt es Formen der Sehbeeinträchtigung, bei denen die Akkommodationsfähigkeit schon bei jüngeren Kindern beeinträchtigt ist (vgl. Lang/Thiele 2020, S. 32).

Daher sollten die Kinder schon früh an Hilfsmittel herangeführt werden, um sich mit deren Umgang vertraut zu machen und um sich zu entlasten. Bei Kindern in der Primarstufe wird oft die Visolettlupe genutzt, »da sie einfach zu handhaben ist und fest auf das Lesegut aufgestellt werden kann« (ebd., S. 32). Eine Lupenbrille bietet den Vorteil, dass sie auch bei Aufgaben eingesetzt werden kann, bei denen beide Hände zur Bearbeitung der Aufgabe eingesetzt werden müssen, z. B. beim Basteln oder bei der Zubereitung einer gemeinsamen Mahlzeit. Für den Fernbereich eignen sich Monokulare, um das Tafelbild besser erkennen zu können.

Lehrkräfte können die Vergrößerung z. B. bei der Erstellung von Arbeits- oder Aufgabenblättern einsetzen und Texte individuell hinsichtlich Größe, Schriftart und Absätzen gestalten.

Kontraste sind eine weitere didaktische Maßnahme, um die Lernbedingungen für sehbeeinträchtigte Kinder zu verbessern. Diese können sowohl bei der Gestaltung des Raumes als auch bei Arbeitsblättern eingesetzt werden. Der Einsatz von kontrastreichen Farben (schwarz – weiß, gelb – blau) unterstützt die visuelle Wahrnehmungsfähigkeit.

Durch die Reduzierung der Komplexität und durch klare Strukturen – im Raum als auch in den Lernmaterialien selbst – wird erreicht, dass die Kinder sich rasch orientieren und ohne längeres Suchen Informationen schneller und einfacher aufnehmen können. Daher sollten Arbeitsblätter klar aufgebaut sein (Überschriften, größerer Abstand zwischen den Zeilen und den Absätzen); bei Bildern sollten die Konturen nachgezeichnet und unwichtige Informationen unter Umständen gelöscht werden. Plakate mit Merksätzen oder die Niederschrift der Hausaufgaben bzw. Termine für eine Lernüberprüfung an der Wand sollten übersichtlich und visuell schnell erfassbar sein.

7.4 Methoden und Medien des inklusiven Unterrichts

Die Unterrichtsmethoden für sehbeeinträchtigte Kinder unterscheiden sich nicht wesentlich von den Methoden, die im Unterricht mit sehenden Kindern eingesetzt werden. Der Unterschied besteht am ehesten darin, dass die allgemeingültigen Methoden eine noch höhere Relevanz für sehbeeinträchtigte Schüler*innen haben und deren Einsatz im inklusiven Unterricht unbedingt erforderlich ist (vgl. Lang 2016, S. 206).

Handlungsorientierte Aspekte spielen im Unterricht eine große Rolle, denn für sehbeeinträchtigte Kinder ist das Lernen durch Imitation oder über bildliche Darstellungen nur eingeschränkt möglich. Daher ist es erforderlich, dass viele »Sachverhalte der sozialen und dinglichen Umwelt sich [...] nur durch eigenaktive, konkret-handelnde Auseinandersetzung« (ebd.) begreifen lassen. Wenn sich handlungsorientierter Unterricht mit offenen Unterrichtsformen (Freiarbeit, Wochenplan, Lernstationen usw.) abwechselt, fördert dies die eigenaktive Auseinandersetzung mit Sachthemen.

Für den Unterricht ist es erforderlich, dass das Unterrichtsgeschehen verbalisiert wird: Wenn die Lehrkraft an der Tafel etwas aufschreibt, muss das begleitend erklärt und besprochen werden. Dies gilt auch für die nonverbalen Kommunikationssignale, wie das Aufrufen von Schüler*innen im Unterrichtsgespräch mit Namen und nicht durch reines Zeigen auf das jeweilige Kind, welches als nächstes drangenommen wird. Lob sollte ausgesprochen werden (anstelle eines anerkennenden Nickens) und Kritik verbalisiert werden (anstelle von gerunzelten Augenbrauen etc.)

Zu beachten ist ebenfalls, dass die Lesegeschwindigkeit reduziert ist, da es länger dauert, Texte visuell zu erfassen, besonders wenn sie stark vergrößert sind oder eine Lupe zur Unterstützung nötig ist. Auch die Handhabung von Lupe, Lesegerät oder Computer muss erst geübt werden und benötigt Zeit. Daher kann die Lesegeschwindigkeit bei Kindern mit Sehbeeinträchtigung, im Vergleich zu jener von sehenden Kindern, um mehr als die Hälfte reduziert sein (vgl. Lang/Thiele 2020, S. 37). Beim Lesen ist der Sprung von einer Zeile zur nächsten herausfordernd und kann durch die Nutzung von Hilfsmitteln wie einer Leseschablone oder eines Lesefensters unterstützt werden.

Das gleiche gilt für das Schreiben mit der Hand. Die Anforderungen an die Koordination von Auge und Hand sind hoch und erfordern eine große Konzentration. Hilfreich sind hier der Einsatz von kontrastreichen Materialien (schwarzer, dicker Stift auf hellem Papier), die Verwendung eines weichen Bleistiftes bzw. eines Filzstiftes statt eines Füllers, große Abstände bei Linien bzw. ausgeprägtere Linien. Verwendet das Kind ein Bildschirmlesegerät oder ein Kamerasystem, ist ebenfalls ein intensives Einüben dieser Schreibtechnik erforderlich, da die »Eigenwahrnehmung der graphomotorischen Bewegung« (Lang/Thiele 2020, S. 37) nicht entspricht.

Sollte die Sehfähigkeit nicht (mehr) ausreichend sein, um selbst Geschriebenes zu entziffern, ist der Einsatz eines Computers erforderlich. Vor dem Wechsel in die weiterführende Schule sollte daher ein Tastaturtraining für das Schreiben mit dem Zehnfingersystem durchgeführt werden. Computergestütztes Lernen fördert das selbstständige Arbeiten, da Vergrößerung und Kontraste individuell festgelegt werden können. Statt der Navigation mit der Maus ist der Einsatz von Shortcut-Befehlen sinnvoller, da für sehbeeinträchtigte Schüler*innen die Steuerung per Maus auf dem Bildschirm oftmals visuell nicht nachzuvollziehen ist. Auf dem Computer ist es dann auch möglich, eine professionelle Software zu installieren, die die Texte oder Darstellungen kontrastreich vergrößert und eine Sprachausgabe enthält, sodass längere Texte vorgelesen werden können. Die Verwendung von Kopfhörern verhindert, dass Mitschüler*innen gestört werden (vgl. Lang/Thiele 2020, S. 35).

Taktile Materialien im Unterricht veranschaulichen darüber hinaus die Unterrichtsinhalte und ermöglichen, dass bildhafte Darstellungen haptisch erfasst werden können. Dabei ist zu beachten, dass ein realer Gegenstand einem Modell und ein Modell einem Bild vorzuziehen ist. Nach Möglichkeit sollte immer das reale Objekt eingesetzt werden (vgl. Setzer/Kuroschinski 2015, S. 7). Dies wird nicht immer möglich sein. Wenn im Sachunterricht z. B. das Thema Vulkane besprochen wird, steht kein Realmodell eines Vulkans zur Verfügung. Zudem fehlt bei Kindern mit einer angeborenen Sehbehinderung die Seherfahrung eines richtigen Berges, so dass ein Größentransfer über die sächliche Erfahrung nicht durchgeführt werden kann. Hier bedarf es begleitender Erklärungen und Beschreibungen. Reliefabbildungen können aus unterschiedlichen Materialien (Moosgummi, Wellpappe) hergestellt werden. Diese sind zum Teil auch über den Mobilen Dienst bzw. Hilfsmittelverlage beziehbar. Die Entwicklung und Verbreitung von 3D-Druckern führt hier an vielen Stellen zu einer Vereinfachung in der Herstellung von Reliefabbildungen. Dabei ist weniger oft mehr, das heißt, die wesentlichen Merkmale des Unterrichtsgegenstandes sollten dargestellt werden. Was für das jeweilige Lernziel nicht wesentlich ist, sollte nach dem didaktischen Prinzip der Verringerung der Komplexität auch nicht dargestellt werden. Wenn eine Darstellung sehr komplex ist, sollte sie in inhaltlich sinnvolle Abschnitte unterteilt und dann taktil erfahrbar gestaltet werden. Als Richtwert sollte ein Reliefbild nicht größer als die Spannbreite beider Hände sein, zudem sollte das Bild auf einer rutschfesten Unterlage angeboten werden. Wichtig ist, dass das Kind das Reliefbild in seinem eigenen Tempo erfasst und nicht von der Lehrkraft geführt wird. Sollte eine Führung dennoch notwendig sein, ist dies anzukündigen und die Lehrkraft wartet ab, bis das Kind der Führung zustimmt (vgl. Lang/Thiele 2020, S. 43).

Je nach individuellen Voraussetzungen und Art der Beeinträchtigung erlernen die Kinder die Brailleschrift, ein Schriftsystem, das auf der Anordnung bzw. der Kombination von taktil fühlbaren Punkten beruht. Wenn ein Kind die Brailleschrift benötigt, um Texte lesen zu können, da die Sehfähigkeit für die Wahrnehmung der Schwarzschrift nicht mehr ausreicht, ist zu beachten, dass es zwei- bis dreimal mehr Zeit benötigt als beim visuellen Lesen (vgl. Lang/Thiele 2020, S. 45).

Ein Beispiel von »Alltags-Medien« im Unterricht sind Diktier- oder auch Vorlese-Apps auf Smartphones. Das sehbeeinträchtigte Kind kann sich hier auf einfache Art Hör-Notizen aufsprechen oder einen mit der Kamera aufgenommenen Text vorlesen lassen (vgl. Lang/Thiele 2020, S. 48). Wichtig ist in dieser Situation, dass in der Klassengemeinschaft besprochen wird, warum das Kind in einer bestimmten Situation sein Smartphone nutzen darf und die anderen Kinder ggf. ein Handy-Verbot im Schulgebäude haben.

7.5 Beispiele und Ansätze zu ausgewählten Fächern des inklusiven Unterrichts

Sport

Bewegungserfahrungen sind für Kinder mit einer Sehbeeinträchtigung sehr wichtig, inklusiver Sportunterricht demnach ein wichtiger Ort, an dem diese Kinder sich ausprobieren und erfahren können. Kinder mit einer Sehbeeinträchtigung sind dabei vor allem in zwei Bereichen gefordert: Zum einen müssen sie sich in einem großen Raum, in dem sich ständig die Positionen von Geräten und Personen ändern, neu orientieren, dies ist vor allem bei Ball-, Lauf- und Fangspielen, aber auch bei Stationenaufgaben herausfordernd. Zum anderen zeigen sich Schwierigkeiten in der Koordination von Auge und Hand bzw. Auge und Fuß. Das Fangen oder Schießen eines Balls benötigt viel Konzentration, teilweise zeigen sehbeeinträchtigte Kinder daher wenig Motivation oder Lust, sich an Ballspielen zu beteiligen.

Für Lehrkräfte ist der inklusive Sportunterricht eine Herausforderung, da es nicht einfache Handlungsvorgaben gibt, die abzuarbeiten sind und schon gelingt der Unterricht; vielmehr ist es eine vielschichtige und ambitionierte Aufgabe, bei der es der kontinuierlichen Abstimmung mit allen Teilnehmenden bedarf. In der Vorbereitung und Durchführung von inklusivem Sportunterricht sollte deswegen auf Folgendes geachtet werden: Lehrkräfte an einer Schule sollten sich untereinander abstimmen, dass jede*r die verschiedenen Orte in der Sporthalle (Eingang, Wände, Abstellorte für die Turngeräte etc.) identisch benennt, damit auch bei einem Wechsel der Lehrkraft oder in Vertretungssituationen eine stabile Orientierung gewährleistet ist. Die Lehrkräfte, die für den Sportunterricht zuständig sind, sollten sich regelmäßig darüber austauschen, welche Erfahrungen im inklusiven Sportunterricht gemacht wurden, um Wissen zu sichern. Auch außerhalb des Sportunterrichtes sollte es für das sehbeeinträchtigte Kind die Möglichkeit geben, sich ausreichend in der Sporthalle orientieren zu können: Wie groß ist die Halle, wo befindet sich was, wie kann ich mich in dem Raum selbstständig bewegen? Dies sollte von der verantwortlichen Lehrkraft durchgeführt werden, damit sich diese mit dem Kind darüber austauschen kann, was das Kind bei welchen Lichtverhältnissen erkennen kann und wie viel Licht nötig ist. Ebenso ist abzuklären, ob es ein augenärztliches Gutachten gibt, in dem Empfehlungen zur Teilnahme am Sportunterricht enthalten sind. Hier ist es ratsam, sich mit den Eltern bzw. Erziehungsberechtigten oder den sonderpädagogischen Fachkräften des Mobilen Dienstes auszutauschen und beraten zu lassen.

Im Unterricht selbst sind alle Kinder der Klasse in den Austausch darüber einzubeziehen, welche Hilfestellung wann benötigt wird, wie Orientierungshilfen im Raum eingesetzt und genutzt werden können, welche Gefahrenquellen es gibt und wie sie behoben werden können. Ebenso ist mit allen Beteiligten abzuklären, in welchen Situationen es einer Führung bedarf (durch Anfassen an den Händen, Nutzung eines Staffelstabes oder eines Seils bzw. Führung am Ellbogen). Dies ist immer wieder neu abzustimmen. Alle diese Aspekte können den sozialen Zusammenhalt in der Klassengemeinschaft fördern, da die Kinder sich gegenseitig unterstützen und aufeinander achtgeben. Zudem sollten die Unterstützungskinder aber auch immer wieder Zeit haben, frei und ohne zusätzliche Aufgaben am Sportunterricht teilzunehmen, damit die Belastung nicht zu groß wird und sie nicht das Gefühl haben, ständig die Führung für das sehbeeinträchtigte Kind übernehmen zu müssen. Bei manchen Aufgaben, wie z. B. bei schnellen Ballspielen, müssen ggf. alternative Aufgaben in einer Kleingruppe gestellt werden. Harte Bälle sollten dann durch weiche Softbälle ausgetauscht werden, um die Unfallgefahr zu minimieren. Bei allen Punkten, die zu beachten sind, spielt übergeordnet die Geräuschkulisse eine wichtige Rolle, die nach Möglichkeit reduziert werden sollte, damit das sehgeschädigte Kind sich im Raum und im Unterricht auditiv orientieren kann (Verband für Blinden- und Sehbehindertenpädagogik 2017, S. 1 f.).

Ein schönes Beispiel für eine Unterrichtseinheit ist die Arbeit mit einem Schwungtuch: Alle Kinder halten das Schwungtuch mit der rechten Hand gespannt. Nun setzen sich alle Kinder in Bewegung und drehen sich wie auf einer Drehscheibe. Wichtig ist dabei, dass vorher gemeinsam ein Signal abgesprochen wird, wann abgebremst wird bzw. die Geschwindigkeit erhöht werden kann. Bedeutend ist dabei ebenfalls, dass alle Kinder den Arm ausgestreckt lassen und nicht anwinkeln, damit der Abstand zwischen den Kindern konstant bleibt und somit die Gefahr eines Zusammenstoßes minimiert wird. Die Lehrkraft sollte dabei vor oder hinter dem Kind mit der Sehbeeinträchtigung mitlaufen, um so bei Gefahrensituationen zeitnah eingreifen zu können. Durch Signale während des Laufens kann nun entweder die Richtung geändert oder das Tempo verlangsamt bzw. erhöht werden, um so Variationen in die Übung einzubringen. Bei dieser Aufgabe wird die Herausforderung der Orientierung im Raum dadurch minimiert, dass der Raum durch das Festhalten des Tuchs begrenzt wird. Das sehbeeinträchtigte Kind kann sich so selbstständig und mit unterschiedlichen Geschwindigkeiten genau wie alle anderen Kinder in der Klasse bewegen.

Sachunterricht

Die sächliche Erfahrungswelt sehbeeinträchtigter Kinder kann sich von der Erfahrungswelt nicht-sehbeeinträchtigter Kinder unterscheiden, da die visuelle Erfassung und Wahrnehmung von Gegenständen und auch von Zusammenhängen fehlt. Daher sollte sich z. B. der Sachunterricht nicht auf visuell wahrnehmbare Materialien oder die verbale Beschreibung von Dingen beschränken, sondern die Unterrichtsinhalte nach Möglichkeit mit allen Sinnen erleben lassen.

Beim Unterrichtsthema »Nahrungsmittel« gibt es viele unterschiedliche Möglichkeiten, sich dem Unterrichtsziel mit allen Sinnen zu nähern, z. B. bei der intensiven Auseinandersetzung mit einer bestimmten Obstsorte: Wie fühlt sich eine Birne an, gibt es unterschiedliche Formen und Größen oder sind alle gleich? Wie leicht oder wie schwer ist eine Birne? Hier können alle Kinder in der Klasse verschiedene Birnen ertasten und genau beschreiben, was sie erfühlen. Dabei wird mit allen eingeübt, wie sich Gegenstände differenziert schildern lassen und welche Adjektive dafür benutzt werden können. Wie riecht etwas? Diese Übung erweitert ebenfalls den Wortschatz aller Kinder und macht in der Durchführung der Aufgabe keinen Unterschied zwischen sehbeeinträchtigt oder nicht-sehbeeinträchtigt. Wo wächst die Birne? Ist diese Pflanze eher groß oder eher klein und gibt es ebenfalls unterschiedliche Wuchsformen? Wie fühlt sich ein Birnbaum an und wie groß ist er? Hier bietet sich ein kleiner Ausflug zu einer Obstwiese oder einem Garten in der Nähe der Schule an. Zudem erfordert die Aufgabe, den Baum und seine Wuchsform sowie z. B. die Beschaffenheit der Rinde zu beschreiben, wodurch erneut die Erweiterung des Wortschatzes bei allen Kindern angeregt wird. Schlussendlich kann in der Klasse gemeinsam besprochen und erarbeitet werden, wie eine Birne verarbeitet und gegessen werden kann. Anschließend kann dies mit allen Kindern durchgeführt und die Birnen, z. B. bei einem gemeinsamen Frühstück, in den verschiedenen Formen verköstigt werden.

Sollte bei einem anderen Unterrichtsthema eine reale Begegnung und Erfahrung mit dem Lerngegenstand nicht möglich sein, müssen alternativ taktil erfahrbare Unterrichtsmaterialien eingesetzt werden. Dies setzt allerdings voraus, dass das sehbeeinträchtigte Kind in der Lage ist, das Material als Abbild und Anschauung eines realen Gegenstandes zu be-greifen und den Transfer zu leisten. Daher ist es von Vorteil, schon im Grundschulunterricht regelhaft die Abstraktion mit dem Kind einzuüben: Ausgehend vom Realgegenstand wird ein dreidimensionales Modell eingeführt, das wiederum durch eine zweidimensionale Zeichnung abgebildet wird.

In der Planung und Vorbereitung der Unterrichtseinheiten ist zu beachten, dass der Prozess der taktilen Wahrnehmung von Gegenständen in der Regel mehr Zeit benötigt als die visuelle Erfassung. Ebenso ist zu bedenken, dass haptische Erfahrungen mit negativen Gefühlen verbunden sein können. Es ist ein Unterschied, ob die Kinder einen Regenwurm von allen Seiten aus betrachten können und lernen, wie er sich bewegt, wie er aussieht und wie er sich in die Erde eingräbt, oder ob das sehbeeinträchtigte Kind den Regenwurm in die Hand nimmt, vorsichtig betastet und dabei fühlt, welche Körpertemperatur der Wurm hat, ob er sich feucht oder trocken anfühlt und wie er sich bewegt. Sehbeeinträchtigte Kinder sollten nicht genötigt werden, taktile Erfahrungen zu machen, sondern motiviert werden. Dabei sollte nicht an den Händen des Kindes gerissen oder diese zu einem Gegenstand hingedrückt werden, denn das kann Aversionen oder Ablehnung auslösen. Besser ist es, die Hand des Kindes auf die eigene Hand zu legen und so zu dem Gegenstand hinzuführen. Förderlich ist es, wenn das sehbeeinträchtigte Kind einen Lerngegenstand immer mit zwei Händen ergreift, um so die Dimension des Gegenstandes erfahren zu können. Bei unbekannten Gegenständen, zu denen das Kind noch keine eigene Erfahrung oder kein eigenes »Bild« hat, sollte der Gegenstand gemeinsam mit der Lehrkraft erkundet werden, wobei parallel immer begleitend der Name, die Funktion, das Material und die Oberfläche sowie Zusammenhänge und Anwendungsmöglichkeiten erklärt werden.

Dabei sollte es keine (eigenen) Grenzen geben: Etwas, was in den Augen der Lehrkraft, oder auch der anderen Kinder, ekelhaft ist, sollte trotzdem zur haptischen Erfahrung angeboten werden: Alles kann abgewaschen werden!

7.6 Bildungs- und Erziehungspartnerschaften mit Erziehungsberechtigten

Eltern bzw. die Erziehungsberechtigten sind in der Regel nicht darauf vorbereitet, dass ihr Kind die Diagnose »Sehbehinderung« hat, solange während der Schwangerschaft nicht bereits ein entsprechender Verdacht bestand. Die Information, dass das Kind eine Sehbehinderung hat, löst bei Eltern bzw. Erziehungsberechtigten Schock und Depression aus und sie sind in der ersten Zeit nach der Diagnosestellung auf der Suche nach spezifischer und professioneller Unterstützung. Die Untersuchungen und Behandlungen in Praxen und Kliniken werden häufig als physische und psychische Belastung empfunden. Die Diagnose kann ein »normales« Familienleben belasten (vgl. Sarimksi/Lang 2020, S. 47).

Die Eltern bzw. Erziehungsberechtigten stellen sich Fragen, wie sie ihr Kind fördern können und welches Spielzeug bzw. welche Hilfsmittel geeignet sind, um das Kind in der Selbstständigkeit zu unterstützen. Während sehende Kinder sich die allgemeinen lebenspraktischen Fähigkeiten wie Anziehen, Schleifen-Binden, Knöpfe- und Reißverschlüsse-Auf-und-Zumachen oder Zähneputzen durch Zusehen und Imitation erlernen, werden die Erziehungsberechtigten bei einem sehbeeinträchtigten Kind gefordert, neue Wege zu erproben und zu gehen. Später stehen dann für den weiteren Lebensweg richtungsweisende Entscheidungen bzgl. der Wahl der Kita, der Schule oder auch des Berufes an. Dies bedeutet, dass sich die Kommunikation in der Familie untereinander verändert, Freizeitaktivitäten ggf. neu ausgerichtet und eingeübte Abläufe in der Familie überprüft und angepasst werden müssen, vor allem wenn es auch sehende Geschwisterkinder in der Familie gibt.

Die Eltern bzw. Erziehungsberechtigten eines von Geburt an sehbeeinträchtigten Kindes können also bei der Einschulung in die Grundschule auf einen breiten Erfahrungsschatz zurückgreifen. Sie haben zumeist im Rahmen von Frühförderung, Austausch in Selbsthilfegruppen und Kontakten zu anderen Familien mit sehbeeinträchtigten Kindern Strategien entwickelt, wie auf die spezifischen Bedürfnisse des Kindes eingegangen werden sollte und sind somit wertvolle Partner*innen für die Lehrkräfte im inklusiven Unterricht.

Die Eltern bzw. Erziehungsberechtigten haben im Rahmen einer Hilfsmittelversorgung bereits geeignete Hilfsmittel mit ihrem Kind ausprobiert und sind sehr kompetent in der Nutzung von Hilfsmitteln des Alltags wie Smartphones, speziellen MP3-Playern oder adaptierten Spiel- und Bewegungsmöglichkeiten. Sie kennen sich im Antragssystem der Sozialgesetzgebung aus und haben auf verschiedenen Ebenen dafür gekämpft, dass ihr Kind die Unterstützung und die Leistungen bekommt, die es auf dem Lebensweg, und auf dem Weg in den inklusiven Unterricht, benötigt. Auf der anderen Seite bedeutet der Wechsel aus der Kita in eine Grundschule auch für ein sehbeeinträchtigtes Kind einen Wechsel in eine neue Lebensphase. Es möchte sich neu ausprobieren, Grenzen verschieben, sich von den familiären Bezugspersonen ein weiteres Stück lösen. Aufgabe der Lehrkräfte ist es daher, in Gesprächen mit den Eltern bzw. Erziehungsberechtigten durch aktives Zuhören und offene Fragen deren Sichtweise kennenzulernen und das gemeinsame Verstehen abzusichern. So können die bis jetzt eingeübten und gefestigten förderlichen Verhaltensmuster fortgeführt werden, was für alle Beteiligten hilfreich ist. Die Erziehungsberechtigten benötigen die Sicherheit, dass sich ihr Kind in der neuen Umgebung zurechtfindet, die Wege im Schulgebäude kennt und sich orientieren kann. Das gleiche gilt für den konsequenten Einsatz der Hilfsmittel oder der adaptierten Unterrichtsmaterialien, damit das Kind das selbstständige Lernen einüben kann.

Eltern bzw. Erziehungsberechtigte eines sehbeeinträchtigten Kindes sind oft erleichtert, wenn ein befreundetes Kind aus der Kita-Zeit mit in die Grundschule wechselt und dort für Kontinuität in der Begleitung sorgt. In der Klassengemeinschaft kann dies ebenfalls förderlich sein, da das sehbeeinträchtigte Kind zusammen mit dem befreundeten Kind die anderen Schüler*innen in der Klassengemeinschaft anleiten und informieren kann, was für Unterstützung in welcher Form benötigt wird und was eher hinderlich ist. Allerdings sollte darauf geachtet werden, dass auch der Aufbau neuer Freundschaften ermöglich wird; zum einen, damit das sehbeeinträchtigte Kind den Umgang mit verschiedenen Unterstützer*innen lernt, was mehr Flexibilität und eine Erweiterung der Mobilität bedeuten kann, zum anderen sind wechselnde Freundschaften gerade auch in der Grundschulzeit eine wichtige Erfahrung, die durch eine Fixierung auf eine Unterstützungsperson ggf. beeinträchtigt werden kann. Hier ist es die Aufgabe der Lehrkräfte, dies in regelmäßigen Gesprächen mit den Eltern bzw. Erziehungsberechtigten zu kommunizieren und ebenfalls wieder die Sicherheit zu geben, dass ihr Kind sich im schulischen Rahmen sicher bewegen kann und das Lehrer*innenkollegium darauf achtet, dass das Kind mit Sehbeeinträchtigung in allen Bereichen des schulischen Alltags, sowohl im Unterricht als auch auf dem Pausenhof, mit den anderen Kindern eine Lerngemeinschaft bildet.

Ausgewählte Einrichtungen und Dienste auf Landes- und Bundesebene

- Verband für Blinden- und Sehbehindertenpädagogik e. V. (VBS)
Ohmstraße 7
D-97076 Würzburg
Internet: https://www.vbs.eu/de/kontakt/
- Sehbehinderten- und Blindenzentrum Südbayern
Pater-Setzer-Platz 1
D-85716 Unterschleißheim
Internet: https://www.sbz.de/beratung/fachbeitraege/
- Bundesvereinigung Eltern blinder und sehbehinderter Kinder e. V.
Winckelmannstraße 61
D-12487 Berlin
Internet: https://www.bebsk.de
- Deutscher Blinden- und Sehbehindertenverband e. V.
Rungestraße 19
D-10179 Berlin
Internet: https://www.dbsv.org

- Projekt ISaR (TU Dortmund) (Inclusive Services and Rehabilitation – Virtuelles Kompetenzzentrum zur Unterstützung von Schülerinnen und Schülern mit einer Sehbeeinträchtigung)
  Otto-Hahn-Straße 20/Ecke Martin-Schmeißer-Weg 16
  D-44227 Dortmund
  Internet: https://www.isar-projekt.de (mit vielen Materialien zu unterschiedlichen Fächern für den inklusiven Unterricht)

Literatur

Giese, M./Katlun, T./Bolsinger, A. (2017): Inklusiver Sport- und Bewegungsunterricht im Förderschwerpunkt Sehen – Einführung. In: M. Giese/L. Weigelt (Hrsg.), Inklusiver Sport- und Bewegungsunterricht. Theorie und Praxis aus der Perspektive der Förderschwerpunkte (S. 316–343). Aachen: Meyer & Meyer.

Giese, M./Weigelt, L. (Hrsg.) (2017): Inklusiver Sport- und Bewegungsunterricht. Theorie und Praxis aus der Perspektive der Förderschwerpunkte. Aachen: Meyer & Meyer.

Hofer, U. (2016a): Sehen oder Nichtsehen: Bedeutung für Lernen und aktive Teilhabe in verschiedenen Bereichen des Lebens. In: M. Lang/U. Hofer/F. Beyer (Hrsg.), Didaktik des Unterrichts mit blinden und hochgradig sehbehinderten Schülerinnen und Schülern. Band 1: Grundlagen (S. 17–77). Stuttgart: Kohlhammer.

Hofer, U. (2016b): Allgemeindidaktische Modelle: Ihre Ressourcen für den Unterricht mit blinden und hochgradig sehbehinderten Kindern und Jugendlichen. In: M. Lang/U. Hofer/F. Beyer (Hrsg.), Didaktik des Unterrichts mit blinden und hochgradig sehbehinderten Schülerinnen und Schülern. Band 1: Grundlagen (S. 123–167). Stuttgart: Kohlhammer.

Lang, M. (2016): Inhaltsbereiche und konkrete Ausgestaltung einer spezifischen Didaktik des Unterrichts mit blinden und hochgradig sehbehinderten Schülerinnen und Schülern. In: M. Lang/U. Hofer/F. Beyer (Hrsg.), Didaktik des Unterrichts mit blinden und hochgradig sehbehinderten Schülerinnen und Schülern. Band 1: Grundlagen (S. 174–221). Stuttgart: Kohlhammer.

Lang, M./Hofer, U./Beyer, F. (2016): Didaktik des Unterrichts mit blinden und hochgradig sehbehinderten Schülerinnen und Schülern. Band 1: Grundlagen. Stuttgart: Kohlhammer.

Lang, M./Thiele, M. (2020): Schüler mit Sehbehinderung und Blindheit im inklusiven Unterricht: Praxistipps für Lehrkräfte. München: Reinhardt.

Sarimski, K./Lang, M. (2020): Frühförderung blinder Kinder: Grundlagen der Arbeit mit blinden Kindern und ihren Familien. Würzburg: Edition Bentheim.

Setzer, M./Kuroschinski, F. (Hrsg.) (2015): Leitfaden für den Unterricht mit sehbehinderten Schülern. Prinzipien/Maßnahmen/Hilfen. Online verfügbar unter: https://www.sbz.de/wp-content/uploads/2020/01/SBZ_Leitfaden-Sehbehindertenpädagogik.pdf, Zugriff am 08.07.2022.

Verband für Blinden- und Sehbehindertenpädagogik e. V. (Hrsg.) (2017): Empfehlungen der VBS-AG Bewegung und Sport für den inklusiven Sport(-unterricht) mit blinden & sehbehinderten Schülerinnen und Schülern. Online verfügbar unter: https://www.vbs.eu/de/arbeitsgemeinschaften/vbs-bewegung-und-sport/, Zugriff am 08.07.2022.

8 Schüler*innen mit psychischen Erkrankungen

Götz Kaschubowski

> Psychische Probleme nehmen bei Kindern und Jugendlichen seit Jahren zu. In Folge der Corona-Pandemie haben die seelischen Nöte geradezu endemische Ausmaße angenommen (vgl. COPSY und JuCo-Studien). Die Schule, die es noch immer nicht geschafft hat, Lebensraum zu werden, steht derzeit vor kaum lösbaren Aufgaben. In diesem Beitrag sollen Phänomene dargestellt werden, die den Charakter von Erkrankungen haben: die reaktive Bindungsstörung und die Traumafolgestörung. Betroffene Kinder und Jugendliche haben es derzeit schwer, einen Platz im Regelschulsystem zu finden.

8.1 Fallgeschichten von Schüler*innen mit psychischen Erkrankungen

Mark kam im Alter von sechseinhalb Jahren in unsere kleine Förderschule mit dem Förderschwerpunkt emotional-soziale Entwicklung. Er hatte bereits eine wechselvolle Geschichte der Betreuung hinter sich. Der erste Kindergarten, den Mark besuchte, musste ihn nach einem halben Jahr entlassen. Im zweiten Kindergarten seines Wohnortes bekam Mark bereits eine Einzelhelferin an die Seite gestellt. Es handelte sich um eine ausgebildete Heilpädagogin. Auf dem Spielplatz soll er sexuell übergriffig gewesen sein, sodass das Jugendamt eingeschaltet wurde.

Dem Unterricht in der Grundschule konnte Mark vom ersten Tag an nicht folgen, obwohl er weiterhin von einer Integrationskraft begleitet wurde. Mark musste praktisch schultäglich vor Unterrichtsschluss von seinen Eltern abgeholt werden. Er hatte Kinder verprügelt, die Lehrkräfte beleidigt, Stühle und Tische durch den Raum geworfen. Mark konnte keinen Augenblick, ohne zu stören, am Unterricht teilnehmen. Er hatte einen individualisierten Lernplan und durfte zeitweise, zu seinem und zum Schutz seiner Mitschüler*innen, im Nebenraum allein arbeiten. Trotz Integrationshelferin gelang es ihm immer wieder, durch das Schulhaus zu toben sowie Unterrichte in seiner und in benachbarten Klassen aktiv zu stören. So griff die Schulleitung zu Ordnungsmaßnahmen. Mark musste für längere Zeit dem Schulunterricht fernbleiben. Die Eltern konsultierten eine

Kinder- und Jugendpsychiaterin. Nach einer ausführlichen Diagnostik kam Marc 14-tägig zu einer Gesprächs- und Spieltherapie in eine ärztliche Praxis.

Die Eltern hatten sich mittlerweile scheiden lassen und lebten beide mit jeweils neuen Partner*innen an ihrer Seite. Der Umgang mit Mark und seiner zwei Jahre älteren Schwester wurde im sogenannten Wechselmodell geregelt.

Nachdem die Eltern den Wechsel des Förderortes beantragt hatten, kam Mark in unsere kleine Förderschule. Seine neue Klasse bestand aus sechs Jungen, die von zwei Lehrkräften durchgehend betreut wurden. Das Jugendamt hatte die Weiterführung der Integrationshilfe vorher abgelehnt. Mark setzte sein bekanntes Verhalten auch bei uns fort. Mittlerweile hatten die Eltern das Wechselmodell beendet, Mark lebte bei seiner Mutter und sah den Vater an einem Wochentag und an jedem Wochenende. Die Mutter hatte sich von ihrem zweiten Ehemann scheiden lassen. Nachdem sich Marks Verhalten in keiner Weise verbessert hatte und die Mitschüler*innen Angst vor seinen Aggressionen und verbalen Übergriffen formulierten, baten die Eltern und die Schule das Jugendamt um Hilfe. Dieses setzte gegen den Willen der Beteiligten eine Unterbringung in einer vollstationären Jugendhilfeeinrichtung durch. Nach acht Wochen meldeten sich die Eltern wieder bei uns; Mark war aus der Einrichtung mit der Begründung entlassen worden, er sei *extrem gefährlich*. Mark erhielt nun einen Platz in einer Tagesgruppe. Gleichzeitig war er Schüler unserer Förderschule, verweigerte aber jede Form der Teilnahme am Unterricht. Betrat er den Klassenraum, beleidigte er Mitschüler*innen und Lehrkräfte, zerstörte Unterrichtsmaterialien und Mobiliar. Nach Rücksprache mit der Schulaufsicht ruhte die Schulpflicht für ein ganzes Jahr. Mark besuchte nur noch die Tagesgruppe. Nach Beendigung dieser Jugendhilfemaßnahme (§ 32 SGB VIII) blieb Mark zunächst noch vier Monate zu Hause. In diese Zeit fiel ein 12-wöchiger Aufenthalt in einer Fachklinik für Kinder- und Jugendpsychiatrie. Dort wurde er medikamentös neu eingestellt. Zudem nahm er an einem Anti-Aggressionsprogramm teil. Auf Bitten der Schulaufsicht nahmen wir Mark wieder in unsere Förderschule auf. Es entwickelte sich eine Erfolgsgeschichte: Mark fand einen emotionalen Zugang zu seinem Klassenteam und offensichtlich auch Sicherheit in seiner neuen Situation. Er begann über seine Probleme zu sprechen und in Konfliktsituationen wendete er die Techniken des Anti-Aggressionsprogramms an. Er wurde zu einem beliebten Mitschüler, der erstmals auch Freund*innen hat und zu Geburtstagen eingeladen wird.

Als *Betty* bei uns vorgestellt wurde, ließen ihre Körpergröße, ihr Aussehen und ihr Gewicht eine 18-jährige junge Frau vermuten. Betty war aber erst 12 Jahre alt. Kurz zuvor war sie in eine intensivpädagogische vollstationäre Einrichtung gezogen. Davor lebte sie in verschiedenen Heimen in Norddeutschland. Ihre Schulbesuche waren mehrfach gescheitert, da Betty ohne Impulskontrolle war. Sie wurde immer wieder – ohne dass äußere Anlässe erkennbar waren – gegen Mitschüler*innen aggressiv. Mit 12 Jahren hatte Betty in der Summe knapp drei Jahre Schulbesuch hinter sich. Auch davon hatte sie einen Teil in Form des häuslichen Sonderunterrichts verbracht. Durch wechselnde Zuständigkeiten der sie betreuenden Behörden waren die Akten zu Betty unvollständig geführt und exakte Daten bis heute nicht zu erheben.

Betty hat ihre Eltern nie kennengelernt. Sie hat die ersten drei Lebensjahre bei ihrer Großmutter gelebt, bevor sie in Obhut genommen wurde.

Wir nahmen Betty in unsere vierte Klasse auf, die von acht Schüler*innen besucht wurde. Das Klassenteam bestand aus einer erfahrenen Sonderpädagogin, die Unterstützung durch eine Erzieherin erhielt. Betty wurde zudem von einem männlichen Integrationshelfer, der Mitarbeiter der Heimeinrichtung war, begleitet. Als Betty kam, schaute sie niemanden an und redete auch mit uns nicht. Trotz der besonderen personellen Besetzung gelang Betty am zweiten Tag in unserer Einrichtung Folgendes: In einem offensichtlich unbeobachteten Moment holte sie aus ihrer Schultasche eine Plastiktüte, sprang zu der einzig weiblichen Mitschülerin und stülpte dieser die Tüte über den Kopf und zog sie zusammen. Auch wenn die Kolleg*innen sofort eingreifen konnten, war die Teilnahme am Klassenunterricht damit beendet. Alle Schüler*innen hatten jetzt Angst vor ihr.

Eine Lösung musste her. Wir richteten unseren Bauwagen als Lernraum her. Ihr ganz hervorragender Integrationshelfer erarbeitete dort den Unterrichtsstoff in einer 1:1-Situation mit ihr. Die Unterrichtszeit wurde auf zwei Stunden verkürzt. Betty durfte zusätzlich täglich eine halbe Stunde mit dem Musiktherapeuten arbeiten. Nach vielen Wochen stimmte das Mädchen, dem Betty nach dem Leben getrachtet hatte, zu, dass diese wieder am gemeinsamen Frühstück teilnehmen durfte. Man traf sich in der Pause. Im darauffolgenden Schuljahr konnte Betty eine kleine Rolle im Theaterspiel ihrer Klasse übernehmen. Zum Ende ihrer Schulzeit schrieb sie ein Herbstgedicht, das sie mit dem Musiktherapeuten vertonte und während der Abschlussfeier leise singend vortrug.

Betty konnte mit 16 Jahren ihre Einrichtung verlassen und in eine Verselbstständigungsgruppe wechseln. Sie wird auch zukünftig, vielleicht lebenslang, auf Hilfe angewiesen sein.

8.2 Beschreibungen, Ursachen und Folgen psychischer Erkrankungen

Vorbemerkungen

Psychische Erkrankungen/Krankheiten gehören fachlich in die Zuständigkeit der Medizin. Zu den häufigsten Erkrankungen gehören Angststörungen, Essstörungen sowie depressive Verstimmungen. Laut einer Studie des Universitätsklinikums Essen sind in Folge der Corona-Pandemie, und in Verbindung mit den Maßnahmen zu ihrer Bekämpfung, die Anzahl der Suizidversuche unter Jugendlichen sprunghaft angestiegen (vgl. Eder 2022, FAZ-Artikel vom 09.01.2022). Auch die eingangs erwähnten Studien sowie die Erfahrungsberichte aus den Schulen zeigen einen sprunghaften Anstieg psychischer Auffälligkeiten. Zugleich konstatieren wir im Jahr 2022 volle Wartezimmer und monatelange Wartezeiten, bis ein Platz bei Fachärzt*innen oder in einer Klinik für Kinder- und Jugendpsychiatrie gefunden ist.

Die Kinder bringen also ihre Probleme mit in die Schule.

Als Lehrer*innen im Bereich der Sonderpädagogik ist es zunächst unsere Aufgabe, die Situation betroffener Kinder und Jugendlicher zu verstehen. Anamnestische Daten, die wir oft selbst erheben müssen, und medizinisch-diagnostische Daten, die wir den ärztlichen Unterlagen entnehmen, helfen uns dabei.

Die Zusammenarbeit mit den Eltern, mit betreuenden Ärzt*innen und Therapeut*innen (sofern beide Seiten von der Schweigepflicht entbunden sind) gehört zum Tagesgeschäft.

Entwicklungsaspekte bei Mark

Im Fall von Mark stellte sich folgende Situation dar: Mark kam als zweites Kind seiner Eltern in der 25. Schwangerschaftswoche per Kaiserschnitt zur Welt. Zuvor war ein Blutgerinnsel im Gehirn entdeckt worden. Mark verblieb auf der Intensivstation einer Uniklinik, wurde künstlich beatmet und hatte keinerlei Kontakt zu seinen Eltern. Nach Aussagen der Eltern war diesen vermittelt worden, ihr Sohn habe kaum Überlebenschancen, sodass sie sich nicht an ihn binden wollten. Sie hätten bei jedem Klingeln des Telefons die Todesnachricht erwartet. Mark lebte also, ohne körperlichen Kontakt, ohne die Stimmen seiner Eltern zu hören, ohne sie in irgendeiner Form zu erleben, in seinem Inkubator-Bettchen und wurde vom Krankenhauspersonal versorgt.

Nach drei Monaten wurde er nach Hause entlassen. Die Eltern erlebten die Zeit der Kleinkindentwicklung als »normal«. Mit Eintritt in den Kindergarten begannen jedoch die sozialen Probleme, wie oben angedeutet. Im Alter von fünf Jahren besuchte Mark sechs Wochen lang die Tagesklinik einer Kinder- und Jugendpsychiatrie. Dort wurde eine reaktive Bindungsstörung diagnostiziert.

Die sichere Bindung an einen oder mehrere Menschen gilt in der Entwicklungspsychologie als wichtiges Moment zur weiteren gesunden Entwicklung. Die Bindung an die Mutter beginnt vorgeburtlich. Sie hat daher auch viel mit gutem Körperkontakt zu tun. Ein Kind auf den Arm zu nehmen, zu streicheln und zu versorgen, gibt dem Kind die Sicherheit, dass jederzeit jemand für die Befriedigung seiner Bedürfnisse zur Verfügung ist. Die Bindungsperson muss dabei eine konstante sein. Sie ist nicht einfach austauschbar. Verlässlichkeit und Feinfühligkeit der Bindungsperson(-en) sind die wesentlichen Komponenten für eine seelisch gesunde Entwicklung. Brisch bezeichnet Bindung als ein »Überlebenssystem«, welches der Befriedigung der Bedürfnisse nach emotionaler Bindung dient. Es sei gesichert, dass die emotionale Versorgung des Säuglings eine vitale Funktion habe. Es benötige positive affektive Erlebnisse in einer *zwischenmenschlichen* Beziehung. Wenn der Säugling hingegen nicht durch spezifisch zwischenmenschliche Interaktionen versorgt werde, träten sogar somatische Folgen ein. Es würden weniger körperliche und neuronale Wachstumshormone gebildet (vgl. Brisch 2008).

Daher hat sich in der Betreuung frühgeborener Kinder das Bonding schon in der Klinik durchgesetzt. Die Eltern übernehmen diese Aufgabe, indem sie sich das Kind auf die Haut legen, damit es Geruch, Stimme und Stimmung erleben kann. Mit dieser Methode erlebt das Frühgeborene seelisch-leibliches Angenommensein. Die Welt ist damit sicher. Auch unter dramatischen äußeren Bedingungen, die eine Extremfrühgeburt darstellt, erhöhen sich die Chancen auf eine regelhafte leiblich-seelische Entwicklung.

So wurde in den Anfängen der Bindungstheorie das kindliche Bindungsverhalten auch unmittelbar auf das Verhalten der Bindungsperson bezogen. Neuere Forschungen gehen davon aus, dass Bindungsverhalten auch von äußeren Lebensbedingungen abhängig sein und sich damit auch verändern kann (vgl. Grossmann/Grossmann 2015).

Bindungsstörungen gelten als seelische Erkrankungen und werden in der ICD (International Classification of Deseases) der WHO gelistet.

Mit der reaktiven Bindungsstörung (F94.1) werden Verhaltensmuster beschrieben, die das betroffene Kind über lange Zeit beherrschen. Dazu gehören Furchtsamkeit und Rückzugsverhalten; Aggressionen gegen sich selbst und andere als Reaktion auf das eigene Unglücklichsein. Oft verhalten sich die Kinder und Jugendlichen gegenüber ihren Bindungspersonen ambivalent. Sie suchen die Nähe, vermeiden aber gleichzeitig körperlichen Kontakt, was beim Kuscheln oder Trost geben geradezu notwendig ist (vgl. Brisch 2022).

> Bei Mark kam für das soziale Miteinander erschwerend hinzu, dass er quasi permanent redete. Er hörte zwar zu, benutzte die Inhalte aber, um sie sinnentstellend zu verdrehen, und diskutierte dann seine Positionen weiter. Für seine Klassenkamerad*innen war dies zeitweise nicht auszuhalten. Er konnte in diesem Tun nicht begrenzt werden, es schien ihn zu beherrschen. Jede Korrektur, jede Begrenzung beantwortete er mit Wutanfällen, in denen er verbal und handgreiflich gegen seine Erzieher*innen (Kindergartenzeit) und Lehrkräfte in der Schule vorging.
>
> Mark konnte sich erst dann regulieren, als er im Alter von zehn Jahren mit einem Methylphenidatpräparat und einem aggressionshemmenden Medikament eingestellt wurde. Er wurde ruhiger und aufmerksamer und redete wesentlich weniger. Er war in die Lage versetzt worden, über sich und sein Verhalten zu sprechen. Und er begann Freude am Lernen zu entwickeln.
>
> Wie viele ältere Kinder erlebte er den Unterschied, mit und ohne Medikamente zu sein.

Ob Medikamente gegeben werden, obliegt selbstverständlich ausschließlich dem Dialog zwischen Personensorgeberechtigten und Ärzt*innen. Als Lehrer*in sollte man jedoch über die Gabe informiert werden, um das Verhalten des Kindes/Jugendlichen einschätzen zu können. Hier sind klare Absprachen zu treffen. In unserer Schule haben wir zudem Kinder, die am Ganztagsbetrieb teilnehmen und eine

Tablettengabe in der Mittagszeit benötigen. Man sollte sich als Lehrer*in dem nicht verweigern, sofern man seitens der behandelnden Ärzt*innen schriftlich beauftragt wird.

Entwicklungsaspekte bei Betty

Betty hat viel Unheil in ihrem Leben erleben müssen. Sie hat ihren Vater nie kennen gelernt. Die Mutter war drogenabhängig und hatte Betty im Säuglingsalter ihrer eigenen Mutter (Bettys Oma) zur Betreuung übergeben. Diese hatte einen Lebenspartner mit sadistischen Zügen. Betty musste von klein auf ihre Großmutter schlagen, beißen und treten, um von dem Mann positive Zuwendungen zu erhalten. Widersetzte sie sich, sperrte der Mann sie in den Keller ein. Es war uns nicht möglich, herauszufinden, wie lange das Martyrium des Kindes dauerte. Betty wurde im Kindergarten in einer Weise auffällig, dass das Jugendamt sie in Obhut nahm. Insgesamt acht Jugendhilfestellen waren mit Betty befasst, bevor sie zu uns kam. Eine solche Anzahl ist nicht selten. Während des Aufenthaltes in zwei Einrichtungen war sie nicht in der Lage, eine Schule zu besuchen, was zu entsprechenden Wissenslücken führte.

Wir erlebten zudem, dass Betty ein gestörtes Körpergefühl hatte. Ihre Kleidung war weder der Witterung angepasst noch ihrer Körpergröße entsprechend. Es war den Kolleg*innen in ihrer Einrichtung nicht möglich, mit ihr einkaufen zu gehen. Sie trug Hosen, die so kurz waren, dass der Po in der Regel zu sehen war. Betty leugnete dies.

Bei Betty stellte sich also primär nicht die Frage nach der Bindung, obwohl negative Bindungserfahrungen auch ein Grund für die Entwicklung traumatischer Folgeerscheinungen ist. Betty war und ist noch heute aufgrund ihrer frühkindlichen Erlebnisse schwer traumatisiert. Für sie bilden Verdrängungen und Dissoziationen zugleich Schutzmechanismen (vgl. Levine/Klein 2011, S. 87.)

Der Begriff Trauma ist unter den Bedingungen von Krieg und Vertreibung, die weltweit zu beobachten sind, allgegenwärtig. Der Umfang der Fachliteratur ist nicht mehr zu überschauen. Der Traumabegriff stammt zunächst aus der Medizin und bezeichnet körperliche Verletzungen und ihre schockartigen Folgen. Er wurde als Begriff für schwere seelische Verletzungen in die Psychologie und Psychiatrie übernommen und müsste korrekt Psychotrauma heißen. »Von einem Trauma sprechen wir, wenn eine aktuelle äußere Situation wahrgenommen wird, die mit extremsten (seelischen und körperlichen) Schmerzen verbunden ist oder Lebensgefahr bedeutet und aus der es kein Entrinnen gibt« (Bauer 2012, S. 167). Betroffene erleben Hilflosigkeit, oft verbunden mit einer extremen Form von Angst. Diese Erfahrungen übersteigen die Bewältigungsmöglichkeiten eines Menschen. Er reagiert außerhalb sozialer Mechanismen; manchmal erstarrt er. Dabei ist das Trauma nicht das Ereignis selbst, sondern die psycho-physische Auswirkung des Ereignisses. Auch hier gilt, dass jeder Mensch auf seine Weise auf Umweltereignisse reagiert.

Bei Betty wurde eine langanhaltende Folgestörung diagnostiziert.

8.3 Psychisch erkrankte Kinder im (inklusiven) Unterricht

Laut Arztreport der Barmer Ersatzkasse (vgl. BEK Meldungen vom 02.03.2021) hat sich die Anzahl psychisch erkrankter Kinder und Jugendlicher seit 2009 mehr als verdoppelt. In einer Studie von 2019 wurden 823.000 Betroffene erfasst, die sich in psychotherapeutischer Behandlung befinden.

Kritischen Zeitgenoss*innen offenbaren sich zudem grundlegende bildungspolitische Fragestellungen. Trotz der neuen Rechtslage, die durch die Behindertenrechtskonvention im Jahr 2009 in der Bundesrepublik geschaffen wurde, verzeichnen wir

> »eine rückläufige Bewegung inklusiver Prozesse […,] das Konzept der Inklusion soll politisch umgesetzt werden, aber die erforderlichen Ressourcen werden nicht bereitgestellt, was wiederum zu Überforderung, Hilflosigkeit und fehlenden Selbstwirksamkeitserfahrungen führt« (Melzer et al. 2022, S. 296).

Unsere Gesellschaft ist, trotz aller Bekenntnisse zur Solidarität, eine, die auf Leistung aufgebaut ist, die Leistung fordert und honoriert. Dies gibt dem Bildungswesen seine Signatur. Das individuelle Kind, der individuelle Jugendliche, finden gesellschaftspolitisch wenig bis gar keine Berücksichtigung. Wäre es anders, würde sich unser Land nicht an PISA-Studien beteiligen und die OECD hätte keinen solchen Einfluss auf die öffentliche Meinung. Dabei ist es besonders tragisch und zugleich bezeichnend, dass diese Organisation eine bildungswirtschaftliche ist, die durch keinen demokratischen Prozess legitimiert wird.

Auch die Schulpflicht wird nicht ernsthaft diskutiert. Dabei könnte eine demokratische Gesellschaft sich doch die Frage stellen, ob ein Bildungsangebot (statt einer Pflicht!) für alle nicht die bessere Alternative darstellte.

Lehrer*innen werden weder im Studium noch in der Praxisphase ihrer Ausbildung (Referendariat) auf die Population psychisch erkrankter Schüler*innen vorbereitet.

Die empathisch mitfühlenden Leser*innen werden verstehen, dass sich Fragen des Miteinanders bei den von psychischer Erkrankung betroffenen Schüler*innen völlig anders stellen. Es geht hier nicht darum, sie mit besonderen Methoden oder didaktischen Zugängen am Unterricht teilhaben zu lassen. Vielmehr heißt die Fragestellung, ob ihnen die Teilnahme an Schule im klassischen Sinn überhaupt möglich ist. Die Antwort heißt: nein.

Und so banal es erscheinen mag: Das A und O aller pädagogischen Begleitungen – Maßnahmen wäre der völlig falsche Begriff – sind ein stabiles und sicheres Umfeld, in dem das Kind lernt, Beziehungen aufzubauen. Wir Pädagog*innen können nur ehrlich die Hände ausstrecken und vermitteln, dass wir jetzt hier sind und auch Morgen hier sein werden. Dass wir uns bemühen, nicht zu schreien, dass wir auf keinen Fall körperlich übergriffig werden, dass wir ehrlich trösten, dass wir abwarten etc. Ob das Kind uns glaubt und das Angebot annimmt, entscheidet es selbst. Wir können und dürfen nicht drängen.

Viele der erkrankten Kinder halten große Gruppen gar nicht aus. Wir müssen also fragen: *Was hältst Du denn aus? Was dürfen wir Dir zumuten?* Wir müssen Fluchträume und Fluchtwege zur Verfügung stellen, die es ihnen ermöglichen, überhaupt in die Schule zu kommen. Die personelle Situation der Lerngruppe muss so ausgestaltet sein, dass zu jeder Zeit eine Lehrperson nur für dieses eine betroffene Kind Zeit hat. Es kann auch sein, dass aufgrund der erlebten Traumata diese Person nur einem Geschlecht zugehörig sein darf. Es ist möglich, dass die Stimme einer Lehrperson, ihr Lachen, ihr Deo oder Rasierwasser, ihr Bewegungshabitus u.a.m. dem Kind die Begegnung verunmöglicht.

Solcherlei Aspekte formulieren die betroffenen Kinder aber nicht. Das Kollegium und der Helfendenkreis des Kindes müssen dies erkennen und entsprechende Entscheidungen treffen. Ein andauernder diagnostischer Prozess begleitet die Beschulung dieser Kinder. Dabei muss die Schule sich auch immer wieder fragen, ob sie der richtige Ort ist. Ein Scheitern der Beschulung muss stets ehrlich in Betracht gezogen werden.

Aus Erkrankungen der Seele ergeben sich Behinderungen; Behinderungen im Lernen, Behinderungen im Sozialverhalten; Adipositas ist ein Thema, sodass auch Behinderungen im körperlich-motorischen Bereich auftreten.

So schaffte Betty es zwei Jahre lang, nur zwei Schulstunden und die anschließende Pause in der Schule zu verbringen. Sie kam wie alle anderen Schüler*innen morgens kurz vor 8:00 Uhr auf dem Schulgelände an. Oft wollte sie direkt in den eigens für sie hergerichteten Bauwagen gehen, um dort zu arbeiten. Ihre Klassenlehrerin begrüßte sie, übergab die Aufgaben und bat darum, dass Betty nicht, ohne sich zu verabschieden, nach Hause fuhr. Es gab auch Tage, an denen Betty am fünfminütigen Morgenkreis der Schulgemeinschaft teilnehmen konnte. Nach der ersten großen Pause fuhren Betty und ihr Helfer mit dem Taxi in ihre Einrichtung zurück, wo Betty den Rest des Vormittages schlafend verbrachte.

Im dritten Jahr ihres Schulbesuches bei uns bat Betty um eine Verlängerung des Unterrichts. Sie hatte mittels der Musiktherapie ihre künstlerischen Fähigkeiten entdeckt. Zudem war es ihr Wunsch, Englisch zu lernen. Die Klasse war bereit, ihr den Wunsch zu erfüllen. Betty kam zur Frühstückszeit vor der ersten großen Pause in ihre Klasse. Sie nahm am Englischunterricht teil. In diese Zeit fielen auch die Proben für ein Theaterstück, worin Betty eine kleine Rolle auf der großen Bühne spielte.

Mark dagegen war hellwach, fand sich aber durchgehend *dumm* und *scheiße*. Ihm musste verdeutlicht werden, dass er die Lerninhalte verstanden hatte und auch umsetzen konnte. Auch hierfür war eine 1:1-Betreuung notwendig. Dadurch, dass er Freund*innen in der Klasse gefunden hatte, war es möglich, dass er den gesamten Schulvormittag bei uns verbrachte.

Jeden Tag übte er, sein Verhalten zu steuern. Er war zutiefst enttäuscht von sich, wenn es nicht funktionierte. Er fragte täglich bei der Verabschiedung danach, wie sein Verhalten am Vormittag auf einer Skala von eins bis zehn zu bewerten gewesen sei. Täglich hatte er die Hoffnung, der Zehn nahe gekommen zu sein.

Dass er den Weg vom Ruhen der Schulpflicht in den Regelunterricht der Realschule geschafft hat, war für ihn eine unglaubliche Kraftanstrengung, auf die man als Lehrer*in voll Hochachtung schaut.

Exklusivität im besten Sinne des Wortes begleitete die Schulzeit der beiden Jugendlichen. Sie haben sich auf Unterrichte nur deshalb einlassen können, weil sie sich auf einen Menschen eingelassen haben. Kein noch so ausgefeilter Unterricht hätte die Beziehung zu einer vertrauten Person ersetzen können.

8.4 Methoden und Medien des inklusiven Unterrichts

Es sollte deutlich geworden sein, dass wir für die hier besprochene Schüler*innengruppe keine Rezepte haben. Jeder Tag stellt neue Aufgaben und neue Fragen. Die ausgeklügeltste Unterrichtseinheit wird ausgehebelt, wenn ein seelisches oder soziales Moment das seelisch kranke Kind stört. Ich kann die zerschlagenen Fensterscheiben, das zerstörte Mobiliar, die zerrissenen Materialien und auch die blauen Flecken an den Armen und Beinen der Kolleg*innen in unserer Schule nicht mehr zusammenzählen. Es sind zu viele.

Wer den geschilderten Kindern ein Bildungsangebot machen will, muss sich und seine Schule täglich neu erfinden. Dabei ist alles erlaubt, was zum Erfolg führt. Und Erfolg heißt: Ein Kind, ein Jugendlicher lässt sich ein. Es lässt sich auf die Beziehung ein. Dann kann in der Regel Lernen stattfinden.

8.5 Bildungs- und Erziehungspartnerschaften mit den Erziehungs- bzw. Personensorgeberechtigten

Die überwiegende Mehrheit unserer Schüler*innen lebt in einer Broken-Home-Situation. Nicht einmal ein Viertel verfügt über ein stabiles soziales Umfeld, zu dem zwei Elternteile, Großeltern und möglicherweise Geschwister gehören. Vielmehr müssen wir uns selbst in der kurzen Grundschulzeit immer wieder auf wechselnde Bezugspersonen für die Schüler*innen einstellen. Ein nicht kleines Problem stellen dabei, vor allem für die Kinder, die wechselnden Partnerschaften eines oder beider Erziehungsberechtigten/Elternteile dar.

Schüler*innen mit psychischen Erkrankungen haben einen größeren Helfendenkreis als gesunde Kinder. Elternteile, Erzieherkolleg*innen (falls das Kind vollstationär untergebracht ist), rechtliche Betreuer*innen, Therapeut*innen, Erziehungsbeistände und Sozialpädagogische Familienhelfer*innen sind Partner*innen im Prozess der Begleitung. Wenn Hilfe zu Erziehung gewährt ist, oder andere Formen der Unterstützung erfolgen, gehören auch das Jugendamt (seltener das Sozialamt) in den genannten Kreis. Das Jugendamt sollte dabei der verlässlichste Partner sein, da das SGB VIII (Kinder- und Jugendstärkungsgesetz) regelmäßige Hilfeplangespräche (§ 26) vorschreibt, in denen die Situation des betroffenen Kindes und seine Hilfen evaluiert werden. Das Jugendamt ist dabei einladende Instanz. Nicht immer ist die Schule dabei.

Die Schule selbst – so handhaben wir es – lädt eigenständig zu Gesprächen ein. Auch hier gibt es keine festgesetzten Regeln. Der eine Helfendenkreis tagt regelmäßig in großer Runde. In einer anderen Situation werden Informationen per E-Mail ausgetauscht und persönliche Gespräche finden ad hoc in krisenhaften Situationen statt. Anderen Kindern hilft es, wenn Elternhaus und Schule täglich über ein Heft Informationen austauschen. Das Kind erlebt bei der zweimaligen täglichen Übergabe, dass Schule und Zuhause durch ein festes Band verbunden sind.

Man kann immer wieder ein interessantes Phänomen feststellen: Die krisenhaften Verhaltensweisen eines Kindes müssen nicht zugleich Zuhause und in der Bildungsinstitution auftauchen. Die Lehrer*in möchte bspw. dem Elternhaus/der Heimeinrichtung melden, dass die letzten Schulwochen mit dem Kind immer besser wurden, und erfährt in diesem Gespräch, dass Zuhause das Zusammenleben von schweren Erschütterungen gekennzeichnet ist. Die umgekehrte Situation tritt genauso oft ein.

Eine ehrliche Schlussbemerkung darf nicht fehlen. Die Erziehungs- und Bildungspartnerschaft für Kinder und Jugendliche, die fremd untergebracht sind, gestaltet sich in der Regel leichter, da wir uns unter Kolleg*innen austauschen und Absprachen treffen können. Leibliche Eltern können sich manchmal nicht so leicht auf Gespräche einlassen. Sie leben mit einem anderen Bild ihres Kindes. Sie suchen die »Schuld« für das problematische Verhalten ihres Kindes im Umkreis, bei den anderen. Sie reagieren misstrauisch auf die liebevoll vorgetragenen Sorgen und Wünsche der Lehrer*innen. Manchmal sind sie selbst etwas traumatisiert. Dann berichten sie nach Jahren der Zusammenarbeit, dass sie bei jeder telefonischen oder elektronischen Meldung der Schule eine Ordnungsmaßnahme gegen ihr Kind erwartet hätten.

Aus Partnerschaft werden manchmal auch Fürsorge und erzieherische Beratung des Elternhauses.

Literatur

Achtes Sozialgesetzbuch (SGB VIII) (21.12.2022): Kinder- und Jugendstärkungsgesetz. Online verfügbar unter: https://www.bmfsfj.de/bmfsfj/service/gesetze/neues-kinder-und-jugend staerkungsgesetz-162860, Zugriff am 04.07.2023.

Andresen, S./Heyer, L./Lips, A./Rusack, T./Schröer, W./Thomas, S./Wilmes, J. (2020): Die Corona-Pandemie hat mir wertvolle Zeit genommen. JuCo-Studie des Forschungsverbundes Kindheit-Jugend-Familie in Corona Zeiten. Online verfügbar unter: https://dx.doi.org/10.18442/163, Zugriff am 04.07.2022.

Barmer Meldungen zur Gesundheitspolitik (02.03.2021). Online verfügbar unter: https://www.barmer.de/politik/meldungen/2021-meldungen, Zugriff am 04.07.2022.

Bauer, J. (2004): Das Gedächtnis des Körpers. Wie Beziehungen und Lebensstile unsere Gene steuern. München: Piper.

Berg-Peer, J. (2015): Aufopfern ist keine Lösung. München: Kösel.

Brisch, K. H. (2008): Bindung und Umgang. In: Deutscher Familiengerichtstag (Hrsg.), Siebzehnter Deutscher Familiengerichtstag vom 12. bis 15. September 2007 in Brühl (Brühler Schriften zum Familienrecht, 15, S. 89–135). Bielefeld: Gieseking.

Brisch, K. H. (2022): Bindungsstörungen. Grundlagen, Diagnostik und Therapie vom Säuglingsalter bis zum alten Menschen (2., vollständig überarbeitete und erweiterte Aufl.). Stuttgart: Klett-Cotta.

Bundesverband der Angehörigen psychisch erkrankter Menschen e. V. (Hrsg.) (2021): Wahnsinnig nah. Ein Buch für Familien und Freunde psychisch erkrankter Menschen. Köln: Balance-Verlag.

Eder, J. (2022): Studie zu Suizidversuchen: »Eine dramatische Situation«. In: Frankfurter Allgemeine Zeitung (FAZ) vom 10.01.2022, S. 3. Online verfügbar unter: https://www.faz.net/aktuell/gesellschaft/warum-die-suizidrate-bei-jugendlichen-angestiegen-ist-17723466.html, Zugriff am 04.07.2023.

Grossmann, K. E./Grossmann, K. (Hrsg.) (2015): Bindung und menschliche Entwicklung. John Bowlby, Mary Ainsworth und die Grundlagen der Bindungstheorie. Stuttgart: Klett-Cotta.

Levine, P./Kline, M. (2011): Verwundete Kinderseelen heilen. Wie Kinder und Jugendliche traumatische Erlebnisse überwinden können. München: Kösel.

Melzer, C./Scheer, D./Wachtel, P./Wernicke, D. (2022): Bericht vom Sonderpädagogischen Kongress »Inklusive Bildung braucht sonderpädagogische Professionalität«. In: Zeitschrift für Heilpädagogik, 73 (6), 296–302.

Ravens-Sieberer, U./Kaman, A./Hurrelmann, K. (2021): Seelische Gesundheit und psychische Belastungen von Kindern und Jugendlichen in der ersten Welle der Covid-19-Pandemie – Ergebnisse der COPSY-Studie. Online verfügbar unter: https://doi.org/10.1007/s00103-021-03291-3, Zugriff am 04.07.2022.

9 Schüler*innen mit Teilleistungsstörungen Schwerpunkt Rechenschwäche

Eva Maria Beck

Dieses Kapitel soll zu einem besseren Verständnis der mathematischen Probleme und psychischen Belastungen von rechenschwachen Kindern beitragen. Zu Beginn werden Ursachen, Risikofaktoren und Folgen einer Rechenschwäche dargestellt. Weiterhin werden didaktische Zugänge, Methoden, Medien und Beispiele für die Unterrichtspraxis sowie die Zusammenarbeit mit Erziehungsberechtigten thematisiert.

9.1 Fallgeschichte einer Schülerin mit Rechenschwäche

»In der Volksschule hat die Misere ihren Lauf genommen. […] Da gibt es noch den Rechenkönig und wenn man es nicht kann, muss man ewig stehenbleiben. […] Im Endeffekt beherrscht sie den Zahlenraum bis 20 nicht. 8 + 5 wird jedes Mal neu gerechnet« (Interview mit Leas Mutter zum Thema Dyskalkulie am 01.04.2022).

Dies sind Aussagen von Leas Mutter. *Lea* ist zwölf Jahre alt und besucht derzeit in einer österreichischen Mittelschule die sechste Schulstufe. Da sich Lea bei Minusaufgaben immer wieder verrechnete, war der Mutter ab der ersten Klasse der Grundschule klar, dass ihre Tochter Schwierigkeiten in Mathematik haben werde. Doch seitens der Schule beschwichtigte man immer wieder und meinte, dass alles in Ordnung sei. Ab Grundstufe I fühlte sich das Mädchen massiv unter Druck gesetzt.

»Erste und zweite Volksschule, da war sehr viel Bauchweh dabei« (Interview mit Leas Mutter zum Thema Dyskalkulie am 01.04.2022).

Dieses Belastungsempfinden steigerte sich dann in den darauffolgenden Schuljahren mit der Erweiterung des Zahlenraums. Daher veranlassten die Eltern zu Beginn der vierten Schulstufe eine private Austestung in einer psychologischen Praxis. Die Testung setzte sich aus einem Intelligenz- und einem Rechentest zusammen. Der Intelligenztest brachte ein für die Altersgruppe durchschnittliches Ergebnis. Im Zuge der Mathematiktestung stellte die Psychologin nicht nur die Diagnose Dyskalkulie, sondern erkannte auch eine innere Abwehrhaltung gegenüber allem, was mit Schule in Zusammenhang zu bringen ist. Darüber hinaus wurden noch Teilleistungsstörungen in der visuellen und auditiven Wahrnehmung festgestellt.

Seitens der Schule wurde die Dyskalkulie nicht berücksichtigt und es gab weder in der Volksschule noch in der Mittelschule eine spezielle Förderung für das Mädchen. Auf die Frage, welches Anschauungsmaterial sie bisher in der Schule zur Verfügung hatte, antwortete Lea: »Das Schulübungsheft, wenn da Erklärungen drinstehen, wie Merksätze oder so« (Interview mit Lea zum Thema Dyskalkulie am 01.04.2022).

In der Volksschule wurde der Schülerin auch das Rechnen mit den Fingern verboten. Zielführend wäre es jedoch, rechenschwache Kinder zur statischen Verwendung der Finger zu führen, da dies zum Aufbau von mentalen Vorstellungsbildern beitragen kann (vgl. BMBWF 2019, S. 51).

Leas Wunsch wäre, dass auf Schüler*innen mit Rechenproblemen Rücksicht genommen wird und dass Lehrer*innen die Leistungen und Bemühungen dieser Kinder anerkennen.

»[...] Aussage der Lehrerin, die sagt, eine schlechte Note ist nur ein Zeichen, dass man zu wenig übt« (Interview mit Leas Mutter zum Thema Dyskalkulie am 01.04.2022).

Zusätzlich zu den Rechenproblemen stellt die ganze Situation eine enorme psychische Belastung für das betroffene Kind und seine Familie dar. Sobald der Schularbeitsstoff bekanntgegeben wird, ist Lea sehr angespannt und übt täglich mehrere Stunden. Die psychische Belastung steigert sich bis zum Tag der Schularbeitsdurchführung und lässt erst wieder nach, wenn die Schularbeit korrigiert zurückgegeben wurde. Liegt das Ergebnis unter den Erwartungen des Kindes, so ist die Enttäuschung riesengroß, da das stundenlange Üben ohne Erfolg blieb. Wie sehr das Mädchen durch die Probleme im Mathematikunterricht leidet, zeigte sich im Rahmen des Interviews auch darin, dass Lea bei einigen Fragen und einzelnen Aussagen immer wieder zu weinen begann.

Leas Mutter wäre es ein großes Anliegen, dass Lehrer*innen über die rechtlichen Möglichkeiten der individuellen Förderung und der Leistungsfeststellung und Leistungsbeurteilung im Hinblick auf Dyskalkulie informiert wären und alles, was rechtlich möglich ist, auch ausschöpfen würden.

9.2 Beschreibungen, Ursachen und Folgen einer Rechenschwäche

Rechenschwäche, Dyskalkulie etc. – hierfür gibt es eine Vielzahl an Begrifflichkeiten. Psycholog*innen sprechen von Dyskalkulie, Pädagog*innen hingegen verwenden Bezeichnungen wie Rechenschwäche, Rechenstörung oder Probleme beim Rechnenlernen. So werden diese unterschiedlichen Begriffe oft deckungsgleich verwendet. Die Bezeichnung Rechenstörung wird aufgrund einer medizinischen Diagnose verwendet und ist im Verzeichnis ICD-10 folgendermaßen definiert:

> »Diese Störung besteht in einer umschriebenen Beeinträchtigung von Rechenfertigkeiten, die nicht allein durch eine allgemeine Intelligenzminderung oder eine unangemessene Beschulung erklärbar ist. Das Defizit betrifft vor allem die Beherrschung grundlegender Rechenfertigkeiten, wie Addition, Subtraktion, Multiplikation und Division, weniger die höheren mathematischen Fertigkeiten, die für Algebra, Trigonometrie, Geometrie oder Differential- und Integralrechnung benötigt werden« (ICD-10 F81.2, zit. n. BMSGPK 2020, S. 240).

Eine weitere Definition findet sich in der Handreichung zur schulischen Behandlung der Rechenschwäche des österreichischen Bundesministeriums für Bildung, Wissenschaft und Forschung (BMBWF 2019, S. 22):

> »Kinder gelten dann als rechenschwach, wenn sie trotz adäquater Förderung und angemessenen Bemühens in ihrem kindlichen Denken mangelhafte Vorstellungen, fehlerhafte Denkweisen und dadurch ungeeignete Lösungsmuster für die mathematischen Grundlagen wie Zahlenaufbau und Grundrechenarten entwickeln.«

»Rechenschwach ist, wer dauerhafte und umfangreiche Schwierigkeiten beim Rechnen hat«, so wird dieses Phänomen von Spiegel und Selter (2003, S. 87) komprimiert beschrieben.

Wesentlich für eine bestmögliche Förderung von Kindern mit Rechenschwäche im schulischen Kontext ist weniger das Ringen um Begriffsdefinitionen als das Feststellen der individuellen Lernausgangslagen und eine passgenaue, individuelle Förderung.

Da die Schwierigkeiten im Rahmen einer Rechenschwäche nicht auf ein Erscheinungsbild beschränkt werden können, sind auch keine speziellen, einheitlichen Ursachen für eine Rechenschwäche in der Literatur zu finden. Vielmehr lassen sich Risikofaktoren, die eine Rechenschwäche begünstigen können, verorten. Bei Gaidoschik (2017, S. 15) und Schipper (2002, S. 19) werden die Faktoren *Kind/Individuum*, *Familie/familiäres und soziales Umfeld* und *Schule/schulisches Umfeld* angeführt. Anhand dieser Faktoren wird bereits ersichtlich, dass Schwierigkeiten beim Erlernen des Rechnens nicht ausschließlich vom Kind verursacht sein müssen. Ebenso können beispielsweise Überbehütung, Vernachlässigung, einschneidende persönliche Ereignisse, Fähigkeiten der Eltern bzw. Erziehungsberechtigten, didaktische Fähigkeiten der Lehrpersonen, Missachtung des individuellen Lernstands, falsche Handhabung von didaktischem Material und zu frühe Ablösung vom Material Einfluss auf die Rechenleistungen von Schüler*innen nehmen (vgl. Schipper 2009, S. 334).

Gaidoschik et al. (2021, S. 5) führen in ihrer Handreichung »Besondere Schwierigkeiten beim Mathematiklernen« folgende Inhaltsbereiche an, an denen Probleme beim Rechnenlernen festgemacht werden können:

- Verständnis natürlicher Zahlen,
- Verständnis des dezimalen Stellenwertsystems und
- Verständnis der Rechenoperationen.

Können folgende Schwierigkeiten gehäuft beobachtet werden, so lässt dies Rückschlüsse auf eine Rechenschwäche zu:

- Schwierigkeiten in der Zuordnung von Menge und Zahl
- Zahlwortreihe vorwärts bzw. rückwärts ist nicht gefestigt
- verfestigtes zählendes Rechnen
- unzureichende Orientierung im Zahlenraum
- Mengen werden ausschließlich zählend ermittelt
- Probleme beim Zehnerübergang und bei der Zehnerunterschreitung
- lange Bearbeitungszeit bei einzelnen Aufgaben
- Zahlendreher
- Probleme beim Wechsel der Darstellungsebenen (Darstellung der Zahl mit Material, dem geschriebenen Zahlzeichen und dem gesprochenen Zahlwort)
- fehlender Bündelungsgedanke
- fehlendes Operationsverständnis
- ... (vgl. Schipper 2015a, S. 10ff.).

Bedauerlicherweise äußert sich eine Rechenschwäche nicht nur in fehlerhaften mathematischen Denkweisen und Lösungsmustern, sondern geht meistens auch, wie an Leas Beispiel zu erkennen ist, mit psychischen Problemen, Angst vor Mathematik und einer Abwehrhaltung gegen Schule und Lernen einher.

An der Vielzahl der oben angeführten Schwierigkeiten ist zu erkennen, dass eine Rechenschwäche bei jedem Kind unterschiedlich in Erscheinung treten kann und es daher auch nicht die *eine*, für alle Betroffenen passende Förderung geben kann.

9.3 Lernpsychologische und didaktische Zugänge zum Thema Rechenschwäche

Wie im vorherigen Abschnitt bereits angemerkt, ist es zunächst zwingend erforderlich, den individuellen Lernstand des jeweiligen Kindes zu erheben. Dazu bedarf es einer genauen Diagnostik, welche basisnumerische und rechnerische Fähigkeiten ergründet (vgl. BMBWF 2019, S. 48).

Ziel dieser Diagnose muss es sein, die Denkwege der Schüler*innen zu ergründen. Dies kann am besten in einer Einzelbetreuung mittels Diagnosegespräche erfolgen. Im Rahmen eines Diagnosegesprächs werden vom Kind Diagnoseaufgaben im Beisein der Lehrperson bearbeitet. Die Lehrperson nimmt dabei eine beobachtende und zuhörende Funktion ein und kann durch Impulse und Nachfragen das Kind dazu bewegen, seine Denkwege zu erläutern. Mithilfe von einzelnen Diagnoseaufgaben, welche in Form von Rechenaufgaben, Texten oder ikonischen Darstellungen gestellt werden können, sollen die Schüler*innen aufgefordert werden, Rechenaufgaben zu lösen, Begründungen zu notieren und Entdeckungen darzustellen. Diagnosegespräche sind zwar sehr zeitintensiv, geben jedoch Aufschluss über Denk- und Rechenwege der Schüler*innen. Der individuelle Lernstand kann auch mittels Standortbestimmung ermittelt werden. Eine Standortbestimmung stellt eine Zusammenstellung von aufeinander abgestimmten Diagnoseaufgaben zu bestimmten Kompetenzbereichen des Mathematikunterrichts dar. Diese Art der Kompetenzfeststellung kann laut Ministerium für Schule und Bildung des Landes Nordrhein-Westfalen (vgl. MSB NRW 2020, S. 10f.) mit einzelnen Kindern, mit Gruppen oder auch mit einer ganzen Schulklasse durchgeführt werden. In der Bearbeitungszeit findet kein Austausch mit der Lehrperson statt. Ergeben sich aufgrund der Standortbestimmung Ungereimtheiten oder häufen sich Fehler, so kann mit diesen Kindern anschließend ein Diagnosegespräch durchgeführt werden.

Um die individuellen Lernstände zu erheben, kann auf standardisierte, kostenpflichtige Mathematiktestungen wie z.B. den Eggenberger Rechentest (ERT), BasisMath-G oder auf DEMAT zurückgegriffen werden. Diese und noch weitere Testverfahren sind im Handel erhältlich. Natürlich können die Materialien für Standortbestimmungen von jeder Lehrperson selbst zusammengestellt werden. Es kann aber auch auf bereits vorliegende (bspw. auf der Webseite von PIKAS) zurückgegriffen werden (Näheres dazu unter ▶ Kap. 9.5).

Ist der individuelle Lernstand erhoben, kann mit passgenauer fachlicher Förderung angesetzt werden. Doch wie kann so eine Förderung aussehen? Viel üben ist, wie die Erfahrungen von Lea zeigen, nicht immer zielführend.

> »Sie sitzt und sie kann aber nicht mehr und wir haben schon die 27. Rechnung. Übungserfolg null. Wenn ich 15 nicht versteh, kann ich 40 rechnen, werde ich es auch nicht verstehen« (Interview mit Leas Mutter zum Thema Dyskalkulie am 01.04.2022).

Um Erfolge erzielen zu können, soll die Förderung nicht nur an den Lernvoraussetzungen ansetzen, sondern sie muss auch verstehensorientiert und kommunikationsfördernd angelegt sein, wie es auch in der Handreichung des MSB NRW (2020, S. 15) dargelegt wird. Es ist nicht ausreichend, dass Schüler*innen auswendig gelernte Aufgaben oder Verfahren lösen können, wie es oft in der schulischen Praxis zu hören ist, wenn es sich um ein rechenschwaches Kind handelt. Auch oder gerade für rechenschwache Kinder müssen im Rahmen des Unterrichts Möglichkeiten geschaffen werden, dass Zusammenhänge erfahren werden können und Verständnis aufgebaut werden kann. Zum Verständnisaufbau bedarf es auch der Kommunikation über Ergebnisse und Lösungswege. Diese Kommunikation muss durch die Lehrperson gezielt angeregt werden und kann unter Schüler*innen oder auch zwischen Schüler*innen und Lehrperson erfolgen.

Zur Vermeidung von Rechenschwierigkeiten bzw. zur Unterstützung von Schüler*innen, bei denen sich Schwierigkeiten anbahnen, führen Gaidoschik et al. (2021, S. 10f.), zusätzlich zu oben genannten, noch folgende didaktische Prinzipien an:

- *Prinzip des aktiv-entdeckenden Lernens*
  Schüler*innen sollen die Möglichkeit erhalten, selbstständig nach Lösungen für

mathematische Probleme zu suchen. Denn das, was man sich selbst erschlossen hat, versteht man auch, kann man auch immer wieder anwenden und auf ähnliche Aufgaben übertragen. Die Aufgabe der Lehrperson besteht dabei darin, Aufgaben anzubieten, die an die Voraussetzungen der Schüler*innen anschließen, Reflexionen anzuleiten und gezielte Hilfestellungen zum Erkennen von Zusammenhängen zu geben.

- *Prinzip des ganzheitlichen Lernens*
  Um verständnisbasiertes Lernen zu ermöglichen und mathematische Zusammenhänge erfahrbar zu machen, sollen Zahlenräume nicht künstlich beschränkt werden. Es empfiehlt sich also gleich von Beginn der ersten Schulstufe im Zahlenraum 10 (oder auch 20) zu bewegen. Auch beim Lernen des kleinen Einmaleins soll das beziehungsreiche Üben (Kernaufgaben, Beziehungen zwischen einzelnen Reihen) nicht zu kurz kommen.

- *Unterstützung zum Aufbau von Basisfakten*
  Ist das Verständnis gesichert, so sind in regelmäßigen Abständen Phasen des Automatisierens anhand von produktiven Aufgabenformaten (Aufgaben, die Entdeckungen und Zusammenhänge erkennen lassen und zulassen) zu ermöglichen.

- *Einsatz von Arbeits- und Veranschauungsmitteln als Verstehenshilfe*
  Arbeits- und Veranschauungsmittel sollen Schüler*innen beim Lösen von Aufgaben unterstützen und auch als Hilfsmittel zum Darstellen der gefundenen Lösungswege dienen. Dazu müssen die Kinder die Strukturen des jeweiligen Materials kennen, um diese auch zu einer nichtzählenden Lösungsfindung verwenden zu können. Auch hier kommt dem fachlichen Austausch eine wesentliche Rolle zu. Die Handlungen am Material müssen auch passend versprachlicht werden. Das Ziel dieser Handlungen soll die Entstehung von mentalen Bildern sein, die schlussendlich die Lösung vom Material ermöglichen.

Bezüglich des Leistungsrückstandes eines Kindes mit einer Rechenschwäche wäre noch zu bedenken, wie die unterrichtlichen Rahmenbedingungen geändert werden können, um bestmögliche Unterstützung zu gewährleisten. Der Rechtsanspruch auf Nachteilsausgleich beruht auf der UN-Behindertenrechtskonvention (Artikel 24) und steht in Deutschland und Österreich nur Schüler*innen mit Behinderung, chronischen Erkrankungen und sonderpädagogischem Förderbedarf zu. Unter einem Nachteilsausgleich werden Unterstützungsmaßnahmen verstanden, die Schüler*innen befähigen, die gestellten Anforderungen zu bewältigen. Hierbei handelt es sich meist um eine Veränderung der äußeren Bedingungen von Leistungsüberprüfungen (zum Beispiel eine Verlängerung der Arbeitszeiten), Bereitstellung technischer Hilfsmittel (Computer, Taschenrechner), Gewährung besonderer räumlicher Bedingungen (ablenkungsarme Umgebung) oder auch einer Assistenz bei der Arbeitsorganisation (vgl. Gaidoschik et al. 2021, S. 14).

Die Handhabung des Nachteilsausgleichs ist in einzelnen Bundesländern unterschiedlich geregelt.

Im Rundschreiben Nr. 27/2017 des österreichischen Bundesministeriums für Bildung, Wissenschaft und Forschung »Richtlinien für den schulischen Umgang mit Schülerinnen und Schülern mit Schwierigkeiten beim Rechnenlernen«

(BMBWF 2017) wird auf eine intensive, störungsbezogene Ausschöpfung verwiesen, aufgrund welcher nur diejenigen Leistungen zur Leistungsfeststellung und Leistungsbeurteilung heranzuziehen sind, die nicht von der Rechenschwäche betroffen sind. Dabei werden unter anderem Motivation und Ermutigung, hilfreiche Rückmeldungen, Beratung und Information von Eltern bzw. Erziehungsberechtigten, ressourcenorientierte Leistungsfeststellung und Zulassung von Anschauungsmaterial angeführt. Um den individuellen Fortschritt und das Bemühen der Schüler*innen mit Rechenschwäche transparent zu machen, sollten Ziffernnoten durch alternative Formen der Leistungsbeurteilung (z. B. Pensenbuch) ergänzt werden. Der oben dargestellte Sachverhalt mit Blick auf einen Nachteilsausgleich im Bereich der Dyskalkulie zeigt, dass sich der diagnostische und korrekturbezogene Aufwand für die Lehrkraft signifikant erhöht.

9.4 Methoden und Medien des inklusiven Unterrichts

Wie kann nun die Förderung für ein rechenschwaches Kind angelegt sein?

In den Richtlinien für den schulischen Umgang mit Rechenschwächen des BMBWF (2017) werden maßgebliche Fördergrundsätze angeführt. Als Ausgangspunkte für eine zielgerichtete Unterstützung werden das Problemverständnis für Schüler*innen mit Rechenschwäche und der notwendige Perspektivenwechsel (weg von der Ergebnisorientierung – hin zur Prozessorientierung) sowie eine ermunternde, wohlwollende, fördernde Haltung der Lehrperson genannt. Zudem sind eine ausreichende Bearbeitungszeit, eine Kürzung des Aufgabenumfangs und das Zulassen von Anschauungsmaterialien und Bearbeitungshilfen denkbar.

Da die Förderung gezielt auf die individuellen Rechenprobleme des Kindes eingehen muss, ist eine Einzelförderung am zielführendsten und kann im Rahmen des Förderunterrichts erfolgen. Grundlage jeder Förderung bildet ein Förderplan, welcher die Lernausgangslage, Ziele und Maßnahmen enthalten sollte. Wird eine Rechenschwäche früh erkannt und wird der Regelunterricht so gestaltet, dass sich die Klassenlehrperson in einigen Phasen des Unterrichts einzelnen Kindern widmen kann, so kann die Förderung auch teilweise im Rahmen des Regelunterrichts erfolgen (vgl. Kaufmann/Wessolowski 2006, S. 31). Gaidoschik et al. (2021, S. 12.) merken jedoch an, dass eine Förderung allein durch die Klassenlehrperson nicht erbracht werden kann. Es bedarf einer zusätzlichen Förderung durch eine Fachperson, die, je nach Gegebenheiten und Ressourcen, auf verschiedene Art und Weise durchgeführt werden kann. Dies kann im Rahmen des Klassenunterrichts oder in einer Förderung außerhalb des Klassenverbands erfolgen. In vielen Fällen wird auch eine außerschulische Unterstützung, die auf die schulischen Maßnahmen fachlich abgestimmt ist, erforderlich sein.

Obwohl sich die Rechenschwierigkeiten der einzelnen Kinder unterscheiden, können die meisten davon auf die in Kapitel 9.2 angeführten Inhaltsbereiche (Verständnis natürlicher Zahlen, Verständnis des dezimalen Stellenwertsystems, Verständnis der Rechenoperationen) zurückgeführt werden.

Für den Aufbau tragfähiger Zahlvorstellungen müssen die Basiskompetenzen Zählen/Abzählen, nichtzählende Anzahlbestimmung und das Teil-Ganzes-Verständnis von Zahlen vorhanden sein. Zur Grundlegung des Stellenwertverständnisses sind das Zählen, das Teil-Ganzes-Verständnis, das Strukturieren und das Bündeln (Materialien mit dezimaler Struktur) erforderlich. Des Weiteren müssen das Operationsverständnis der Grundrechenarten und erste Rechenstrategien angebahnt, Aufgabenbeziehungen erkannt und Kernaufgaben verinnerlicht werden. Diese zentralen Inhalte sollten handlungsorientiert und materialbasiert bearbeitet und anschließend auch automatisiert werden.

Damit mentale Bilder angelegt und die erwünschten Erfolge erzielt werden können, kommt der Auswahl und der Handhabung des Anschauungsmaterials eine wesentliche Rolle zu.

So können Alltagsmaterialien, Fingerbilder, Wendeplättchen und auch das Zehner- und Zwanzigerfeld zur Simultan- und Quasi-Simultanerfassung eingesetzt werden. Zur Schulung des Teil-Ganzes-Verständnisses eignen sich Kugelketten, Schüttelboxen, Zerlegungshäuser und das Plättchenwerfen. Zahlenstrahl, Zahlenfliesen, Hundertertafel und Tausenderfeld sollten nur zur Orientierung im jeweiligen Zahlenraum eingesetzt werden. Um Anzahlen darzustellen, kann auf das Zehner- und Zwanzigerfeld, Dienes-Material, das Hunderterpunktefeld und auf montessorianisches Perlenmaterial zurückgegriffen werden. Das Stellenwertverständnis kann mithilfe des Dienes-Materials in Verbindung mit Zahlbaukarten und einer Stellenwerttafel angebahnt werden (▶ Abb. 9.1). Zum Darstellen von Rechenwegen kann mit dem Rechenstrich gearbeitet werden (▶ Abb. 9.2). Der Zahlenstrahl stellt dafür keine Alternative dar, da er zum zählenden Rechnen verleitet.

Didaktische Anregungen zum richtigen Umgang mit diesen Materialien finden sich in der Literatur »Rechenschwäche verstehen – Kinder gezielt fördern« von Gaidoschik (2007) und in den Handbüchern produktiver Rechenübungen von Wittmann und Müller (2017).

Bei der Arbeit mit Anschauungsmaterial ist auch nach dem Grundsatz »Weniger ist mehr!« vorzugehen, da jedes Material auch von der Struktur her von den Schüler*innen verstanden werden muss und somit auch wieder neuen Lernstoff darstellt.

Ebenso bedeutend wie die Wahl und Handhabung des geeigneten Anschauungsmaterials ist die Lösung von diesem. Um Schüler*innen beim Aufbau von Vorstellungen und bei Verinnerlichungsprozessen unterstützen zu können, bietet sich das Vier-Phasen-Modell an, das in der Bielefelder Beratungsstelle für rechenschwache Kinder entwickelt wurde. In der ersten Phase handelt das Kind mit konkretem Material und versprachlicht seine Tätigkeit. Auf der nächsten Stufe diktiert das Kind die Handlungen und beobachtet die Lehrkraft bei der Durchführung des Rechenvorgangs mit Sicht auf das Material. In der dritten Phase beschreibt das Kind die Vorgehensweise und die Lehrkraft führt die Handlung hinter einem Sichtschutz mit Material durch. Die letzte Phase stellt die Lösung vom Material dar. Das Kind löst nun die Aufgaben und begleitet diese sprachlich. Sollten Schwierigkeiten auftreten, soll sich das Kind die Handlung am Material vorstellen (vgl. Schipper et al. 2015b, S. 49.).

Wann immer es möglich ist, sollten auch inklusive Unterrichtssettings, also die Arbeit am gemeinsamen Gegenstand, realisiert werden. In einem inklusiven Setting arbeiten alle Schüler*innen am gleichen Thema, wobei jedes Kind Aufgaben auf seiner Kompetenzstufe bearbeiten kann. Solche Unterrichtsstunden starten mit einem gemeinsamen Beginn auf niedrigem Niveau, damit allen Schüler*innen ein Einstieg in die Thematik ermöglicht wird. In der differenzierten Arbeitsphase werden Aufgaben, die an bereits erworbene Kompetenzen anschließen, bearbeitet. Den Abschluss stellt eine gemeinsame Reflexionsphase dar, an der alle teilhaben können (vgl. Schindler 2017, S. 6.).

Ein solches Setting wird am Beispiel der Lernumgebung Multiplikation in Kapitel 9.5 erläutert.

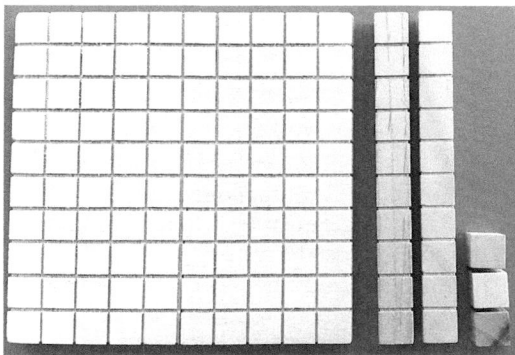

Abb. 9.1: Dienes-Material

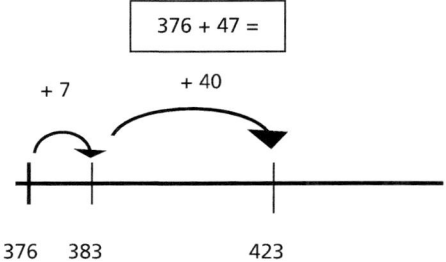

Abb. 9.2: Rechenstrich

9.5 Beispiele und Ansätze für den inklusiven Unterricht

Um Kindern mit Problemen beim Rechnenlernen bestmöglich helfen zu können, bedarf es zu Beginn, wie bereits unter Kapitel 9.3 angeführt, einer fundierten Diagnose. Erst danach kann eine passgenaue Förderung ansetzen. Eine Möglichkeit der Ermittlung der Lernausgangslage sind die Standortbestimmungen (SOB) der Webseiten PIKAS (https://pikas.dzlm.de/node/808) oder Primakom (https://primakom.dzlm.de/node/115) des Deutschen Zentrums für Lehrkräftebildung Mathematik.

Auf PIKAS finden sich Standortbestimmungen für die Schuleingangsphase, für die erste bis dritte Schulstufe (zur Orientierung im Zahlenraum bis 1000, zu Rechenwegen bei der Addition und Subtraktion im Zahlenraum 1000, zu Farben, Formen und Folgen, Sachaufgaben und zu Entdeckerpäckchen). Die SOB sind jeweils in einer Kurz- und Langversion und im Word- und PDF-Format downloadbar. Dies hat den Vorteil, dass jede SOB einfach auf den eigenen Unterricht angepasst werden kann. Neben den Materialien für Schüler*innen finden sich auch detaillierte Durchführungshinweise, Auswertungsbögen und Hilfen zur Arbeitsplanerstellung für Lehrpersonen.

Die Webseite Primakom bietet Informationen zu Zielen und zum Einsatz von Standortbestimmungen, zur Aufgabenauswahl und zum Umgang mit den Ergebnissen. Dort finden sich Lernstandserhebungen zur Orientierung in verschiedenen Zahlenräumen der jeweiligen Schulstufen der Grundschule, zur Addition und Subtraktion und zu Kopfrechenaufgaben. Zusätzlich stehen Auswertungstabellen zu den einzelnen Bereichen und eine Datei mit Kriterien zur Erstellung von eigenen Standortbestimmungen zur Verfügung.

Als Leitfaden für eine Diagnose, und auch für eine effektive Förderung, kann die kompakte Handreichung von Wittmann und Müller (2015) empfohlen werden. Dieser Kurs stellt ein Diagnose- und Förderkonzept für eine Schulklasse, eine Gruppe oder auch für einzelne Kinder mit Rechenschwäche dar und dient der Förderung mathematischer Basiskompetenzen. Er beinhaltet allgemeine Hinweise zu den Grundlagen und zur Umsetzung dieses Konzepts und bietet ausführliche Anleitungen für die praktische Umsetzung der einzelnen Übungen in den Zahlenräumen bis zu einer Million. Auf den letzten Seiten ist eine Übersicht über die Lernfortschritte als Kopiervorlage enthalten. In dieser Handreichung wird unter anderem die Arbeit mit den Plus-, Minus- und Einmaleins-Tafeln, welche wesentlich für das Erkennen von Aufgabenbeziehungen sind, näher beschrieben.

Zusätzlich können passende Lern- und Fördermaterialien für die erste bis vierte Schulstufe (wie die Karteien »Blitzrechenkurs«, die Trainingsbücher »Verstehen und Trainieren«, die Aufgabenblätter »Vernetzen und Automatisieren«, eine Blitzrechensoftware oder auch die Blitzrechen-App) Verwendung finden.

Eine Kurzversion dieses Konzepts ist im Internet unter dem Titel »Blitzrechenoffensive! Anregungen für eine intensive Förderung mathematischer Basiskompetenzen« zu finden. Der Link dazu ist im Literaturverzeichnis angeführt.

Im Artikel »Heterogenität gerecht werden – Freiräume schaffen durch Lernumgebungen« (vgl. Ocken 2010) wird eine Lernumgebung zur Einführung der Multiplikation dargestellt, die weder Leistungsschwache über- noch Leistungsstarke unterfordert, da alle Kinder gemäß ihres Lernstandes am gemeinsamen Thema »Multiplikation« arbeiten können. In dieser Lernumgebung sollen die Schüler*innen mit der Multiplikation vertraut gemacht werden. Ziel dieser Einheit ist das Erkennen von Zusammenhängen zwischen Aufgaben und das Entdecken von Rechengesetzen. Das Lernen von Einmaleins-Reihen erfolgt erst zu einem späteren Zeitpunkt. Zu Beginn steht das Entdecken multiplikativer Strukturen in der unmittelbaren Umgebung mittels Einmaleins-Fernrohr. Die Schüler*innen blicken durch das Fernrohr und entdecken zum Beispiel zwei mal zwei Hausschuhe. Solche Entdeckungen können dann aufgemalt, mit Wendeplättchen nachgelegt oder in einer Gleichung aufgeschrieben werden. Bereits hier besteht die Möglichkeit für individuelle Zugangswege. In weiteren Aufgaben können die Schüler*innen versuchen, möglichst viele Punktefelder mit 24 Plättchen zu legen. Im folgenden Unterrichtsverlauf können die Kinder eigene Plättchenmengen wählen und versuchen, Anzahlen zu finden, bei denen möglichst viele gleichmächtige Punktefelder gelegt werden können. Diese Aufgabenstellungen beinhalten nicht nur ein natürliches Differenzierungspotenzial, sondern sie lassen auch Entdeckungen bezüglich des Kommutativ- und Distributivgesetzes und des Zusammenhangs der Multiplikation mit der Division zu. Da im Rahmen dieser Lernumgebung unterschiedliche Entdeckungen auf dem jeweiligen Leistungsniveau gemacht werden, sollen diese Entdeckungen in der gemeinsamen, abschließenden Reflexion mitgeteilt und mit Anschauungsmaterial demonstriert werden, damit ein Nachdenken über die Lösungswege der Mitschüler*innen angeregt wird.

Um die Motivation im Mathematikunterricht zu steigern, eignen sich Spiele, die Kompetenzen in den einzelnen mathematischen Bereichen fördern. Zur Festigung mathematischer Basiskompetenzen folgt eine kleine Auswahl an Übungen aus den Büchern »Kleine Spiele gegen Rechenschwäche« (Bettner 2018) und »33 Methoden Rechenschwäche« (Becker-Volke/Burkhardt 2019).

Spiele im Zahlenraum 10/20

Bitte der Reihe nach!

Die Schüler*innen erhalten Zahlenkärtchen und laufen durch die Klasse. Beim Kommando »Bitte der Reihe nach!« stellen sich die Kinder so schnell wie möglich in der richtigen Reihenfolge (bei eins beginnend) auf. Übrig gebliebene Kinder kontrollieren die Zahlenreihe. Bevor die nächste Runde startet, tauschen die Kinder die Kärtchen aus.

Variationen:

- »Bitte rückwärts!«
- »Bitte mit vier beginnen!« (vgl. Bettner 2018, S. 6).

Vorgänger und Nachfolger

Die Tafel wird mit Kreidestrichen in drei Teile geteilt. Diese werden mit »Vorgänger«, »Zahl« und »Nachfolger« beschriftet. Jedes Kind erhält ein Zahlenkärtchen. Beim Erstellen der Kärtchen sollte auf zusammenhängende Zahlenreihen geachtet werden. Die Kinder laufen durch die Klasse, bis die Lehrperson eine Zahl ruft. Das Kind, das diese Zahl in der Hand hat, stellt sich zur Tafel unter das Wort »Zahl« und hält sein Kärtchen sichtbar in den Händen. Die Kinder, die die benachbarten Zahlen haben, kommen ebenfalls zur Tafel und stellen sich passend links beziehungsweise rechts neben das Kind mit der Ausgangszahl (vgl. Bettner 2018, S. 8).

Spiel zur Simultan- und Quasi-Simultanerfassung

Fingerblitz

Die Lehrperson schließt die Hände zu Fäusten und zeigt schnell und kurz (damit nicht gezählt werden kann) eine bestimmte Anzahl von Fingern. Ein Kind soll die Anzahl nennen und darf dann als nächstes schnell eine Anzahl von Fingern zeigen.

Variationen:

- Die Zahl wird den Kindern von der Lehrkraft vorgegeben.
- Es wird nur mit einer Hand gespielt.
- Es wird nur mit Zahlen von sechs bis zehn gespielt (vgl. Bettner 2018, S. 9).

Spiele zu Zahlzerlegungen (Teil-Ganzes-Verständnis) im Zahlenraum 10

Die lebende Schüttelbox

Die Tafel wird mit einem Strich in zwei Hälften geteilt. Dieser Strich wird mit einem Klebeband an der Wand entlang und über den Boden fortgeführt, sodass zwei Felder am Boden sichtbar sind. An der Tafel wird oben mittig ein Kästchen für die Zahl, die »geschüttelt« werden soll, aufgezeichnet. Die Zahl, die in dieses Kästchen geschrieben wird, entspricht der Anzahl der Kinder, die pro Spielrunde mitspielen können. Steht die Zahl sechs oben, so müssen sechs Kinder in die zwei Felder vor der Tafel kommen. Ruft die Lehrperson »Rüttel, schüttel!«, hüpfen die Kinder zwischen den Feldern hin und her. Bei »Stopp!« müssen die Kinder sofort stehen bleiben. Die Zerlegungen werden an der Seitentafel notiert. So sollen alle möglichen Zerlegungen gefunden werden. Kommt eine neue Zahl an die Tafel, wechseln auch die Kinder (vgl. Bettner 2018, S. 13).

Spiel im Zahlenraum 100

Superschätzer*in

Den Kindern wird ein durchsichtiges Gefäß voll mit Murmeln gezeigt. Die Schüler*innen sollen schätzen, wie viele Murmeln sich im Glas befinden. Diese Schätzung notiert jedes Kind auf einem Zettel. Anschließend wird die Anzahl mithilfe der Zehnerbündelung gemeinsam ermittelt und so überprüft, welche Schätzung dem Ergebnis am nächsten war. Dieses Kind ist dann Superschätzer*in (vgl. Becker-Volke & Burkhardt 2019, S. 11).

Spiel im Zahlenraum bis 1000

Zahlendetektiv*in

Wöchentlich erhalten die Schüler*innen eine Kopiervorlage zur Zahl der Woche, auf der sie die Eigenschaften der Zahl herausarbeiten sollen. Die Zahl soll zum Beispiel im Zahlenstrahl (Hunderter- oder Tausenderfeld) eingetragen, bildlich mittels Geheimschrift oder Geld dargestellt, zerlegt und als Zahlwort geschrieben werden. Es kann auch noch eine Rechengeschichte zur Zahl gefunden und bestimmt werden, ob es sich um eine gerade oder ungerade Zahl handelt (vgl. Becker-Volke & Burkhardt 2019, S. 12).

9.6 Bildungs- und Erziehungspartnerschaften mit Erziehungsberechtigten

Entscheidend für eine erfolgreiche Förderung rechenschwacher Schüler*innen ist eine intensive Zusammenarbeit mit den Eltern bzw. Erziehungsberechtigten, in der diese einerseits über den jeweiligen Leistungsstand des Kindes informiert und andererseits die Möglichkeiten und Arten der Förderung kommuniziert werden.

Da Erziehungsberechtigte bei auftretenden Rechenschwierigkeiten ihren Kindern gerne »Tricks«, wie zum Beispiel die schriftlichen Rechenverfahren ab der Grundstufe I (zur schnellen Ermittlung einer Lösung) an die Hand geben, ist es unumgänglich, Vorgehensweisen und Rechenstrategien, die im Unterricht zur Lösungsfindung verwendet werden, darzulegen. Damit das Anschauungsmaterial nicht zur zählenden Lösungsfindung verwendet wird, muss den Erziehungsberechtigten auch die richtige Handhabung des Materials erläutert werden. Ferner ist auch zu vermitteln, dass das Üben vieler Aufgaben eines Aufgabentyps meist nicht förderlich ist, wenn die mathematischen Hintergründe und Zusammenhänge unklar sind.

In der Handreichung zur schulischen Behandlung der Rechenschwäche des BMBWF (2019, S. 34) sind beispielsweise folgende Fördertipps für Erziehungsberechtigte und Lehrpersonen angeführt:

- Wissenslücken aufspüren
- wenige, passende Methoden – Anschauungsmaterial soll mathematische Struktur verdeutlichen
- neue Inhalte in kleinen Häppchen vermitteln
- kurze Übungssequenzen gestalten
- ausreichend Zeit für grundlegende mathematische Inhalte geben
- verstandene Inhalte zum Automatisieren mehrfach wiederholen
- Lernvereinbarungen im Vorfeld gemeinsam mit dem Kind treffen
- Kind ermutigen und Erfolge sichtbar machen
- Setzen von erreichbaren Zielen.

Wird eine Rechenschwäche (frühzeitig) erkannt und richtig diagnostiziert, kann betroffenen Kindern geholfen werden. Ertragreiche Förderung bedarf einer gezielten Abklärung der Lernvoraussetzungen, einer Ergründung der mathematischen Fehlvorstellungen und der Berücksichtigung der psychischen Situation des Kindes. Einfach im Unterrichtsstoff laut Lehrplan voranzuschreiten, kann nicht zielführend sein.

Ausgewählte Einrichtungen und Dienste auf Landes- und Bundesebene

- Bundesverband Legasthenie & Dyskalkulie e. V.
  Internet: https://www.bvl-legasthenie.de
- Deutsches Zentrum für Lehrkräftebildung Mathematik
  – PIKAS
     Internet: https://pikas.dzlm.de
  – Primakom
     Internet: https://primakom.dzlm.de/
  – Mathe inklusiv mit PIKAS
     Internet: https://pikas-mi.dzlm.de
- LEGAKids Stiftung
  Internet: https://www.legakids.net/eltern-lehrer/rechenschwaeche
- Lerntherapeutisches Zentrum Rechenschwäche/Dyskalkulie Köln
  Internet: https://www.lzr-koeln.de
- Das Recheninstitut zur Förderung mathematischen Denkens
  Internet: http://www.recheninstitut.at

Literatur

Bettner, M. (2018): Kleine Spiele gegen Rechenschwäche. Augsburg: Auer.
Becker-Volke, J./Burkhardt, F. (2019): 33 Methoden Rechenschwäche. Kreative abwechslungsreiche Ideen und Materialien für einen motivierenden Mathematikunterricht (1. bis 4. Klasse). Augsburg: Auer.
BMBWF Bundesministerium für Bildung, Wissenschaft und Forschung (2017): Richtlinien für den schulischen Umgang mit Schülerinnen und Schülern mit Schwierigkeiten beim Rechnenlernen. Online verfügbar unter: https://www.bmbwf.gv.at/Themen/schule/schulrecht/rs/1997-2017/2017_27.html, Zugriff am 18.07.2022.
BMBWF Bundesministerium für Bildung, Wissenschaft und Forschung (Hrsg.) (2019): Die schulische Behandlung der Rechenschwäche. Eine Handreichung (3. Aufl.). Wien.
BMSGPK Bundesministerium für Soziales, Gesundheit, Pflege und Konsumentenschutz (2020): ICD-10 BMSGPK 2021 – Systematisches Verzeichnis. Internationale statistische Klassifikation der Krankheiten und verwandter Gesundheitsprobleme, 10. Revision. Wien.
Gaidoschik, M. (2007): Rechenschwäche verstehen – Kinder gezielt fördern. Ein Leitfaden für die Unterrichtspraxis (11. Aufl.). Hamburg: Persen.
Gaidoschik, M. (2017): Rechenschwäche-Dyskalkulie: Eine unterrichtspraktische Einführung für LehrerInnen und Eltern (10. Aufl.). Hamburg: Persen.
Gaidoschik, M. (2019): Rechenschwäche verstehen – Kinder gezielt fördern: Ein Leitfaden für die Unterrichtspraxis (11. Aufl.). Hamburg: Persen.
Gaidoschik, M./Moser Opitz, E./Nührenbörger, M./Rathgeb-Schnierer, E. (2021): Besondere Schwierigkeiten beim Mathematiklernen. Special Issue der Mitteilungen der Gesellschaft für Didaktik der Mathematik, 47. Online verfügbar unter: https://ojs.didaktik-der-mathematik.de/index.php/mgdm/issue/view/46, Zugriff am 18.07.2022.
Kaufmann, S./Wessolowski, S. (2006): Rechenstörungen. Diagnose und Förderbausteine (8. Aufl.). Hannover: Kallmeyer.
MSB NRW Ministerium für Schule und Bildung des Landes Nordrhein-Westfalen (2020): Rechenschwierigkeiten vermeiden. Hintergrundwissen und Unterrichtsanregungen für die Schuleingangsphase. Online verfügbar unter: https://broschuerenservice.nrw.de/msb-duesseldorf/shop/Rechenschwierigkeiten_vermeiden#&gid=1&pid=0, Zugriff am 18.07.2022.
Ocken, A. (2010): Heterogenität gerecht werden. Freiräume schaffen durch Lernumgebungen. Online verfügbar unter: https://pikas.dzlm.de/pikasfiles/uploads/upload/Material/Haus_6_-_Heterogene_Lerngruppen/IM/Informationstexte/H6_IM_Lernumgebungen.pdf, Zugriff am 18.07.2022.
Schindler, M. (2017): Inklusiver Mathematikunterricht am gemeinsamen Gegenstand. In: Mathematik lehren, (201), 6–10.
Schipper, W. (2002): Thesen und Empfehlungen zum schulischen und außerschulischen Umgang mit Rechenstörungen. Springer Science. Online verfügbar unter: https://doi.org/10.1007/bf03338958, Zugriff am 18.07.2022.
Schipper, W. (2009): Handbuch für den Mathematikunterricht an Grundschulen. Braunschweig: Schroedel.
Schipper, W./Ebeling, A./Dröge, R. (2015a): Handbuch für den Mathematikunterricht an Grundschulen: 2. Schuljahr. Braunschweig: Schroedel.
Schipper, W./Ebeling, A./Dröge, R. (2015b): Handbuch für den Mathematikunterricht an Grundschulen: 1. Schuljahr. Braunschweig: Schroedel.
Spiegel, H./Selter, C. (2003): Kinder & Mathematik. Was Erwachsene wissen sollten (11. Aufl.). Hannover: Klett.
Wittmann, E. C./Müller, G. N. (2015): Fördern und Diagnose mit dem Blitzrechenkurs. Eine Handreichung für die Praxis. Stuttgart: Klett.
Wittmann, E. C./Müller, G. N. (2017): Handbuch produktiver Rechenübungen. Band I: Vom Einspluseins zum Einmaleins (2. Aufl.). Hannover: Kallmeyer.
Wittmann, E. C./Müller, G. N. (2018): Handbuch produktiver Rechenübungen. Band II: Halbschriftliches und schriftliches Rechnen. Seelze: Kallmeyer.

Wittmann, E. C./Müller, G. N. (o. J.): Blitzrechenoffensive! Anregungen für eine intensive Förderung mathematischer Basiskompetenzen. Online verfügbar unter: http://www.mathematik.tu-dortmund.de/ieem/mathe2000/pdf/Blitzrechenoffensive.pdf, Zugriff am 18.07.2022.

10 Schüler*innen im Autismus-Spektrum

Mechthild Richter

Schüler*innen im Autismus-Spektrum stehen seit einiger Zeit vermehrt im Fokus der Aufmerksamkeit. Der folgende Beitrag soll zum einen ein aktuelles Autismusverständnis aufzeigen und zum anderen darauf aufbauend und zusammenfassend einige der Ansätze vorstellen, wie Schulen ihren autistischen Schüler*innen begegnen können.

10.1 Fallgeschichten von Schüler*innen im Autismus-Spektrum

Um die Komplexität und Multidimensionalität des Autismus-Spektrums aufzuzeigen, werden im Folgenden zwei junge Autist*innen vorgestellt, die mit ihren sehr verschiedenen Stärken und Schwächen auf ganz unterschiedliche Herausforderungen in der Schule getroffen sind.[7]

»Den einen Autismus gibt es nämlich gar nicht, vielmehr gibt es ca. 69 Millionen Autismen auf der Welt. Ich bin aber der Experte für meinen Autismus und ich weiß eine ganze Menge über den frühkindlichen Autismus meines Sohnes Elijah« (Vero 2020, S. 13).

Über *Elijah* erfahren wir im Buch von Gee Vero, dass er eine Förderschule mit dem Förderschwerpunkt »geistige Entwicklung« besucht, »obwohl er nicht nachgewiesen geistig behindert ist« (ebd., S. 134.). Er »bleibt […] ein extrem kommunikativer, aber eben non-verbaler Autist, den nur wenige Menschen verstehen können« (ebd., S. 106). Er hat ein feines Gespür für Stimmungen und reagiert sensibel auf Streit. Overloads (Überlastung mit Informationen durch Reizüberflutung) drücken sich bei ihm durch Rückzug, Ohren zuhalten oder

---

[7] Im Text werden die Begriffe Autist*in und autistische Person genutzt. Dies sind die bevorzugten Begriffe der Betroffenen selbst (vgl. Kenny et al. 2016). Sie sprechen sich für eine Identity-First-Bezeichnung aus und gegen die Person-First-Sprache, um zu zeigen, dass Autismus ein Teil der Identität ist, der nicht abgelegt werden kann, wie z. B. eine Brille oder Gehhilfe.

Kopf gegen die Wand schlagen aus. Um sich selbst zu regulieren, nutzt Elijah Stimming: Er artikuliert laut und ausdauernd »ahhhh«.

Mit Stimming werden kleine, oft repetitive Verhaltensmuster (z. B. Händeflattern, Wippen) benannt, die für viele autistische Menschen eine beruhigende und selbstregulierende Funktion haben. Während man früher versucht hat, sie durch Therapien abzubauen, werden sie heute vermehrt als sinnvolles Verhalten in Stresssituationen angesehen (vgl. Kapp et al. 2019).

Elijah braucht in der Schule Auszeiten und Rückzugsorte, um den Schulalltag mit all seinen Anforderungen und vielen Reizen durchzuhalten. Er genießt das Zusammensein mit anderen Kindern und gleichzeitig verlangt es große Anpassungsleistungen seinerseits.

Über *Greta Thunberg* weiß man, dass sie eine Regelschule besucht hat und diese mit sehr gutem Abschluss verließ, während sie schon als Klimaaktivistin tätig war. Sie erzählt, dass andere Kinder oft gemein zu ihr waren und sie häufig ausgeschlossen wurde, weswegen ihr Zuhause, ihre Familie und ihre Haustiere ein sicherer Ort für sie waren, ähnlich wie für Elijah (vgl. Grossmann 2020; Thunberg et al. 2020).

Ihre Autismusdiagnose erhielt Greta Thunberg im Alter von 12 Jahren. Auch ihr Verhalten wurde als ungewöhnlich wahrgenommen: So fixierte sie sich früh auf das Thema Klimawandel und mit ihrer Idee des Schulstreiks, den sie als Einzelperson begann, sowie mit der direkten Anklage hoher Politiker*innen bricht sie mit sozialen Konventionen.

Elijah und Greta haben ihre Grundschulzeit bereits eine Weile hinter sich und erhielten auf unterschiedliche Weise zusätzliche Unterstützung. Greta Thunberg, die vor ihrer Autismusdiagnose eine Essstörung und Depressionen entwickelt hat und phasenweise nicht zur Schule gehen konnte, erhielt Privatstunden einer Lehrkraft ihrer Schule und konnte so die fünfte Klasse abschließen. Dieses Arrangement wurde weitergeführt, als Greta zusätzlich Opfer von Mobbing wurde (vgl. Thunberg et al. 2020). Elijah wurde von Anfang an engmaschig begleitet und begann seine Schullaufbahn mit einer Anwesenheit von einer Stunde pro Tag (vgl. Vero 2020).

10.2 Beschreibungen, Ursachen und Folgen von Merkmalen im Autismus-Spektrum

Beschreibung

Die obigen Fallgeschichten zeigen, wie groß das Autismus-Spektrum ist, dessen Definition sich in den letzten Jahrzehnten deutlich verändert hat. Während Autismus früher als ein seltenes Phänomen betrachtet wurde, das hauptsächlich Kinder betraf, wird mittlerweile anerkannt, dass Autismus ein multidimensionales, komplexes Phänomen ist, das sich über die Lebensspanne erstreckt (vgl. Happé/Frith 2020).

Mit der Einführung der DSM-5 im Jahr 2013 hat sich der Begriff »Spektrum« verbreitet, der dem Fakt Rechnung tragen soll, dass sich die unterschiedlichen Subtypen von Autismus, die man vorher unterschieden hat (z. B. Asperger-Syndrom oder frühkindlicher Autismus), nicht trennscharf voneinander betrachten lassen. In den medizinischen Klassifikationen DSM-5 sowie ICD-11 wird der Begriff »Autismus-Spektrum-Störungen« genutzt. In der erziehungswissenschaftlichen Fachliteratur wird mit Hinweis auf die Neurodiversitätsbewegung auf den Begriff »Störung« oft verzichtet. Neurodiversität macht auf die Vielfalt neuronaler Vernetzungen aufmerksam und propagiert, Autismus, aber auch ADHS und ähnliche Diagnosen, nicht als Störungen oder Defizite anzusehen, sondern als eine andere Wahrnehmung und andere Art des Seins (vgl. Theunissen/Sagrauske 2019).

Theunissen und Sagrauske (2019) nutzen einen stärkenorientierten Ansatz und beschreiben das Autismus-Spektrum anhand von acht Merkmalen, die in unterschiedlicher Kombination und unterschiedlicher Ausprägung auftreten können (aber nicht müssen):

(1) Wahrnehmungsbesonderheiten
(2) untypisches Lernverhalten und spezielle Denkweisen
(3) Stärken und spezielle Interessen
(4) motorische Besonderheiten
(5) Bedürfnis nach Beständigkeit, Routine und Ordnung
(6) sprachliche Besonderheiten
(7) Besonderheiten in der sozialen Interaktion
(8) emotionale Besonderheiten.

In diesem Beitrag wird auf diese Beschreibung zurückgegriffen, da die Stärkenorientierung deutlich mehr Anknüpfungspunkte für die inklusive Pädagogik und den inklusiven Unterricht bietet.

Man schätzt, dass etwa ein Prozent der Bevölkerung im Autismus-Spektrum zu verorten ist. Das heißt auch, dass die meisten Lehrkräfte im Laufe ihres Arbeitslebens autistische Schüler*innen unterrichten werden. Deutlich mehr Jungen als Mädchen erhalten eine Autismus-Diagnose. Neuere Forschungen zeigen aber, dass vermutlich viele Mädchen un-/fehldiagnostiziert bleiben, da die Diagnostikkriterien auf Jungen beruhen, sich Autismus bei Mädchen oft anders äußert und sie häufig bessere Anpassungsstrategien entwickeln (vgl. Allely 2019). Viele autistische Menschen erhalten weitere Diagnosen, wie ADHS, Epilepsie, Verdauungsprobleme u. a., die das Leben ebenfalls in der Schule, und dort zum Teil stärker, beeinflussen können.

Ursachen

Die Ursachen für das Autismus-Spektrum sind unklar. Wissenschaftler*innen sind sich einig, dass genetische sowie Umweltfaktoren im Zusammenspiel zu neurologischen Veränderungen beitragen.

Auffälligkeiten beim Hirnwachstum verlieren sich über die Lebenszeit und sind bei Erwachsenen nicht mehr festzustellen (vgl. Kaubek 2018; Tebartz van Elst 2018). Kritische Phasen scheinen die Geburt (Komplikationen, Frühgeburt) sowie die Schwangerschaft zu sein, so wurden Infektionen (z. B. Röteln), ein erhöhter Testosteronspiegel, Exposition gegenüber Alkohol und bestimmten Medikamenten (Thalidomid) sowie ein hohes Alter der Eltern als Faktoren identifiziert, die zur Entwicklung von Autismus beitragen können (vgl. Kaubek 2018; Noterdaeme 2011).

Es wurden mittlerweile etliche Gene identifiziert, die eventuell zur Entwicklung autistischer Merkmale beitragen, ihre konkrete Rolle, ihr Zusammenspiel miteinander, ebenso wie das Zusammenspiel mit Umweltfaktoren bleiben weiterhin unklar. Zwillingsstudien schließen auf eine Erblichkeit von ca. 90 Prozent (vgl. Noterdaeme 2011), was einen Spielraum für verschiedene erworbene Ursachen ergibt.

Folgen

In der Schule können sich Autismusmerkmale auf ganz unterschiedliche Art und Weise auswirken. Das Spektrum ist sehr groß, zeigt sich ganz individuell und kann sich über die Lebensspanne stetig verändern. Ein autistisches Kind in der Klasse zu haben, bedeutet erst einmal ein Kind in der Klasse zu haben, das die Welt anders wahrnimmt und versteht, als es die meisten Lehrkräfte und Mitschüler*innen tun.

Eine andere Wahrnehmung zu haben bedeutet eine eigene Art zu denken, zu lernen und zu agieren und damit umzugehen, ist eine Anforderung an Mitschüler*innen und Lehrkräfte. An diesem Punkt zeigen sich in der Praxis immer wieder Probleme, die das autistische Kind und sein Umfeld belasten können.

Auffälliges Verhalten, wie das bei Elijah erwähnte Stimming, kann für das Kind eine beruhigende und regulierende Wirkung haben, die Klasse aber stören. Wenn Kinder durch die Reizüberflutung (die an vielen Schulen automatisch entsteht – z. B. durch Stimmen, Hall, Lichtreize, Gedränge im Flur oder Schweißgeruch in den Sportumkleiden) in Meltdowns (spontane verzweifelte Wut- oder Gefühlsausbrüche, die sich oft als Folge eines Overloads darstellen) geraten, ist das für Lehrkräfte und Mitschüler*innen eine herausfordernde Situation, in der kein Unterricht möglich ist. Diese Heraus- bzw. eher Überforderung führt dazu, dass viele autistische Kinder Unterrichtsausschluss erleben oder nur kommen dürfen, wenn eine Schulbegleitung zur Verfügung steht (vgl. Anderson 2020; Czerwenka 2017; Grummt et al. 2021).

Viele autistische Kinder lernen Anpassungsstrategien und perfektionieren sie über die Jahre. Man spricht in diesem Zusammenhang von Masking. Masking kann zwar helfen, unauffällig durch den Schultag zu kommen, wird von den Betroffenen aber als extrem anstrengend empfunden (vgl. Miller et al. 2021). Häufig reicht die Energie dann für nichts anderes mehr, wie Hausaufgaben, Hobbys, Freundschaften, Körperpflege etc.

Viele autistische Menschen sind sehr direkt und ehrlich. Sie verzichten z. B. auf Höflichkeitsfloskeln wie Begrüßungen oder Smalltalk über das Wetter, was von nicht-autistischen Menschen als unhöflich und beleidigend wahrgenommen werden kann (vgl. Theunissen/Sagrauske 2019). Das macht soziale Beziehungen oft schwieriger. Die Forschung hat gezeigt, dass autistische Kinder weniger Freund*innen haben, mehr Zeit brauchen, um gute soziale Beziehungen zu entwickeln und häufiger Opfer von Mobbing oder sozialer Exklusion werden (vgl. Calder et al. 2013; Humphrey/Lewis 2008; Kasari et al. 2011).

Vertreter*innen des Neurodiversitätskonzepts sehen Autismus als wertvollen Teil ihrer Identität und Persönlichkeit, insofern ist er auch im Schulalltag eines autistischen Kindes auf ganz individuelle Weise mehr oder weniger ständig präsent.

10.3 Lernpsychologische und didaktische Zugänge zu Themen des inklusiven Unterrichts

Ein Konzept, das im Kontext von Autismus und Unterricht immer wieder erwähnt, aber auch noch nicht ausgestaltet ist, ist das universelle Design. Es wurde ursprünglich als Universal Design in den 1970er Jahren in den USA entwickelt, um Barrieren im Bereich von Gebäuden, Infrastruktur und Telekommunikation abzubauen, indem man z. B. Gebäude nicht im Nachhinein nachrüstet, sondern von vornherein so plant, dass sie für alle Menschen zugänglich sind (vgl. Fisseler 2015; Lindmeier 2019). Mit der Zeit wurde das Konzept weiterentwickelt und von der Architektur und dem Produktdesign auf andere Lebensbereiche übertragen. Wenige Jahre später fand es sogar Einzug in die UN-Behindertenrechtskonvention (vgl. Lindmeier 2019).

Im Jahr 2002 entstand so das Konzept des »Universal Design for Learning« (UDL). Rose und Meyer entwickelten neue Prinzipien des universellen Designs, als sie am Center for Applied Special Technology (CAST; in etwa: Zentrum für angewandte Spezialtechnologie) Schulbücher für Schüler*innen mit Beeinträchtigung zugänglich machen wollten. Sie erkannten Barrieren in der Interaktion zwischen Schüler*innen und Lehrmaterialien, die es abzubauen galt (vgl. Rose et al. 2005).

UDL beruht auf neurowissenschaftlichen Kenntnissen. Demnach werden drei Systeme des »lernenden Gehirns« angesprochen: das Wahrnehmungsnetzwerk, das strategische Netzwerk und das affektive Netzwerk, die für das *Was*, *Wie* und *Warum* des Lernens stehen (vgl. Rose 2000). Ausgehend davon wurden drei Prinzipien des UDL entwickelt, die im Folgenden vorgestellt werden sollen.

Vielfältige Möglichkeiten zur Motivation bereitstellen

Das Engagement und die Motivation der Schüler*innen zu wecken, erleichtert Unterrichtsprozesse. Ausgelöst werden können sie z. B. durch mehr Entscheidungsmöglichkeiten für die Schüler*innen und mehr Autonomie im Umgang mit Unterrichtsinhalten und Lerngegenständen.

Das bedeutet, anregende und variable Angebote zu schaffen, ebenso ermöglicht die Sichtbarmachung von Lehr- und Lernzielen ein selbstreguliertes Lernen und die Reflexion des eigenen Lernprozesses (vgl. Lindmeier 2019).

In Bezug auf autistische Schüler*innen wird oft empfohlen, die meist vorhandenen Spezialinteressen in den Unterricht zu integrieren (vgl. Schirmer 2016; Vero 2020). Das bedeutet nicht, dass sich jede Unterrichtsstunde mit Greta Thunberg auf den Klimawandel beziehen muss, aber eventuell lassen sich Beispiele finden, die einen Bezug zu den Interessenthemen herstellen, oder sie können in der Gestaltung der Materialien eine Rolle spielen. Auch als Handlungsverstärker werden sie zum Teil eingesetzt.

Dieser Ansatz verlangt, dass Schüler*innen schon in die Planung des Unterrichts einbezogen werden und ihre Interessen und Wünsche Berücksichtigung finden bei der Auswahl von Themen und Materialien (vgl. Leiß 2022).

Mehrere Darbietungsformen zur Verfügung stellen

In Bezug auf Perzeption geht es darum, verschiedene Wege der Informationsvermittlung zu nutzen, z. B. visuell oder auditiv. Vielen autistischen Schüler*innen hilft Visualisierung, um sich im Schulalltag gut zurechtzufinden.

Die sprachliche und symbolische Darstellung von Informationen bedeutet, Texte zugänglich zu machen, z. B. durch Erklärung oder visuelle Orientierungshilfen. Des Weiteren sollten auch Schüler*innen, die nicht-deutschsprachig oder nicht-verbal kommunizieren (z. B. Elijah), eine geeignete Darstellung vorfinden, die ihnen das Entnehmen von Informationen ermöglicht.

Das Verstehen von Informationen kann durch die Aktivierung von Hintergrundinformationen, die Hervorhebung zentraler Ideen oder durch gezielte Ergebnissicherung erleichtert werden (vgl. Lindmeier 2019).

Vielfältige Möglichkeiten für Handlungen und aktive Beteiligung bereitstellen

Schüler*innen sollten verschiedene Interaktionsmöglichkeiten mit den Lerngegenständen angeboten werden (z. B. Lernwerkstatt). Aufgaben sollten daher Gestaltungsspielraum bieten und auf verschiedenen Wegen bearbeitet werden können (vgl. Leiß 2022). Ergebnisse sollten durch verschiedene Arten der Kommunikation präsentiert werden können. Dafür können Hilfsmittel (z. B. Spracherkennungssoftware, Taschenrechner etc.) genutzt werden, die Elijah beispielsweise Mitteilung ermöglichen.

Um die exekutiven Funktionen zu unterstützen, die, nicht nur, aber häufig auch, autistischen Schüler*innen im Unterrichtsalltag schwerfallen, eignen sich strukturierende Maßnahmen (siehe unten z. B. TEACCH), aber auch Möglichkeiten der Selbstreflexion und Selbstregulierung (vgl. Lindmeier 2019).

Viele Forschungsbeiträge beziehen sich vor allem auf den Hochschulbereich, aber es werden auch Anschlussmöglichkeiten im Schulunterricht gesehen (vgl. Draper 2022): »Als integrierendes Rahmenkonzept zur Konkretisierung der Forderung nach Barrierefreiheit ermöglicht UDL auch die Verknüpfung individualisierender Ansätze aus der Sprach- und Literaturdidaktik oder aus anderen Fachdidaktiken« (Leiß 2022, S. 21).

Die Idee, UDL im Kontext von Autismus nutzbar zu machen, kommt dennoch immer wieder auf. Da es davon ausgeht, dass alle Menschen unterschiedlich lernen und auf eigenständiges Lernen setzt, müsste es auch das Spektrum an Lernverhalten autistischer Schüler*innen abdecken. Es nimmt klar Abstand von einem »one-size-fits-all«-Ansatz und sensibilisiert für individuelle Denk- und Lernwege.

10.4 Methoden und Medien des inklusiven Unterrichts

In diesem Abschnitt sollen zwei Methoden oder Ansätze vorgestellt werden, die im Unterricht, aber auch darüber hinaus, Anwendung finden können, um den Unterricht an die Bedürfnisse autistischer Schüler*innen anzupassen.

TEACCH

Ein lerntheoretisch basierter Ansatz, der seit Jahren weiterentwickelt wird und sich in der Arbeit mit autistischen Kindern (und nicht nur diesen) bewährt hat, ist der TEACCH-Ansatz[8] Das Förderprogramm TEACCH wurde in den 1970er Jahren in den USA entwickelt und fand auch relativ schnell seinen Weg nach Europa. Hier wird es weniger als Programm verstanden, sondern mehr als Interventionsmethode (vgl. Rabe 2012).

---

8 TEACCH steht für Treatment and Education of Autistic and related Communication handicapped Children, auf Deutsch in etwa: Behandlung und pädagogische Förderung autistischer und in ähnlicher Weise kommunikationsbehinderter Kinder.

Der TEACCH-Ansatz beruht auf bestimmten allgemeinen Prinzipien (vgl. Häußler 2008) wie z. B. Ganzheitlichkeit, individuelle Förderung, Stärkenorientierung, Strukturierung, Partnerschaft mit den Eltern bzw. Erziehungsberechtigten. Grundlage für TEACCH ist ein umfassendes Wissen über Autismus. Es geht darum, das Umfeld an das Kind anzupassen, d. h. an seine Stärken, seine kognitiven Voraussetzungen und seine Art zu lernen. Hiermit sind zum Beispiel räumliche Strukturen, wie der Arbeitsplatz, gemeint. Darauf aufbauend, folgen dann die Entwicklung von Lernstrategien und kommunikativen Kompetenzen.

»Structured Teaching beinhaltet ein Vorgehen, bei dem individuell Maßnahmen ergriffen werden, damit eine Person eine Situation verstehen und angemessen darauf reagieren kann« (Häußler 2008, S. 51). Damit wird vor allem darauf eingegangen, dass viele autistische Personen Vorhersehbarkeit und Routinen wertschätzen, da diese Energie sparen, die für den sonstigen Schultag gebraucht wird (vgl. Theunissen/Sagrauske 2019).

Im Folgenden wird auf einige Aspekte überblicksartig eingegangen, die vertieft und mit konkreten Beispielen bei Häußler (2008) sowie Tuckermann et al. (2017) nachgelesen werden können.

(1) Die Strukturierung von Räumen (z. B. durch Stellwände, Vorhänge, Klebebandmarkierungen) in übersichtliche und abgrenzbare Bereiche (z. B. Leseecke, Einzelarbeitsplatz) ermöglicht, sich zu orientieren und zu verstehen, welche Aktivitäten an welchen Orten stattfinden.
Eine Kennzeichnung der Bereiche kann über die Beschilderung mit Schrift oder Bildern sowie mithilfe von passenden Gegenständen vollzogen werden, z. B. eine Klebebandmarkierung auf dem Tisch, auf dem Lernmaterialien abgelegt werden sollen.
(2) Neben der räumlichen Strukturierung spielt auch die zeitliche Strukturierung von Abläufen eine wichtige Rolle. Individuelle Tages-/Wochen- oder anderweitige Zeitpläne zeigen dem Kind, was es erwartet und wie lange bestimmte Aktivitäten dauern. Die Gestaltung der Pläne (Wie viele Informationen? Fest installiert/mobil? Schrift/Bildkarten/Gegenstände?) sollten an das Kind und seinen Alltag angepasst werden. Auch die Zeitdauer kann visuell oder akustisch vorhersehbar gemacht werden (Eieruhr, Sanduhr, Zeitstrahl etc.).
(3) Ein strukturierter Arbeitsplatz, der erkennbar macht, was mit welchen Materialien zu tun ist, ermöglicht Kindern, selbstständig zu arbeiten. Aufgabenpläne oder Arbeitssysteme, die Anforderungen und Abläufe verdeutlichen, sollten ebenfalls strukturiert und sprachlich eindeutig gestaltet sein.
(4) Die Gestaltung des Materials sollte Motivation wecken, indem z. B. an die Interessen des Kindes angeknüpft und dem Kind erklärt wird, wozu und wie das Material verwendet werden soll. Die Instruktionen sollten visuell verdeutlichen, welche Schritte mit dem Material zu vollziehen sind und auf welches Endprodukt eine Aufgabe abzielt. Damit das Kind sich darauf konzentrieren kann, können irrelevante Informationen abgedeckt werden (z. B. mit Schablonen), wichtige Informationen hervorgehoben werden etc.

In früheren Publikationen wurden auch Routinen für Standardsituationen als fünfter Aspekt gesehen, um bestimmte wiederkehrende Abläufe zu automatisieren. Allerdings sind diese wenig flexibel in einem Kontext, in dem es immer wieder zu Veränderungen von Abläufen kommen kann (eine Lehrkraft ist krank, es gelten Kurzstunden etc.). Diese Veränderungen lassen sich oft nicht vermeiden, können für autistische Schüler*innen aber großen Stress bedeuten.

Social Stories

Ein Medium, das hier genutzt werden kann, um Strategien für unerwartete Situationen zu entwickeln, sind Social Stories. Social Stories sind kurze Texte, mit denen bestimmte Situationen oder Abläufe illustriert, besprochen und geübt werden können.

Das Nutzen von Social Stories geht auf die Arbeit von Carol Gray zurück, die diese in der Arbeit mit autistischen Menschen entwickelt hat und sie besonders für die Arbeit im inklusiven Unterricht empfiehlt (vgl. Gray/Garand 1993). Sie unterscheidet zwischen deskriptiven Texten (z. B.: Es klingelt, wenn die Pause vorbei ist. Die Kinder stellen sich an der Tür an. Sie warten bis die Lehrperson kommt.) und direktiven Texten (z. B.: Ich kann die Klingel hören. Ich höre mit dem auf, was ich gerade tue. Ich stelle mich an. Ich warte auf die Lehrperson.). Außerdem können vorausschauende Aussagen gemacht werden (z. B.: Manche Kinder wollen weiterspielen. Sie sagen vielleicht »Oh nein«, wenn sie die Klingel hören.) (ebd., S. 3 f.).

Diese kurzen Texte sollen Kindern bestimmte Situationen erklären, sodass sie zum einen wissen, was potenziell auf sie zukommt, zum anderen geben sie aber auch Hinweise, welches Verhalten von ihnen in dieser Situation erwartet wird.

Mittlerweile wurde das Konzept auch für Personen ohne hohe Kommunikationsfähigkeit, für Erwachsene und Kleinkinder ausgeweitet (vgl. Gray 2015). Viele Geschichten gibt es auch in illustrierter Form. Im Internet findet man – qualitativ sehr unterschiedliche – Beispiele für verschiedene Situationen und Altersgruppen.

10.5 Beispiele und Ansätze zu ausgewählten Fächern des inklusiven Unterrichts

Autismusspezifische fachdidaktische Ansätze sind ein weißer Fleck in der pädagogischen Forschung. Es gibt bisher keine Lehrbücher o. ä. und auch nützliche Ratgeber für Lehrkräfte (wie z. B. Schirmer 2016) geben wenige Hinweise auf didaktische Fragen.

Dabei wären gerade in diesem Bereich neue Kenntnisse nötig. Schon Asperger kommentierte 1944, dass die individuellen Lernwege der autistischen Kinder, die er beschrieb, »gar nicht darauf eingestellt [sind], Kenntnisse von den Erwachsenen, etwa vom Lehrer, zu übernehmen« (Asperger 1944, S. 43). Gerade deshalb werden

Ansätze wie TEACCH oder UDL diskutiert, die ein eigenständiges und selbstbestimmtes Lernen fördern und begleiten sollen.

Sportunterricht

In einer deutschen Seminargruppenarbeit sowie einer britischen Studie (Carl et al. 2020; Lamb et al. 2016) wurden autistische Schüler*innen zu ihren Erfahrungen, Herausforderungen und Strategien im Sportunterricht befragt.

Herausforderungen können sich für autistische Schüler*innen darstellen, die gegenüber Lärm (Musik, Trillerpfeife), Berührungen (Hilfestellung, Bewegungsspiele), Gerüchen (Umkleide, Gummimatten) sehr sensibel sind (vgl. Vero 2020). Hier kann überlegt werden, inwiefern man diese Reize reduzieren kann oder welche Möglichkeiten dem Kind angeboten werden können, sich diesen zu entziehen (z. B. sich an einem anderen Ort umziehen, Rückzugsmöglichkeit anbieten etc.).

Viele autistische Kinder haben motorische Besonderheiten, z. B. einen auffälligen Gang, oder wirken hölzern in ihren Bewegungen oder sehr ungeschickt. Das kann Ursache von Mobbing werden und sollte nicht unterschätzt werden (vgl. Wainscot et al. 2008). Die Schwierigkeiten mancher Autist*innen, Bewegungsabläufe neu zu lernen und zu automatisieren (vgl. Theunissen/Sagrauske 2019; Vero 2020), wurden nicht thematisiert, spielen im Sportunterricht aber sicher eine relevante Rolle.

Lamb et al. (2016) weisen darauf hin, dass viele autistische Schüler*innen Teamsport durchaus schätzen und motiviert sind, sportliche Erfolge zu erzielen (z. B. Tore schießen). Hilfreich scheint dabei zu sein, dass die Teams eher klein und die Regeln klar sind.

Mathematikunterricht

Trotz des Vorurteils, dass Autist*innen eine überdurchschnittliche Begabung im Bereich der Mathematik haben, gibt es nur sehr wenige Autist*innen mit Inselbegabungen und diese verteilen sich auf ganz unterschiedliche Themen. Insofern muss im Mathematikunterricht mit autistischen Schüler*innen mit ähnlichen Stärken und Herausforderungen umgegangen werden wie beim Rest der Klasse.

King et al. (2016) haben verschiedene Studien zum Mathematikunterricht mit autistischen Schüler*innen auf effektive Strategien untersucht: Lehrkräften wird hier empfohlen, mit direkten Aufforderungen, schrittweisem Vorgehen und Feedback zu arbeiten (vgl. Schnepel 2019). Es lassen sich Hinweise finden, dass digitale Medien, wie die Arbeit mit Videos, hilfreich sein könnten (vgl. King et al. 2016).

Fremdsprachenunterricht

Fremdsprachen gehören zu den häufiger auftretenden Spezialinteressen autistischer Menschen. Insofern lassen sich manche autistische Schüler*innen vermutlich leicht motivieren. Gleichzeitig birgt ein Unterricht, der auf Sprechen und Austausch angelegt ist, Herausforderungen für Kinder, die sehr sensibel im Bereich der auditiven

Wahrnehmung sind und denen sich konventionelle Kommunikationsmuster nicht immer erschließen.

Auch wenn Lateinunterricht in der Primarstufe keine Rolle spielt, gibt es eine Handreichung zum Lateinunterricht mit autistischen Schüler*innen, die in Bezug auf das Autismus-Verständnis nicht auf dem aktuellen Stand ist, sich aber mit den potenziellen Herausforderungen im Fremdsprachenunterricht befasst (vgl. Institut für Qualitätsentwicklung an Schulen Schleswig-Holsteins [IQ.SH] 2016). Vorteile für autistische Schüler*innen sehen die Verfasser*innen in der systematischen und regelgeleiteten Auseinandersetzung mit Texten, die auch gut in Einzelarbeit erfolgen kann. Fremdsprachen bergen aber auch Stolpersteine: Sprachen sind nicht immer eindeutig und logisch (z. B. kann ein Wort mehrere Bedeutungen haben), Texte müssen interpretiert werden und wenn das Sprechen geübt wird, kann es im Klassenraum sehr laut werden (vgl. Kompetenzzentrum »Autismus am Gymnasium« 2018).

Um autistischen Schüler*innen Orientierung zu bieten, können Sprachanlässe vorher angekündigt und klar gerahmt werden. Eine Vokabelliste mit Stichwörtern oder Satzanfängen kann es dem Kind erleichtern, ins Sprechen zu kommen. Sprachliche Ungenauigkeiten sowie Metaphern können explizit besprochen werden (vgl. IQ.SH 2016; Kompetenzzentrum »Autismus am Gymnasium« 2018). Generell werden auch hier klare Stunden- und Aufgabenabläufe sowie die Vermittlung über verschiedene Kanäle empfohlen (z. B. durch variierende Materialien wie Texte, Videos, Comics oder Lieder).

Musikunterricht

Musikunterricht zählt zum einen zu den Fächern, denen einerseits nachgesagt wird, dass sie leicht inklusiv zu gestalten seien, die aber andererseits für autistische Schüler*innen potenzielle Herausforderungen bieten: unstrukturierte Momente des gemeinsamen Musizierens sowie höhere Lautstärken oder klangliche Dissonanzen. Zwei kleine Studien zum inklusiven Musikunterricht in den USA zeigen (analog zu anderen Fächern), dass klare Abläufe, Routinen und ein Eingehen auf sensorische Überreizung sinnvoll sind, um autistischen Schüler*innen die Teilnahme am Musikunterricht zu erleichtern (vgl. Draper 2020; Draper 2022). Die Interessen oder den Musikgeschmack der Schüler*innen aufzunehmen, kann zusätzlich motivieren (vgl. Vero 2020). Ebenso bietet der Musikunterricht viele Möglichkeiten der positiven sozialen Interaktion für alle Schüler*innen.

Fazit

Es zeigt sich, dass fachdidaktische Fragen in Bezug auf Autismus-Spektrum nur sehr allgemein beantwortet werden können, da kaum Forschung vorliegt. Das bedeutet aktuell, dass Lehrkräfte, basierend auf ihren eigenen Erfahrungen und in Zusammenarbeit mit anderen, selbst Strategien entwickeln müssen. In einer aktuellen Studie haben autistische Schüler*innen erarbeitet, was eine »autismusfreundliche Schule« für sie ist: Es ist eine Schule, in der Lehrkräfte und Schüler*innen Wissen über Autismus und Verständnis für autistische Schüler*innen haben, in der Schüler*innen lernen können, sich selbst und andere besser zu verstehen, worin Rückzugsräume bereitgestellt und der Schulalltag auf Routinen aufgebaut ist (vgl. Cunningham 2020). Der Unterricht als solcher steht demnach für die Schüler*innen gar nicht so sehr im Zentrum, stattdessen geht es eher um Haltung, Offenheit, Flexibilität und Verlässlichkeit.

10.6 Bildungs- und Erziehungspartnerschaften mit Erziehungsberechtigten

Das gestiegene Bewusstsein für und die sich stetig verändernde Sichtweise auf Autismus geht auf eine aktive Elternschaft zurück. Eltern bzw. Erziehungsberechtigte haben sich seit den 1960er Jahren gegen die Vereinnahmung des Phänomens durch die Psychoanalyse gewehrt, die Forschung vorangetrieben, Elternverbände gegründet, den Zugang zur Schule für ihre Kinder erkämpft und selbst Bildungs- und Erziehungsmethoden entwickelt (vgl. Silberman 2020). Man könnte vielleicht behaupten, dass es die selbstbewusste autistische Community von heute ohne diese Eltern bzw. Erziehungsberechtigten eventuell nicht geben würde.

Trotz der gegenwärtigen besseren Anerkennung und Versorgung autistischer Kinder und Jugendlicher berichten Eltern und Erziehungsberechtigte weiterhin von langen Leidensgeschichten in Bezug auf Diagnostik, Unverständnis, mangelnde Sensibilität und Ignoranz von Fachleuten sowie im privaten Umfeld (vgl. Chamak/Bonniau 2013; Crane et al. 2016; Vero 2020). Obwohl viele Eltern bzw. Erziehungsberechtigte schon sehr früh wahrnehmen, dass ihr Kind unter Gleichaltrigen auffällt, kann die Differentialdiagnose viel Zeit in Anspruch nehmen. In manchen Fällen werden Kinder einige Jahre später erneut diagnostiziert, z.B. in der Grundschulzeit. Diese Prozesse kosten viel Zeit, Energie und organisatorischen Aufwand und lassen die Familie mit Unsicherheit zurück.

Die häufig aufwändigere Betreuung eines autistischen Kindes, die Anpassung des Familienlebens an die Bedürfnisse des Kindes sowie gesellschaftliche Barrieren belasten viele Beziehungen der Eltern bzw. Erziehungsberechtigten. In der Forschung werden Tendenzen gesehen, dass die Trennungsrate unter Eltern bzw. den Erziehungsberechtigten autistischer Kinder höher ist (vgl. Saini et al. 2015). Häufig gibt ein Eltern- bzw. Erziehungsberechtigtenteil (meist die Mutter) ihren Beruf auf, um sich um das Kind und seine Anliegen, Termine, Bedürfnisse zu kümmern (vgl. Lilley 2015). Um Unterstützung zu erhalten, fühlen sich Erziehungsberechtigte manchmal gezwungen, ihre Kinder sehr defizitär darzustellen. Andere zahlen zusätzliche Hilfen aus eigener Tasche (vgl. ebd.).

Dieses Engagement und diese Lebensleistung der Erziehungsberechtigten gilt es, zu würdigen und in Zusammenarbeit mit der Schule zu nutzen. Studien zeigen, dass das Wissen der Eltern bzw. Erziehungsberechtigten über ihre Kinder nur selten von

Fachkräften an der Schule wertgeschätzt und genutzt wird, was im schlimmsten Fall zu Frustration bei den Erziehungsberechtigten und Überforderung bei den Lehrkräften führt (vgl. Dillon/Underwood 2012; Lilley 2015; Makin et al. 2017; Starr/Foy 2012; Tso/Strnadová 2017). Eine wertschätzende, offene und sensible Kommunikation auf Augenhöhe scheint hier zentral zu sein (vgl. Hebron 2017; Richter et al. 2019; Tobin et al. 2012; Vero 2020). Da Eltern bzw. Erziehungsberechtigte häufig schlechte Erfahrungen mit Fachleuten gemacht haben und ihnen Steine in den Weg gelegt wurden, erwarten sie diese auch in der Schule. Die teilweise als »aktivistisch« (Lilley 2015, S. 386) wahrgenommene Haltung kann das Schulpersonal als sehr fordernd und anstrengend erleben (vgl. Lilley 2015; Tobin et al. 2012; Tso/Strnadová 2017).

Die meisten autistischen Kinder verfügen über ein großes Netz an Begleitung, das weit über die Eltern bzw. Erziehungsberechtigten hinausgeht (vgl. Cremin et al. 2017; Lilley 2015). Diese allerdings koordinieren meist die Aktivitäten der Therapeut*innen, Betreuer*innen etc. und sind Ansprechpartner*innen für alle Fachleute und die Schule. Das erklärt auch, warum viele Eltern bzw. Erziehungsberechtigten autistischer Kinder gut über den Schulalltag ihres Kindes informiert sein wollen. Damit zeigt sich nicht unbedingt Misstrauen, sondern eher der Versuch, so gut wie möglich Bescheid zu wissen, um das Netzwerk informieren und koordinieren zu können (vgl. Starr/Foy 2012).

Für die Schule kann es von Vorteil sein, das Netzwerk des Kindes zu kennen und bei Bedarf zu nutzen, also beispielsweise den Austausch mit Logopäd*innen oder Psycholog*innen zu suchen. Gerade weil es für Lehrkräfte wenig Informationen und Materialien gibt, kann es sinnvoll sein, auf die Erfahrungen und Strategien anderer zurückzugreifen (vgl. Richter et al. 2020; Vero 2020). Gleichzeitig sollten Lehrkräfte auf ihre eigenen Fähigkeiten und Erfahrungen vertrauen, auch wenn sie bisher nicht mit autistischen Schüler*innen gearbeitet haben. Häufig sind sowohl die Eltern bzw. Erziehungsberechtigten als auch die Schüler*innen mit der Arbeit der Pädagog*innen sehr zufrieden, auch wenn diese nicht autismusspezifisch geschult sind (vgl. Anderson 2020; Richter et al. 2020; Starr/Foy 2012).

Ausgewählte Einrichtungen und Dienste auf Landes- und Bundesebene

- Aspies e. V. – Menschen im Autismus-Spektrum
  Internet: https://aspies.de/
- Autistic Self Advocacy Network
  Internet: https://autisticadvocacy.org/
- Österreichische Autistenhilfe
  Internet: https://www.autistenhilfe.at/
- Bundesverband Autismus Deutschland e. V.
  Internet: https://www.autismus.de/

Literatur

Allely, C. S. (2019): Understanding and recognising the female phenotype of autism spectrum disorder and the »camouflage« hypothesis: A systematic PRISMA review. In: Advances in Autism, 5(1), 14–37. Online verfügbar unter: https://doi.org/10.1108/AIA-09-2018-0036, Zugriff am 25.06.2022.

Anderson, L. (2020): Schooling for Pupils with Autism Spectrum Disorder: Parents' Perspectives. In: Journal of Autism and Developmental Disorders, 50(12), 4356–4366. Online verfügbar unter: https://doi.org/10.1007/s10803-020-04496-2, Zugriff am 25.06.2022.

Asperger, H. (1944): Die »Autistischen Psychopathen« im Kindesalter. Archiv für Psychiatrie und Nervenkrankheiten, 117(1), 76–136. Online verfügbar unter: https://doi.org/10.1007/BF01837709, Zugriff am 25.06.2022.

Calder, L./Hill, V./Pellicano, E. (2013): ›Sometimes I want to play by myself‹: Understanding what friendship means to children with autism in mainstream primary schools. In: Autism, 17(3), 296–316.

Carl, B./Sander, A./Tourtnes, R. (Hrsg.) (2020): Sport mit Autismus. Online verfügbar unter: https://www.uni-wuerzburg.de/fileadmin/06000060/03_Lehrerbildung_an_der_PSE/Inkl_SiKri/2003_Sport_Autismus.pdf, Zugriff am 25.06.2022.

Chamak, B./Bonniau, B. (2013): Changes in the diagnosis of autism: How parents and professionals act and react in France. In: Culture, Medicine, and Psychiatry, 37(3), 405–426.

Crane, L./Chester, J. W./Goddard, L./Henry, L. A./Hill, E. (2016): Experiences of autism diagnosis: A survey of over 1000 parents in the United Kingdom. In: Autism, 20(2), 153–162.

Cremin, K./Healy, O./Gordon, M. (2017): Parental perceptions on the transition to secondary school for their child with autism. In: Advances in Autism, 3(2), 87–99. Online verfügbar unter: https://doi.org/10.1108/AIA-09-2016-0024, Zugriff am 25.06.2022.

Cunningham, M. (2020): ›This school is 100% not autistic friendly!‹ Listening to the voices of primary-aged autistic children to understand what an autistic friendly primary school should be like. In: International Journal of Inclusive Education, 1–15. Online verfügbar unter: https://doi.org/10.1080/13603116.2020.1789767, Zugriff am 25.06.2022.

Czerwenka, S. (2017): Umfrage von autismus Deutschland e. V. zur schulischen Situation von Kindern und Jugendlichen mit Autismus. In: autismus, (83), 42–48. Online verfügbar unter: https://www.autismus.de/fileadmin/RECHT_UND_GESELLSCHAFT/Heft_83_Artikel_Schulumfrage.pdf, Zugriff am 25.06.2022.

Dillon, G. V./Underwood, J. D. M. (2012): Parental Perspectives of Students with Autism Spectrum Disorders Transitioning From Primary to Secondary School in the United Kingdom. In: Focus on Autism and Other Developmental Disabilities, 27(2), 111–121. Online verfügbar unter: https://doi.org/10.1177/1088357612441827, Zugriff am 25.06.2022.

Draper, A. R. (2022): Music Education for Students With Autism Spectrum Disorder in a Full-Inclusion Context. In: Journal of Research in Music Education, 70(2), 132–155. Online verfügbar unter: https://doi.org/10.1177/00224294211042833, Zugriff am 25.06.2022.

Draper, E. A. (2020). Teaching Students with Autism Spectrum Disorder: Strategies for the Music Classroom. In: General Music Today, 33(2), 87–89. Online verfügbar unter: https://doi.org/10.1177/1048371319880874, Zugriff am 25.06.2022.

Fisseler, B. (2015): Universal Design im Kontext von Inklusion und Teilhabe – Internationale Eindrücke und Perspektiven. In: Recht&Praxis, (2), 45–51.

Gray, C. A. (2015): The New Social Story Book. Arlington: Future Horizons.

Gray, C. A./Garand, J. D. (1993): Social Stories: Improving Responses of Students with Autism with Accurate Social Information. In: Focus on Autistic Behavior, 8(1), 1–10. Online verfügbar unter: https://doi.org/10.1177/108835769300800101, Zugriff am 25.06.2022.

Grossmann, N. (2020): I Am Greta [TV-Dokumentation].

Grummt, M./Lindmeier, C./Semmler, R. (2021): Die Beschulungssituation autistischer SchülerInnen vor der Pandemie. In: autismus, (92), 5–17.

Happé, F./Frith, U. (2020): Annual Research Review: Looking back to look forward – changes in the concept of autism and implications for future research. In: Journal of Child Psychology and Psychiatry, 61(3), 218–232. Online verfügbar unter: https://doi.org/10.1111/jcpp.13176, Zugriff am 25.06.2022.

Häußler, A. (2008): Der TEACCH Ansatz zur Förderung von Menschen mit Autismus (2. Aufl.). Basel: SolArgent Media.

Hebron, J. (2017): The Transition from Primary to Secondary School for Students with Autism Spectrum Conditions. In: C. Little (Hrsg.), Supporting Social Inclusion for Students with Autism Spectrum Disorders: Insights from Research and Practice (S. 84–99). Routledge.

Humphrey, N./Lewis, S. (2008): ›Make me normal‹ The views and experiences of pupils on the autistic spectrum in mainstream secondary schools. In: Autism, 12(1), 23–46. Online verfügbar unter: https://doi.org/10.1111/j.1471-3802.2008.00115.x, Zugriff am 25.06.2022.

Institut für Qualitätsentwicklung an Schulen Schleswig-Holsteins (2016): Inklusiver Lateinunterricht. Online verfügbar unter: https://www.latein-unterrichten.de/fileadmin/content/fachdidaktik/inklusion/Inklusiver-Lateinunterricht.pdf, Zugriff am 25.06.2022.

Kapp, S. K./Steward, R./Crane, L./Elliott, D./Elphick, C./ Pellicano, E./Russell, G. (2019): ›People should be allowed to do what they like‹: Autistic adults' views and experiences of stimming. In: Autism, 23(7), 1782–1792. Online verfügbar unter: https://doi.org/10.1177/1362361319829628, Zugriff am 25.06.2022.

Kasari, C./Locke, J./Gulsrud, A./Rotheram-Fuller, E. (2011): Social Networks and Friendships at School: Comparing Children With and Without ASD. In: Journal of Autism and Developmental Disorders, 41 (5), 533–544. Online verfügbar unter: https://doi.org/10.1007/s10803-010-1076-x, Zugriff am 25.06.2022.

Kaubek, J. (2018): Autismus: Störungsbild – Diagnose – Integration – Fördermaßnahmen. Hamburg: Dr. Kovač.

Kenny, L./Hattersley, C./Molins, B./Buckley, C./Povey, C./Pellicano, E. (2016): Which terms should be used to describe autism? Perspectives from the UK autism community. In: Autism, 20(4), 442–462. Online verfügbar unter: https://doi.org/10.1177/1362361315588200, Zugriff am 25.06.2022.

King, S. A./Lemons, C. J./Davidson, K. A. (2016): Math Interventions for Students With Autism Spectrum Disorder: A Best-Evidence Synthesis. Exceptional Children, 82(4), 443–462. Online verfügbar unter: https://doi.org/10.1177/0014402915625066, Zugriff am 25.06.2022.

Kompetenzzentrum »Autismus am Gymnasium« (2018): Didaktisch-methodische Besonderheiten für den Kompetenzerwerb von Schülerinnen und Schülern im Autismus-Spektrum im Fremdsprachenunterricht. Online verfügbar unter: https://rp.baden-wuerttemberg.de/fileadmin/RP-Internet/Tuebingen/Abteilung_7/Fordern_und_Foerdern/_DocumentLibraries/Documents/Fremdsprachen05_20_1.pdf, Zugriff am 25.06.2022.

Lamb, P./Firbank, D./Aldous, D. (2016): Capturing the world of physical education through the eyes of children with autism spectrum disorders. In: Sport, Education and Society, 21(5), 698–722. Online verfügbar unter: https://doi.org/10.1080/13573322.2014.941794, Zugriff am 25.06.2022.

Leiß, J. (2022): Zum Potenzial von Universal Design for Learning für eine inklusionsorientierte Unterrichtsentwicklung und Lehrer*innenbildung im Fach Deutsch. In: W. Dannecker/K. Schindler (Hrsg.), Diversitätsorientierte Deutschdidaktik – Theoretisch-konzeptionelle Fundierung und Perspektiven für empirisches Arbeiten (Bd. 4, S. 18–35). Online verfügbar unter: https://doi.org/10.46586/SLLD.223, Zugriff am 25.06.2022.

Lilley, R. (2015): Trading places: Autism Inclusion Disorder and school change. In: International Journal of Inclusive Education, 19(4), 379–396. Online verfügbar unter: https://doi.org/10.1080/13603116.2014.935813, Zugriff am 25.06.2022.

Lindmeier, C. (2019): Universelles Design für das Lernen – Ein Konzept für die Inklusion in der beruflichen Bildung. In: Sonderpädagogische Förderung heute, 2. Beiheft.

Makin, C./Hill, V./Pellicano, E. (2017): The primary-to-secondary school transition for children on the autism spectrum: A multi-informant mixed-methods study. In: Autism & Developmental Language Impairments, (2), 239694151668483. Online verfügbar unter: https://doi.org/10.1177/2396941516684834, Zugriff am 25.06.2022.

Miller, D./Rees, J./Pearson, A. (2021): »Masking Is Life«: Experiences of Masking in Autistic and Nonautistic Adults. In: Autism in Adulthood, 3(4), 330–338. Online verfügbar unter: https://doi.org/10.1089/aut.2020.0083, Zugriff am 25.06.2022.

Noterdaeme, M. (2011): Autismus-Spektrum-Störungen – ein Überblick zum aktuellen Forschungsstand. In: Klinische Pädiatrie, 223(S 01), E1–E15. Online verfügbar unter: https://doi.org/10.1055/s-0030-1256068, Zugriff am 25.06.2022.

Rabe, S. (2012): Strukturiertes Lernen nach dem TEACCH-Ansatz als Schulkonzept. Pädagogische Einengung oder notwendiges Gerüst für schulisches Lernen von Schülerinnen und Schülern mit Autismus-Spektrum-Störung. Stuttgart: Kohlhammer.

Richter, M./Flavier, E./Popa-Roch, M./Clément, C. (2020): Perceptions on the primary-secondary school transition from French students with Autism Spectrum Disorder and their parents. In: European Journal of Special Needs Education, 35(2), 171–187. Online verfügbar unter: https://doi.org/10.1080/08856257.2019.1643145, Zugriff am 25.06.2022.

Richter, M./Popa-Roch, M./Clément, C. (2019): Successful Transition From Primary to Secondary School for Students With Autism Spectrum Disorder: A Systematic Literature Review. In: Journal of Research in Childhood Education, 33(3), 382–398. Online verfügbar unter: https://doi.org/10.1080/02568543.2019.1630870, Zugriff am 25.06.2022.

Rose, D. (2000): Universal Design for Learning. In: Journal of Special Education Technology, 15(1), 45–49.

Rose, D. H./Hasselbring, T. S./Stahl, S./Zabala, J. (2005): Assistive Technology and Universal Design for Learning: Two Sides of the Same Coin. In Handbook of Special Education Technology Research and Practice (S. 507–518). Knowledge By Design, Inc.

Saini, M./Stoddart, K. P./Gibson, M./Morris, R./Barrett, D./Muskat, B./Nicholas, D./Rampton, G./Zwaigenbaum, L. (2015): Couple relationships among parents of children and adolescents with Autism Spectrum Disorder: Findings from a scoping review of the literature. In: Research in Autism Spectrum Disorders, 17, 142–157. Online verfügbar unter: https://doi.org/10.1016/j.rasd.2015.06.014, Zugriff am 25.06.2022.

Schirmer, B. (2016): Schulratgeber Autismus-Spektrum: Ein Leitfaden für LehrerInnen (4., überarbeitete Aufl.). München: Reinhardt.

Schnepel, S. (2019): Mathematische Förderung von Kindern mit einer intellektuellen Beeinträchtigung. Eine Längsschnittstudie in inklusiven Klassen. Münster: Waxmann. Online verfügbar unter: https://www.pedocs.de/frontdoor.php?source_opus=18143, Zugriff am 25.06.2022.

Silberman, S. (2020): Geniale Störung: Die geheime Geschichte des Autismus und warum wir Menschen brauchen, die anders denken (3. Aufl.). Köln: DuMont.

Starr, E. M./Foy, J. B. (2012): In Parents' Voices: The Education of Children With Autism Spectrum Disorders. In: Remedial and Special Education, 33(4), 207–216. Online verfügbar unter: https://doi.org/10.1177/0741932510383161, Zugriff am 25.06.2022.

Tebartz van Elst, L. (2018): Autismus und ADHS (2. Aufl.). Stuttgart: Kohlhammer.

Theunissen, G./Sagrauske, M. (2019): Pädagogik bei Autismus. Eine Einführung. Stuttgart: Kohlhammer.

Thunberg, G./Thunberg, S./Ernman, M./Ernman, B. (2020): Our House is on Fire – Scenes of a Family and a Planet in Crisis. New York: Penguin Random House.

Tobin, H./Staunton, S./Mandy, W./Skuse, D./Helligreil, J./Baykaner, O./Anderson, S./Murin, M. (2012): A qualitative examination of parental experiences of the transition to mainstream secondary school for children with an autism spectrum disorder. In: Educational and Child Psychology, 29(1), 75–85.

Tso, M./Strnadová, I. (2017): Students with autism transitioning from primary to secondary schools: Parents' perspectives and experiences. In: International Journal of Inclusive Education, 21(4), 389–403. Online verfügbar unter: https://doi.org/10.1080/13603116.2016.1197324, Zugriff am 25.06.2022.

Tuckermann, A./Häußler, A./Lausmann, E. (2017): Herausforderung Regelschule – Unterstützungsmöglichkeiten für Schüler mit Autismus-Spektrum-Störungen im lernzielgleichen Unterricht (3., verb. Aufl.). Dortmund: Borgmann Media.

Vero, G. (2020): Das andere Kind in der Schule: Autismus im Klassenzimmer. Stuttgart: Kohlhammer.

Wainscot, J. J./Naylor, P./Sutcliffe, P./Tantam, D./Williams, J. V. (2008): Relationships with peers and use of the school environment of mainstream secondary school pupils with asperger syndrome (high-functioning autism): A case-control study. In: International Journal of Psychology and Psychological Therapy, 25–38.

11 Schüler*innen mit traumatischen Erfahrungen

Wolfgang Kühnen

> Lehrkräfte sind in der Grundschule immer häufiger mit unruhigen, provokativen und grenzverletzenden Verhaltensweisen von traumatisierten Schüler*innen konfrontiert, die den Unterricht erschweren oder zeitweise ganz unmöglich machen. Was benötigen Kinder mit traumatischen Erfahrungen, um besser lernen zu können, und wie kann ein konstruktiver Umgang im Klassenraum gelingen?

11.1 Fallgeschichten von Schüler*innen mit traumatischen Erfahrungen

Christopher (neun Jahre) verbrachte das erste Lebensjahr bei seiner jugendlichen Mutter, die mit dem Kindesvater in einer gewalttätigen Paarbeziehung lebte und mit dem wenige Wochen alten Säugling in eine Mutter-Kind-Einrichtung zog. Die Mutter verließ die Einrichtung ohne ihren Sohn Christopher, als dieser etwa ein Jahr alt war. Christopher verblieb bis zum dritten Lebensjahr in der Einrichtung bei wechselnden Bezugspersonen, bis er in eine Fachpflegefamilie mit anderen Pflegekindern wechselte, in der er bis heute lebt und sich wohlfühlt. Schon früh zeigten sich massive Auffälligkeiten in seinem sozialen Verhalten, deutliche Entwicklungsverzögerungen, Unruhe und impulsives, vor allem aggressives und grenzüberschreitendes Agieren sowie abrupte Stimmungswechsel. Daneben zeigt Christopher kindliches, freundliches und hilfsbereites Verhalten, eine hohe kreative Intelligenz und Lernfähigkeit. Im Unterricht ist er häufig der Klassenclown und provoziert und beleidigt immer wieder seine Mitschüler*innen und die Lehrkräfte. Seine Klassenlehrerin mag Christopher eigentlich sehr gern und schätzt seine Neugier; sie spürt jedoch oft auch eine starke innere Ablehnung in sich und fühlt sich seinen Wutausbrüchen ohnmächtig ausgeliefert.

Lara (sieben Jahre) lebt mit dem vier Jahre alten Bruder bei ihrer alleinerziehenden, depressiven Mutter und deren alkoholkranken, gewalttätigen Vater unter beengten Wohnverhältnissen. Sie hat früh die lautstarken Konflikte zwischen ihren Eltern miterlebt und fühlt sich für ihren jüngeren Bruder verantwortlich. Lara ist ein schmales, extrem schüchternes Mädchen, das still und in sich gekehrt erscheint, sie wirkt häufig abwesend und starrt ins Leere; sie hat keine engen Freundschaften und wird von den Jungen in ihrer Klasse wegen ihrer unpassenden Kleidung und des seit einiger Zeit auftretenden Einnässens beleidigt und gemobbt. Dann beginnt sie zu zittern, verkriecht sich unter dem Lehrer*innen-Pult und gerät in eine körperliche Erstarrung. Im Unterricht meldet sie sich fast nie, schreibt aber ausreichende Noten. Immer wieder sucht sie die Nähe und den Körperkontakt zu ihrer Lehrerin, was diese einerseits berührt und andererseits hilflos macht.

11.2 Beschreibungen, Ursachen und Folgen von traumatischen Erfahrungen

Christopher und Lara sind Kinder, die mit wichtigen Bindungspersonen in ihrem Leben schon früh traumatische Erfahrungen machen mussten und – auf sehr individuelle Weise – mit den Auswirkungen zu (über-)leben versuchen.

Christophers frühe Trennung von seiner noch jungen, selbst schwer traumatisierten Mutter, die ihn – überfordert und trotzig – zurückließ, weil sie sich den Regeln der Mutter-Kind-Einrichtung nicht beugen wollte, hat ihn in seinen existenziellen Bindungsbedürfnissen traumatisiert. Diese Erfahrung hat eine zerstörerische Wut in seiner Psyche hinterlassen. Gleichzeitig sehnt er sich nach ihrer Liebe und will, dass »alles wieder gut« ist und er wieder bei ihr leben kann. Christophers Not ist vom staatlichen System der Kinder- und Jugendhilfe zwar früh erkannt worden; er ist in seiner Pflegefamilie angekommen und gut integriert. Jeder Umgangskontakt mit seiner Mutter bringt ihn jedoch auch wieder in Kontakt mit dem alten Schmerz, lässt alles Gute in seinem Leben sinnlos erscheinen.

Laras Überforderung durch eine psychisch belastete und häufig emotional abwesende Mutter, die streitenden, sich dann trennenden Eltern, die Verantwortung für die Versorgung des Bruders und das Zusammenleben mit dem oft alkoholisierten und gewalttätigen Opa ist zu viel für ein siebenjähriges Mädchen. Ihre Ängste sind existenziell; immer wieder gerät sie in getriggerte Ausnahmezustände (Dissoziation), in denen sie nicht mehr ansprechbar/erreichbar ist. In ihrer verzweifelten Suche nach Bindung, Schutz und Rettung klammert sie sich an ihre Lehrerin, deren Zuwendung sie durch angepasstes Verhalten zu bekommen erhofft.

Ein Trauma⁹ – bzw. in diesem Kontext exakter bezeichnet, ein *Psychotrauma* – ist eine gravierende Verletzung der Psyche. Sie wird durch reale Erfahrungen ausgelöst, die die Bewältigungsfähigkeit eines Menschen zu diesem biografischen Zeitpunkt überfordert. Die besondere Kombination aus den überwältigenden Umständen einer Situation und einer spezifischen Person mit ihrer Unfähigkeit, dieser Bedrohung etwas entgegenzusetzen oder ihr zu entkommen (fight or flight) – vielleicht ist die Person noch zu klein, zu schwach oder kann noch nicht sprechen –, führt zu einem Psychotrauma.

Mögliche Ursachen lassen sich in zwei Gruppen ordnen: Naturkatastrophen (»god made desaster«) und – von ihren Auswirkungen her gravierender – von Menschen verursachte Traumatisierungen (»man made desaster«) wie Unfälle, Operationen, medizinische Eingriffe, Geburtsprozesse sowie Gewalterfahrungen und Misshandlungen (physische und psychische), psychische erkrankte Eltern bzw. Erziehungsberechtigte, Vernachlässigung und Mangelerfahrung, sexueller Missbrauch. Die zuletzt aufgeführten Ursachen sind besonders bedeutsam, zumal meist bindungsrelevante Personen die Verursachenden sind. Eine weitere Differenzierung betrifft die Zeitdimension: Einmalige, abgegrenzte Ereignisse (Typ I) unterscheiden sich von solchen, die sich über längere Zeiträume erstrecken (Typ II) und/oder von komplexen Traumatisierungen, worin mehrere Arten gleichzeitig traumatisierender Einzel- und Dauerbelastungen zusammenkommen und sich in ihrer Wirkung potenzieren (z. B. Erleben regelmäßiger körperlicher Bestrafung, Lieblosigkeit und emotionaler Unterversorgung und Zeug*in werden bei einem für einen Elternteil tödlichen Konflikt).

Unsere Psyche findet erstaunlicherweise einen Weg, auch mit diesen massiven traumatischen Erfahrungen umzugehen, genauer gesagt, etwas zu überleben, was eigentlich nicht zu überleben ist: nämlich durch Abspaltung bzw. »psychische Isolierung«. In einer neurologischen Notfallreaktion werden nicht auszuhaltende Gefühle von Todesangst und Panik eingefroren (freeze), während der Körper durch körpereigene Endorphine betäubt wird. Gleichzeitig wird unsere Wahrnehmung der bedrohlichen Umstände massiv eingeschränkt und in kleinste, ungefährliche Partikel zerlegt (fragment) – wie bei einzeln verstreuten Puzzle-Teilen, die nicht mehr das vollständige Bild erkennen lassen. Während sich also unsere wichtigsten psychischen Funktionen (Fühlen und Wahrnehmen) »aus dem Staub machen«, um die schlimme Erfahrung zu entschärfen, erlebt der anwesende Körper hingegen alle Dimensionen der real erlebten Gewalt und speichert sie in seinem Zell- bzw. Körpergedächtnis.

Die Folgen, d. h. der Preis für diese besondere Überlebensfähigkeit von Traumaerfahrungen, sind v. a. für Kinder vielfältig und betreffen primär die Einschränkungen bei der Körperwahrnehmung/beim Schmerzempfinden, der motorischen Entwicklung, bewirken Gefühlstaubheit, innere Unruhe, Druck und Stresserleben, Ängste, schnelle Reizbarkeit/Schreckhaftigkeit, Fremdheitsgefühle, unkontrolliertes Wiedererleben oder eindringende Bilder (flashbacks), Vermeidungsverhalten/Widerstände, Reinszenierungen im Spiel, Abwesend-Wirken/Nicht-bei-sich-Sein, In-

---

9 trauma – griech. Wunde, Verletzung; ein medizinischer Fachbegriff für alle Formen der physischen Verletzung.

inneren-Fantasiewelten-Leben, schnell wechselnde, widersprüchliche und der Situation nicht entsprechende emotionale Zustände/Reaktionen.

Unbewältigte traumatische Erfahrungen haben daher massive Auswirkungen auf das Sozial- und das Lernverhalten von Kindern. Beziehungen zu Gleichaltrigen, wie auch zu Erwachsenen, sind oft von Rückzug, Misstrauen und sozialer Isolation oder vom unbewussten Wunsch nach Kontrolle/Macht und Manipulation geprägt, oder sie werden immer wieder von »Lügengeschichten«/erfundener Wirklichkeit belastet, die vielfältige Konflikte hervorrufen.

Das Lernen wird für diese Kinder erheblich erschwert durch Unruhe und Ablenkbarkeit, leichte Ermüdbarkeit, Tagträumereien, schnelle Frustration, frühes Aufgeben bei Leistungsanforderungen, niedriges Selbstwerterleben, extreme Schüchternheit, Schwierigkeiten, sich Inhalte zu merken und später abrufen zu können, Gedächtnisblockaden sowie starke Leistungsschwankungen trotz hoher Intelligenz oder kognitiver Stärke.

11.3 Lernpsychologische und didaktische Zugänge zu Themen des inklusiven Unterrichts

Die Wahrscheinlichkeit ist hoch, in einer Grundschulklasse mit 20 Kindern nicht nur eines, sondern gleich mehrere Kinder mit vergleichbaren traumatischen Erfahrungen wie Christopher und Lara vorzufinden (vgl. Hehmsoth 2021, S. 12). Auch wenn die traumatischen Ursachen (ob bekannt oder nicht) und ihre Auswirkungen sehr unterschiedlich sein werden: Die Herausforderungen und Belastungen, die Grundschullehrer*innen mit ihnen erleben, sind erheblich – zumal ein einziges traumatisiertes Kind u. U. genug Potenzial mitbringt, den gesamten Klassenverband mit seinem impulsiven und verstörenden Verhalten »anzustecken« und in den eigenen Strudel hineinzuziehen.

Ein traumatisiertes Kind springt während der Mathematikstunde plötzlich schreiend auf und schlägt wild um sich, außer sich vor Wut – vielleicht weil ein*e Mitschüler*in am Nachbartisch eine Beleidigung gegen die Mutter des Kindes ausgesprochen hat oder ein nicht angekündigter Test geplant ist oder weil heute anstelle der erkrankten Klassenlehrerin eine unbekannte Vertretungskraft erschienen ist – oder schlicht, weil das Lehrer*innenpult nicht am gleichen Platz steht wie sonst immer. Alle diese Faktoren (über visuelle, auditive, haptische, olfaktorische oder gustatorische Kanäle transportierte Trigger-Reize) können massive Überforderungsreaktionen auslösen, wenn sie frühere traumatische Erlebnisse reaktualisieren, d. h., eine assoziative Brücke zur damaligen Verlassenheit, Ohnmacht oder Todesangst herstellen. Und dann reagiert die Amygdala des betroffenen Kindes[10]

---

10 Der Mandelkern: eine maßgebliche Struktur im limbischen System/Mittelhirn, in der die traumatischen Erfahrungen konserviert sind.

unmittelbar mit Alarmierung und einem instinktiven Überlebensprogramm, das die primäre Angst und die Bedrohungsgefühle bekämpfen soll.

Was also benötigen traumatisierte Kinder in der Grundschule? Einen Rahmen, in dem sie sich sicher fühlen! Das bedeutet für sie in erster Linie, in Beziehungen Sicherheit zu erleben – durch eine verlässliche, emotional verfügbare, Schutz und Trost gewährende Lehrperson. Eine Person, die physisch und psychisch präsent ist – mit ihrer ganzen Persönlichkeit, ihrer Haltung und ihrem Wissen und ihrer Fähigkeit, auch in schwierigen Situationen den Überblick zu behalten, Orientierung zu geben und sich in die Bedürfnisse ihrer Schüler*innen einzufühlen.

Das Sicherheitsbedürfnis eines traumatisierten Kindes ist hochindividuell: Für introvertierte Kinder wie Lara bedeutet Sicherheit, gesehen und beschützt zu werden, also eine zugewandte emotionale Qualität in der Beziehung, die sie sowohl vor Übergriffen bewahrt als auch in ihrem individuellen Ausdruck und ihrer Selbstbehauptung unterstützt. Für extrovertiert agierende Kinder wie Christopher ist es stattdessen ein stabiles, Halt und Orientierung bietendes Gegenüber, das klare Grenzen kommuniziert und konsequent durchsetzt. Und gleichzeitig eines, das bleibt, auch wenn es schwierig wird.

So ist Traumasensibilität im pädagogischen Kontext vor allem beziehungsorientiert und benötigt eine annehmende und verstehende Haltung der Lehrperson im Sinne von: »Ich habe Respekt vor deiner (Über-)Lebensleistung« und »Du bist richtig, so wie Du bist«. Einstellungen, die angesichts von Beleidigung, Provokation und grenzverletzendem Verhalten durch Schüler*innen keineswegs leichtfallen dürften. Aber auch wiederholt geäußerte Hinweise, Lehrinhalte oder Aufforderungen, die erst bei der fünften Ansprache überhaupt wahrgenommen und dennoch nicht umgesetzt werden, lassen Lehrer*innen wenig Selbstwirksamkeit in ihrer Profession erleben und bringen sie an ihre Grenzen.

Gerade deshalb ist ein Paradigmenwechsel in der pädagogischen Haltung mit traumatisierten Grundschüler*innen hilfreich und notwendig – weg von primär auf Verhaltensmodifikation zielenden pädagogischen Handlungs-Modellen. Traumasensible Pädagogik fokussiert nicht zunächst auf das Unterbinden, Verändern und Auflösen des störenden Verhaltens – meist mit Hilfe von Sanktionen (Defizit- und Problemorientierung), sondern auf die wenig sichtbaren Ursachen und Motive hinter unverständlichen Verhaltensweisen, unlösbar erscheinenden Konflikten oder beleidigenden Äußerungen (Bedürfnisorientierung). Und unterstellt dabei immer den guten Grund: eine tragende Säule der traumasensiblen Pädagogik, die das aktuelle Verhalten eines Kindes als individuellen Lösungsversuch für einen zurückliegenden traumatischen Kontext annimmt, also als biografisch hoch sinnhafte Strategie des Überlebens. Ein traumatisiertes Kind ist nicht schwierig, ignorant oder bösartig oder was es auch immer an Zuschreibungen erhält – es hat gelernt, sich, so gut es ging, vor Misshandlungen, Übergriffen oder Verlassenwerden zu schützen, und schwierigste Erfahrungen durchgestanden. Aufgrund der spezifischen neurologischen Verarbeitung von traumatischen Ereignissen »verwechselt« es in Überforderungssituationen die Gegenwart mit der existenziell bedrohlichen Vergangenheit, d. h., es kämpft buchstäblich um sein Überleben!

So erscheint plausibel, dass das Klassenzimmer einer Grundschule geeignete Bedingungen anbieten muss, um für Kinder mit traumatischen Erfahrungen erst einmal zu einem sicheren Ort zu werden. Einem vertrauten und vertrauenswürdigen Ort, in dem das chronisch übererregte Nervensystem des Kindes (mit einem dauerhaft erhöhten Cortisol-Spiegel) aus dem Angst- und Erregungsmodus in einen entspannteren und aufnahmefähigeren Toleranzbereich wechseln kann. Dazu zählen sehr basale Merkmale wie eine gute visuelle Orientierung und Überschaubarkeit im Raum, ein aufgeräumter Tisch und Sitzplatz mit unverstelltem Blick auf die Lehrperson in räumlicher Nähe bzw. die Tafel/das Whiteboard/die visualisierten Lehrinhalte, vertraute und freundliche Sitznachbar*innen sowie eine ansprechende und wohnlich gestaltete Atmosphäre im Klassenzimmer. Leicht erkennbare, verlässliche Ordnungsstrukturen und augenfällige Gestaltung und Aufbewahrung von Lernmitteln helfen den Kindern ebenfalls, sich besser zurechtzufinden.

Klarheit und Transparenz auch bei zeitlichen Strukturen zu vermitteln, bedeutet, dass das Kind Ein- und Überblick in alle für es wichtigen Abläufe des Schulalltages bekommt (v. a. ein gut sichtbarer Stundenplan an der Wand inkl. aller Änderungen, ein Plan mit Hausaufgaben etc.). Dies gewährleistet für Schüler*innen eine erhebliche Qualität von Vorhersagevalidität, also die gefühlte Sicherheit, zu wissen, was heute/demnächst/in den nächsten Minuten passiert, und Ängste und Unsicherheitsgefühle zu reduzieren. Alle wiedererkennbaren, erwartbaren und sich stetig wiederholenden Ereignisse (z. B. gemeinsame Begrüßungs- und Verabschiedungsrituale, Morgenkreise, regelmäßige Spiele und Bewegungsübungen, Lernroutinen etc.) tragen hingegen zur Beruhigung bei.

Eigene Beruhigungs-, Ruhe- und Auftankräume bzw. geschützte räumliche Bereiche mit Nähe oder Sichtkontakt zum Klassenraum wären besonders sinnvoll, sind aber in den meisten Grundschulen schon aus baulichen Gründen rar. Wenn sie vorhanden sind und in Überforderungssituationen durch Lehrer*innen genutzt werden (oft als »Auszeitraum«), tragen sie für die meisten traumatisierten Schüler*innen eher das Stigma des immer wieder Weggeschickt- und Ausgegrenzt-Werdens, was ihren Schmerz und ihre emotionale Not noch verstärkt, statt sie bei ihrer Stressregulation zu unterstützen und zu entlasten. Eine kreative Lösung kann bereits ein einzelner, in der Ecke eines Klassenraums aufgestellter, bequemer Sessel oder Sitzsack sein, in den sich ein gestresstes Kind zurückziehen kann.

Elementar für das individuelle Sicherheitserleben sind konkrete und verständlich formulierte Verhaltensregeln für den sozialen Umgang in der Klasse/Schule, in denen ein respektvolles, gewaltfreies und unterstützendes Miteinander eingefordert und verlässlich umgesetzt wird.

11.4 Methoden und Medien des inklusiven Unterrichts

Ein traumasensibler Unterricht benötigt nicht allein geeignete strukturelle Rahmenbedingungen. Er erfordert, neben der oben ausgeführten wertschätzenden

Grundhaltung, v. a. sachliches und fachliches Basiswissen über Traumatisierungen sowie methodische Kompetenzen im Umgang mit Traumafolgen bei Schüler*innen.

Wachsende Lern- und Leistungsanforderungen an traumatisierte Schüler*innen, denen sie im Laufe ihrer Schulzeit immer weniger gerecht werden können, konfrontieren sie häufig mit massiven Versagensängsten und ihrem mangelhaften Selbstwerterleben, das sich in deutlichem Vermeidungs- und Verweigerungsverhalten äußern kann bis hin zur Schulverweigerung. Formen der schulischen Bewertung sollten daher immer wieder klar unterscheiden zwischen der Person des Kindes (die richtig und in Ordnung ist) und bspw. seinem Lerntempo (das langsamer ist als bei anderen) oder dem Leistungserfolg (der aufgrund vieler biografischer Belastungen weniger sichtbar, aber umso mehr zu würdigen ist). Wichtig ist, die vorhandenen individuellen Ressourcen, Interessen und Fähigkeiten eines Kindes anzusprechen und dem gegenüberzustellen.

Um den schnell anspringenden Ohnmachts- und Hilflosigkeitsgefühlen traumatisierter Kinder entgegenzuwirken, sind partizipative Kommunikations- und Unterrichtsformen grundsätzlich hilfreich. Schüler*innen dürfen aus vorgegebenen Aufgaben und Themen selbst auswählen, mitgestalten und an der Auswertung beteiligt sein. Bei Konzentrations-, Verständnis-, Ausdrucks- oder Lernschwierigkeiten werden sie von der Lehrperson einfühlend unterstützt und ermutigt oder begrenzt und zentriert. Bei Überforderung erhalten sie ein Unterbrechungsangebot (Stopp, Pause, Auszeit nehmen, Schluck Wasser trinken, Bewegungs- oder Atemübung machen). Kooperative Lernformen im Rahmen von Tisch- oder Arbeitsgruppen benötigen oft eine erhöhte Präsenz und Unterstützung durch die Lehrkraft, da die Komplexität sozialer Interaktion viele traumatisierte Schüler*innen überfordert und zu vermehrter Ausgrenzung führen kann.

Kurze spielerische Übungen (mit Hilfsmitteln wie Spieltücher, Jonglierbälle, Balancierbretter etc.), die die oft blockierte Körperwahrnehmung und den im traumatischen Geschehen erstarrten Bewegungsimpuls (no fight, no flight) kontrolliert Raum geben, unterbrechen und strukturieren den Unterricht in kleinere, bewältigbare Einheiten, motivieren und bauen kurzfristig inneren Druck und Stresserleben ab. Rhythmische Gruppenangebote (Bodypercussion, Rasseln, Trommeln) erden und synchronisieren das Nervensystem im Gruppenrahmen und sorgen für einen nachhaltig verbesserten sozialen Zusammenhalt.

Ebenfalls sehr hilfreich sind unterstützende Tools zur Gefühlswahrnehmung und zum Selbstausdruck (z. B. »Wie fühle ich mich heute?« auf einer Skala mit Gesichtern/Smileys zwischen null und zehn [Gefühlsbarometer] verorten). Sind die Verbalisierungsfähigkeiten vieler Schüler*innen durch geringe Förderung und fehlende Vorbilder oder ihren familiären Migrationshintergrund ohnehin schon eingeschränkt, sind traumatisierte Kinder aufgrund der neurologischen Verarbeitung von Traumata, die am Sprachzentrum vorbeiläuft, doppelt sprachlos. Sie benötigen nonverbale, eingängige und selbsterklärende Modelle und Vorlagen (wie z. B. Karten, Bilder oder Bilderbücher), um sich scham- und angstfrei mitzuteilen. Vor allem in akuten Überforderungssituationen sind diese Schüler*innen häufig nicht mehr in der Lage, rechtzeitig um Hilfe zu bitten. Zuvor mit der Lehrkraft vereinbarte (non-)verbale Signale (spezielles Handzeichen, abgesprochenes Codewort), Signalwortkarten (»Stopp«, »Hilfe«, »Wortmeldung« etc. – vorgefertigt oder selbstgemalt) oder ein ganzer, mit hilfreichen Bildern, Fotos, Figuren und anderen tröstenden Gegenständen gefüllter Notfallkoffer (eine Box, ein Karton) geben dem Kind die Sicherheit, in einer gefühlten Notlage schnell gesehen zu werden und/oder sich damit selbst helfen zu können.

Dissoziative, flashbackähnliche Zustände wie bei Lara (Erstarren, Zittern und Unerreichbarkeit) oder Christopher (unkontrollierbare destruktive Aggressionen und Wutausbrüche) bedeuten für traumatisierte Schüler*innen, wie auch die gesamte Klasse, eine extreme Herausforderung. Betroffene Kinder befinden sich in einer psychischen Ausnahmesituation, in der die Realität überblendet wird vom vergangenen traumatischen Szenario, das mit allen Angst- und Bedrohungsgefühlen als vollkommen real erlebt wird. Eine Lehrperson sollte in diesen Situationen möglichst ruhig bleiben und wirksame Angebote zur Dissoziationsunterbrechung verfügbar haben, die mit den Kindern vorbesprochen werden können. Diese können eine klare verbale Ansprache mit Namensnennung sein verbunden mit Botschaften wie: »Schau mich an, ich bin dein Lehrer Herr …/deine Lehrerin Frau … Wir sind hier in der Klasse, da ist es sicher!«; und Fragen wie: »Welche Farbe haben meine Augen?«; »Welche drei Gegenstände im Raum siehst du, die rot/gelb/grün sind?«; »Was hörst du, riechst du?« usw. Hilfreich können auch starke sensorische Reize sein (Klangschale, bilaterales Klatschen oder abwechselndes Berühren der rechten und linken Körperhälfte, lautes Singen, Riechfläschchen mit ätherischen Ölen, Brausepulver oder ein Igelball) oder frische Luft, ein Glas Wasser und eine Bewegungsübung, um dem betroffenen Kind eine Reorientierung im Hier-und-Jetzt zu ermöglichen. Im Nachhinein können sich viele dissoziierende Kinder nicht mehr richtig erinnern, was in dieser Zeit passiert ist oder was sie gemacht haben; sie benötigen hier unbedingt Unterstützung bzw. eine individuelle Nachbearbeitung des Erlebten (z. B. eine neutrale, bewertungsfreie Beschreibung der Ereignisse und deren Folgen sowie emotionale Entlastung).[11]

Für die gesamte Klasse ist die Zeugenschaft solcher Vorfälle hoch belastend und verunsichert oder verstört viele Kinder. Daher sollten Lehrkräfte psychoedukative, kindgerecht über Traumafolgen informierende Lehreinheiten gestalten, ohne die betroffenen Schüler*innen damit zu beschämen oder zu stigmatisieren (siehe auch ▶ Kap. 11.5). Imaginationsübungen zur inneren Distanzierung (z. B. belastende Gefühle visualisieren und in eine Truhe oder einen Tresor verpacken; inneren sicheren Ort schaffen oder Baum/Erdungsübung) sowie Körperübungen zur Unterstützung von Konzentration und Lernvermögen (z. B. Überkreuzübungen, liegende Acht, »Denkmütze«) (vgl. Ding 2014, S. 202 f.) können im Klassenverband gemeinsam durchgeführt werden und allen Spaß machen.

Schüler*innen lernen so, dissoziative Reaktionen ihrer Mitschüler*innen als einen »normalen« Bestandteil ihres Schulalltags zu begreifen und einzuordnen. Sie können mehr Verständnis für ihre Mitschüler*innen aufbringen, ohne die von ihnen ausgehenden Provokationen, Störungen oder Aggressionen einfach hinnehmen zu müssen. Dazu benötigen sie die Unterstützung kompetenter Lehrkräfte, die

---

11 N. Yehuda hat das Vorgehen mit einem schwer dissoziativen siebenjährigen Jungen im Schulalltag in einem 6-Stufen-Plan zusammengefasst (vgl. Wieland 2014, S. 266–331).

selbst durch die Institution Schule gut geschult und unterstützt werden, etwa durch Fortbildung und Fallarbeit oder auch durch eine zweite (sonder-)pädagogische Lehrkraft in der Klasse sowie einen Notfallplan für häufige Krisensituationen (Welche Handlungsschritte erfolgen in welcher Reihenfolge, wer unterstützt, wer ist zu informieren? etc.).

11.5 Beispiele und Ansätze zu ausgewählten Fächern des inklusiven Unterrichts

Lernen bedeutet für traumatisierte Kinder, unbekanntes und unsicheres Terrain zu betreten, sich auf etwas einzulassen, dessen Ausgang und Ergebnis der eigenen Person und ihrem Selbstwert potenziell gefährlich werden kann (vgl. Weiß 2016, S. 159). Daher sind die Lernbereitschaft, Leistungs- und Explorationsfähigkeit bei ihnen in unterschiedlicher Art und im Verlauf eingeschränkt und schwankend, abhängig von multiplen Faktoren. Kooperative, traumasensible Lernbegleitung mit diesen Schüler*innen bewegt sich im Spannungsfeld zwischen äußeren Anforderungen (sollen), motivationalen Anteilen (wollen) und der Fähigkeit zur Verarbeitung (können) (vgl. Hehmsoth 2021, S. 169).

Geeignete Themenbereiche für den Unterricht orientieren sich an den Grundbedürfnissen traumatisierter Schüler*innen nach Sicherheitsempfinden, Stabilität, Selbstwirksamkeit und korrigierenden Beziehungserfahrungen. Sie können den basalen Ebenen des Erlebens und Wahrnehmens, d. h. den Schnittstellen zwischen innerer Welt und äußerer Welt, zugeordnet werden: stabiles Ich-Erleben, Gefühlsregulation, sensorische Wahrnehmung und Körpererleben.

Biologie/Sachunterricht

Psychoedukative Ansätze klären zunächst über die zentralen menschlichen Bereiche und deren Zusammenwirken auf: Körper (Gehirn/Rückenmark, dezentrales Nervensystem; Sinnesorgane und Wahrnehmungsfähigkeit) und Psyche (Ich-Identität – Gefühle – Verstand/Kognition – Gedächtnis). Die Folgen traumatischer Erfahrungen für Körper und Psyche erläutern anschaulich und kindgerecht verschiedene Veröffentlichungen und Materialien zur Psychoedukation.[12]

Fragen wie »Was passiert, wenn Kinder Schlimmes erlebt haben? Wie wirkt sich das Erlebte auf ihr Gehirn aus? Warum fühlen sie sich dann später manchmal so, als würde alles noch einmal passieren?« klären auf und eröffnen entlastende Verste-

---

12 Geeignete Hilfestellung bieten z. B. Powerbook Band 1 & 2 (vgl. Krüger 2013; 2016), Kartensets z. B. Gräßer/Hovermann (2015) oder die traumapädagogische Wendepuppe »Paul und Paula« (https://www.institut-trauma-paedagogik.de/fachliches-vom-institut/paul-a, Stand: 20.06.2022).

henszugänge für betroffene Kinder, die sich selbst als »nicht normal« oder »verrückt« erleben und glauben, dass es ihnen ganz allein so ergeht. Typische Symptomgruppen (*Hyperarousal:* innere Unruhe, Schreckhaftigkeit, mangelnde Konzentration; *intrusive Symptome:* eindringende Bilder und Alpträume; *Konstriktion:* Vermeidungsverhalten, innerer und äußerer Rückzug; *Dissoziation:* Fremdheitsgefühle, inneres Abschalten etc.) können aus der verstehenden und wertschätzenden Haltung des guten Grundes erklärt, Möglichkeiten zur Gefühlswahrnehmung und Einordnung/Akzeptanz angeboten werden. Sehr hilfreich können Angebote zur praktischen Exploration und Stimulation sensorischer Reize sein: Spiele und Versuchs-Anordnungen, in denen einzelne Sinne wie der auditive (stille Post, Geräusche raten), visuelle (optische Täuschungen, Farben- und Formen-Ratespiele) oder olfaktorische Sinn (Gerüche erraten oder merken) im Fokus sind.[13]

Sport

Viele Angebote und Bewegungsspiele können traumatisierte Schüler*innen dabei unterstützen, sich in und mit ihrem Körper wohler zu fühlen und einen Schritt aus der traumabedingten Erstarrung und emotionalen Isolation herauszumachen. Dazu braucht es allerdings einen besonders traumasensiblen Rahmen, der ihre Grenzen schützt, ihnen Ermutigung anbietet und jede Form von Beschämung vermeidet. Viele traumatisierte Kinder bringen tiefgreifende Verletzungen von körperlicher Gewalt, sexueller Übergriffigkeit und psychischer Misshandlung mit in den Sportunterricht. Sie werden durch die Atmosphäre im Umkleideraum getriggert oder aufgrund ihres eigenen Aussehens oder Verhaltens von anderen Schüler*innen beleidigt, ausgegrenzt, körperlich unter Druck gesetzt und gemobbt. Sie halten den an sie gestellten Leistungserwartungen im Unterricht oft nicht stand, sind schwächer, ungeschickter oder haben weniger Ausdauer und Ehrgeiz als ihre Mitschüler*innen, geben vielleicht früh auf. Leistungs- und konkurrenzbezogene Settings, die die Wettkampfergebnisse des einzelnen Kindes honorieren, sind für viele traumatisierte Kinder nicht geeignet. Gruppen- und Kooperationsspiele, bei denen es um den sozialen Zusammenhalt und das Ergebnis heterogener Einzelbeiträge geht, der die Gruppe als Ganzes voranbringt, sind stattdessen sinnvoller. So kann jedes Kind sich entsprechend seiner individuellen Fähigkeiten und Ressourcen für alle als gewinnbringend einsetzen und als respektierter Teil der Gruppe erleben. Auch an populären Mannschaftssportarten (Fußball, Volleyball etc.) können traumatisierte Schüler*innen scheitern, deren illusionäres Selbstbild oder idealisierte Selbsteinschätzung (»ich werde Fußballprofi«) durch ihre Traumageschichte geprägt ist. Sie bringen sportliches Interesse mit, sind aber aufgrund sozial-emotionaler Überforderung kaum in der Lage, sich an Kooperations-Regeln zu halten oder eine konstruktive Rolle in einem Fußballteam zu übernehmen.

---

13 Siehe z.B. »Meine Gefühle – ein Grundschulprojekt zur Förderung der Selbstwahrnehmung« (vgl. Pillhofer 2017, in Zimmermann 2017a, S. 102–115.). Siehe auch: das Erfahrungsfeld zur Entfaltung der Sinne nach Hugo Kükelhaus, das von vielen Institutionen und Museen für Schulklassen angeboten wird (https://hugo-kuekelhaus.de, Stand 16.06.2022).

Musische Fächer

Fächer, die den nonverbalen, kreativen Ausdruck fördern, unterstützen v. a. traumatisierte Schüler*innen in besonderer Weise.

Kunst

Zum einen ist die mangelnde sprachliche Verständigung kein großes Hindernis im Gestalten, zum anderen erleben sich durch traumatische Erfahrungen belastete Kinder im Kunstunterricht in einem vertrauten Medium des Ausdrucks wie Malen und Basteln. Hilfreich sind klare Themenangebote (z. B. aktuelle Gefühle darstellen: »Heute bin ich …«, »Glück bedeutet für mich …«; vgl. Pillhofer 2017, S. 106.) kombiniert mit haltgebenden Vorlagen (konkrete Formen wie die Haus- oder die Kreisform), die Kindern z. B. die Angst vor dem leeren weißen Blatt nehmen können; auch kann ein deutlich markierter Rand oder eine äußere Begrenzung um das Blatt herum ein sicherer Rahmen für das sein, was darauf gemalt wird. Umgekehrt sollten Angebote und Vorgaben Raum für die individuelle Gestaltung zulassen, sodass die kindliche Kreativität sich zeigen kann und von der Lehrperson eingeladen und (immer individuell und wertschätzend) betrachtet wird. Sollten sich auf dem Papier schockierende Motive (Waffen, Panzer, weinende, verletzte oder tote Personen), Themen (körperliche Gewalt, Missbrauch) und Ausdrucksformen (raumgreifend schwarze oder rote Farbe, zerschnittenes und zerknülltes Papier o. ä.) zeigen, sollten Lehrer*innen trotz eigener Betroffenheit ruhig bleiben und eine (kurze) Würdigung für das Ergebnis verbalisieren. Vielleicht will das Kind jetzt noch ein zweites Bild malen mit den guten Gefühlen/der Schatzkiste, die es auch in sich hat? Vermeiden Sie Nachfragen (»Warum ist da ein Panzer? Ist diese Person tot?«) und Vergleiche zu anderen Bildern (»nicht so bunt, blau oder hell wie das Bild von …«), sondern anerkennen Sie, dass Ihnen das Kind etwas von seinem (unbewussten) Inneren mitgeteilt hat, und spiegeln Sie ihm, dass das für Sie völlig in Ordnung ist. Für das traumatisierte Kind bedeutet die ruhige und freundliche Antwort von seiner Lehrerin oder seinem Lehrer, dass es mit seinen belastenden, ihm selbst Angst machenden Bildern und Erinnerungen da sein darf und zumutbar für andere ist. Sie können zur psychischen Entlastung des Kindes anbieten, das Bild/das gebastelte Objekt nach dem Unterricht an sich zu nehmen oder an einem sicheren Ort aufzubewahren.

Musik

Musik und Rhythmus gehören zu den ältesten menschlichen Kulturleistungen; sie verbinden und synchronisieren Menschen auf einer tiefen körperlichen Ebene (Atmung, Herzschlag, Nervensystem). Gefühle von Freude, Verstanden-Werden oder Trost und Verbundenheit stellen sich beinahe wie von selbst ein und bringen etwas in Bewegung. Traumatisierte Schüler*innen finden daher im musikalisch-rhythmischen Raum ein großes Wachstums-Potenzial. Eine Trommel (eine afrikanische Djembe oder eine Conga) z. B. kann ein sehr nachhaltiges Instrument sein, mit dem die starke und spürbare Eigenresonanz des Klangkörpers das lebendige Selbst- und Körpererleben stimuliert und eine Auseinandersetzung mit unbewussten Gefühlen (Aggressionen, Wut, Ängsten) und Selbstaspekten (verletzten inneren Anteilen) möglich macht (vgl. Ding 2011, S. 205–216) oder eine unüberhörbare Form von Selbstbehauptung unterstützt: »ich bin da!« und »ich trommle, also bin ich«. Verbinden sich mehrere Kinder in einer Trommelgruppe im gleichen, sich über einen längeren Zeitraum stetig wiederholenden Rhythmus, führt dies im besten Fall zu einem gemeinsamen Flowerleben (»ich bin da und gehöre dazu«). Voraussetzung ist ein stabiler rhythmischer Rahmen, der von einer versierten Lehrperson gehalten werden muss, um vom Kind als tragend und verlässlich erlebt zu werden. Im Gruppensetting mit traumatisierten Kindern ist eine zweite Lehrperson notwendig, die sich situativ um deren besondere Bedürfnisse kümmert und bei Überforderung für emotionalen Halt sorgen kann, ohne dass das Rhythmuskontinuum abreißt.

11.6 Bildungs- und Erziehungspartnerschaften mit Erziehungsberechtigten

Aufgrund der im Rahmen der Kinder- und Jugendhilfe oft notwendigen Aufteilung/des Entzugs elterlicher Rechte und Pflichten sowie der Beteiligung unterschiedlicher Institutionen und Fachkräfte am Hilfeprozess sind die schulischen Kooperationsbeziehungen hier ebenso komplex wie anspruchsvoll.

Leben Kinder nicht mehr in ihrer Herkunftsfamilie und wurde das Personensorgerecht (inkl. der Sorge für die schulische Bildung) für sie durch familiengerichtliche Entscheidung auf Vormünder*innen übertragen, müssen relevante Informationen, Absprachen und Entscheidungen für traumatisierte Schüler*innen mit diesen kommuniziert bzw. abgestimmt werden. Grundlegende Ansprechpartner*innen im Schulalltag sind vor allem die mit der Erziehung und täglichen Begleitung des Kindes am neuen Lebensmittelpunkt beauftragten Träger der Jugendhilfe (z. B. eine Heimeinrichtung, Wohngruppe oder eine familiäre Pflegestelle/-familie) bzw. deren Vertreter*innen und beauftragten Fachkräfte (Sozial-/Pädagog*innen, Erzieher*innen). Sind bei besonderem schulischen Förderbedarf Integrationshelfer*innen/Schulbegleiter*innen für das Kind eingesetzt, sollten Lehrkräfte mit diesen eine enge Kooperation in der Klasse pflegen und klare pädagogische Absprachen treffen. Auch die Zusammenarbeit mit Schulsozialarbeiter*innen, denen sie vertrauen, unterstützt und entlastet Kinder mit Traumaerfahrungen.

Beobachten Lehrer*innen deutliche Veränderungen im (Lern-)Verhalten eines Kindes (plötzlicher Rückzug im Kontakt, vermehrte Unruhe oder Stören, Einbruch der Leistungen etc.) sollten die Erziehungsberechtigten bzw. deren rechtliche und faktische Vertreter*innen (s. o.) angesprochen werden. Regelmäßige Gespräche und ein transparenter Informationsaustausch der an der Alltagsgestaltung des Kindes beteiligten Personen sind sinnvoll, um Spaltungstendenzen zu verhindern: Traumatisierte Kinder übertragen ihre inneren Konflikte und Spaltungen meist auf ihre Beziehungspartner*innen und die beteiligten Systeme (wie z.B. das Lehrer*innenkollegium) – Missverständnisse/Verwirrung, Fehlinformationen, Schuldzuweisungen und endlose Klärungsversuche sind die Folge. Auch Gespräche mit Eltern bzw. Erziehungsberechtigten betroffener Kinder sind meist nicht einfach: Oftmals haben traumatisierte Schüler*innen auch traumatisierte Eltern/Erziehungsberechtigte. Diese für die Probleme und Notlagen ihrer Kinder zu sensibilisieren, hilft eine konstruktive und traumasensible Gesprächsführung.

Nehmen Lehrpersonen bei Schüler*innen Anzeichen für Gewalterfahrungen, sexuellen Missbrauch, Misshandlung oder Unterversorgung wahr, sollten sie diese Hilfesignale weder für sich behalten noch auf sich allein gestellt handeln. Teilen Sie Ihre Besorgnis oder ihr »Bauchgefühl« Kolleg*innen und der Schulleitung mit, bringen Sie ihren Verdacht in Konferenzen ein und lassen Sie sich bei weiterführenden Hinweisen auf eine Kindeswohlgefährdung ggf. anonym von fachkundigen Stellen beraten. Eine Meldung an das zuständige Jugendamt kann dann ein sinnvoller Schritt sein, um die Situation von Schüler*innen zu klären und eine akute Notlage zu beenden.

Ausgewählte Einrichtungen und Dienste auf Landes- und Bundesebene

- Schulpsychologischer Dienst (regional)
  Jugendamt (regional)
- Kinderschutzbund (bundesweit und regional)
  Internet: https://www.dksb.de/
- Bundesverband Traumapädagogik
  Internet: https://fachverband-traumapaedagogik.org/
- Medizinische Kinderschutzhotline (bundesweites kostenfreies telefonisches Beratungsangebot bei Verdachtsfällen von Kindesmisshandlung, Vernachlässigung und sexuellem Kindesmissbrauch)
  Telefon: 0800 1921000
  Internet: https://www.kinderschutzhotline.de

Literatur

Bausum, J./Besser, L./Kühn, M./Weiß, W. (Hrsg.) (2011): Traumapädagogik. Grundlagen, Arbeitsfelder und Methoden für die pädagogische Praxis (2., korrigierte und ergänzte Aufl.). Weinheim, München: Juventa.

Ding, U. (2011): Trommeln gegen Trauma. Der Einsatz von Congas in der Arbeit mit traumatisierten Kindern. In: J. Bausum/L. Besser/M. Kühn/W. Weiß (Hrsg.), Traumapädagogik.

Grundlagen, Arbeitsfelder und Methoden für die pädagogische Praxis (2., korrigierte und ergänzte Aufl., S. 205–216). Weinheim, München: Juventa.

Ding, U. (2014): »Ich kann mir sowieso nichts merken, also brauche ich auch nicht hin!« Wie kann Schule dissoziierende Kinder verstehen und im Lernen unterstützen? In: W. Weiß/E. K. Friedrich/E. Picard/U. Ding (Hrsg.), »Als wär ich ein Geist, der auf mich runter schaut«. Dissoziation und Traumapädagogik (S. 166–222). Weinheim, Basel: Beltz.

Gräßer, M./Hovermann, E. (2015): Ressourcenübungen für Kinder und Jugendliche. Kartenset mit 60 Bildkarten. Weinheim, Basel: Beltz.

Hehmsoth, C. (2021): Traumatisierte Kinder in Schule und Unterricht. Wenn Kinder nicht wollen können. Bad Heilbrunn: Julius Klinkhardt (utb).

Krüger, A. (2010): Erste Hilfe für traumatisierte Kinder. Mannheim: Walter.

Krüger, A. (2013): Powerbook. Erste Hilfe für die Seele. Trauma-Selbsthilfe für junge Menschen. Hamburg: Elbe & Krueger.

Krüger, A. (2016): Powerbook special. Hilfe für die Seele – Band 2. Mehr Trauma-Selbsthilfe für junge Menschen. Hamburg: Elbe & Krueger.

Lohmann, M. (2017): Traumatisierte Schüler in Schule und Unterricht. Grundwissen, Strategien und Praxistipps für Lehrer. Hamburg: AOL.

Pillhofer, C. (2017): Meine Gefühle – ein Grundschulprojekt zur Förderung der Selbstwahrnehmung. In: D. Zimmermann (Hrsg.), Traumatisierte Kinder und Jugendliche im Unterricht. Ein Praxisleitfaden für Lehrerinnen und Lehrer (S. 102–115). Weinheim, Basel: Beltz.

Spiegel-Kohler, H. (2017): Traumatisierte Kinder in der Schule. Verstehen auffangen stabilisieren. Ostfildern: Patmos.

Weiß, W./Friedrich, E. K./Picard, E./Ding, U. (2014): »Als wär ich ein Geist, der auf mich runter schaut«. Dissoziation und Traumapädagogik. Weinheim, Basel: Beltz.

Weiß, W./Kessler, T./Gahleitner, S. B. (Hrsg.) (2016): Handbuch Traumapädagogik. Weinheim: Beltz.

Wieland, S. (Hrsg.) (2014): Dissoziation bei traumatisierten Kindern und Jugendlichen. Grundlagen, klinische Fälle und Strategien. Stuttgart: Klett Cotta.

Zimmermann, D. (2016): Traumapädagogik in der Schule. Pädagogische Beziehungen mit schwer belasteten Kindern und Jugendlichen. Gießen: Psychosozialverlag.

Zimmermann, D. (2017a): Traumatisierte Kinder und Jugendliche im Unterricht. Ein Praxisleitfaden für Lehrerinnen und Lehrer. Weinheim, Basel: Beltz.

Zimmermann, D./Rosenbrock, H./Dabbert, L. (Hrsg.) (2017b): Praxis Traumapädagogik. Perspektiven einer Fachdisziplin und ihrer Herausforderungen in verschiedenen Praxisfeldern. Weinheim, Basel: Beltz.

12 Schüler*innen mit Migrations- und Fluchterfahrungen

Siamak Farhur

> Die Möglichkeit zur inklusiven Teilhabe im schulischen Kontext von Schüler*innen mit Migrations- und/oder Fluchterfahrungen kann sich schwierig gestalten, da schon die Begrifflichkeiten und Perspektiven bezogen auf diese Thematik oft unklar und widersprüchlich sind.
>
> Wie sehr diesen Themen Bedeutung zugemessen wird und wie sehr die Vorstellungen hierzu veränderlich und widersprüchlich sind, zeigt alleine schon die völlig veränderte Wahrnehmung von Migration – und speziell von Flucht – in Abhängigkeit von ihren Kontexten und Deutungen. Dieser brisante gesamtpolitische Rahmen hat Einfluss auf das Geschehen im Klassenzimmer: Welche Aspekte betreffen die Lehrkräfte, die Schüler*innen, die Eltern und Erziehungsberechtigten? Um »unser« Bild von Schüler*innen mit Migrationshintergrund zu verstehen und in weiteren Schritten Handlungsmöglichkeiten für einen inklusiven Unterricht (am Beispiel des Faches Kunst) ansatzweise aufzuzeigen, ist es naheliegend, bestimmte Ausschnitte der wissenschaftlichen Debatte hinsichtlich spezifischer Methoden oder Didaktiken sowie die Entwicklung der Migration in Europa und Deutschland zu diskutieren bzw. zu rekapitulieren.

12.1 Fallgeschichten von Schüler*innen mit Migrations- und Fluchterfahrungen

Die Fallgeschichten von Schüler*innen mit Migrations- und Fluchterfahrungen sind unterschiedlich und lassen sich nicht verallgemeinern. Daher kann und wird es hierfür keine allgemeingültige Pädagogik, kein verbindliches Konzept oder keinen generellen didaktischen Ansatz geben können. Dennoch lassen sich Fallgeschichten beschreiben, die hinsichtlich einiger Charakteristika häufiger auftauchen (können) und die Möglichkeit zu einer individuellen Begleitung im Schulalltag aufzeigen. Um dies zu verdeutlichen, sollen im Folgenden Schüler*innen vorgestellt werden, die mit ihren sehr unterschiedlichen Voraussetzungen diese Vielfalt an Lebensbildern in exemplarischer Weise repräsentieren.

12.1 Fallgeschichten von Schüler*innen mit Migrations- und Fluchterfahrungen

Maryam ist Schülerin in der fünften Klasse. Maryams Eltern kommen aus Afghanistan und sind vor etwa sieben Jahren nach Europa geflohen. Die genauen Fluchtumstände sind nicht nachvollziehbar, allerdings hielt sich die Familie vorübergehend auch in anderen europäischen Staaten auf. Maryam ist eine sehr stille, teilweise sogar verschlossene Schülerin, nur im Fach Kunst beschäftigt sie sich intensiv und ohne Ablenkung mit den jeweiligen Aufgaben. Dennoch liegt kein (diagnostizierter) Bedarf an sonderpädagogischer Unterstützung vor. Sie spricht weitestgehend akzentfrei und versteht die an sie gerichteten Aussagen. Auch in anderen Förderbereichen liegt kein diagnostizierter Bedarf vor. Diagnostizierte Traumata, die bei Kindern und Jugendlichen mit Fluchterfahrungen vorkommen können, liegen ebenfalls nicht vor. Aufgrund ihrer äußeren Erscheinung wurde Maryam wiederholt von Mitschüler*innen als »Chinesin« bezeichnet. Diese Zuschreibung hat sie immer wieder massiv verärgert und sie hat ebenso wiederholt ihren Unmut darüber geäußert.

Demet ist Schülerin der fünften Klasse. Ihre Großeltern mütterlicher- und väterlicherseits stammen aus der Türkei und kamen im Zuge der Arbeitsmigration in den 1960er Jahren nach Deutschland. Ihre Eltern wurden bereits in Deutschland geboren und leben hinsichtlich ihrer beruflichen und sozialen Stellung in gesicherten Lebensverhältnissen. Demet spricht akzentfrei Deutsch und die Herkunftssprache der Eltern nach eigenen Angaben nur unzureichend. In Demets Gewohnheiten, Verhalten und eigenem Selbstverständnis gibt es keinerlei Spezifika, die auf die Herkunft ihrer Eltern hinweisen könnten. Der Kontakt mit den Eltern ist unkompliziert und konstruktiv.

Hussein ist Schüler der siebten Klasse und gemeinsam mit seinen Eltern und sechs jüngeren Geschwistern über zahlreiche Umwege aus Syrien nach Deutschland geflohen. Die Familie lebt in sehr beengten Verhältnissen. Hussein ist ein sehr religiöser und aufgeschlossener Schüler. Er ist hilfsbereit und gegenüber den Lehrkräften sehr höflich und respektvoll. Schwierig ist dagegen gelegentlich sein Umgang mit einigen Schüler*innen, da Konflikte mitunter auch gewalttätig ausgetragen werden. Hussein hat sich hierbei auf ein traditionales Werteverständnis bezogen, das ihm von seinen Eltern vermittelt worden sei. Nach Rückfragen konnte dies jedoch nicht bestätigt werden. Da Hussein nicht in Deutschland geboren ist und Arabisch seine Erstsprache ist, kommt es – insbesondere in der Schriftsprache – immer wieder zu Missverständnissen und Schwierigkeiten (auch in der Klassengemeinschaft). Durch wiederholte Gespräche mit ihm und der Klasse und Einbindungen in Dienste und weitere schulische Aufgaben (Mensadienst etc.) konnten sein Selbstwertgefühl gesteigert und seine Position in der Gruppe stabilisiert werden. Die Zusammenarbeit mit den Eltern gestaltete sich – bedingt durch die Sprachbarrieren – schwierig.

Sarah ist Schülerin der fünften Klasse. Ihre Mutter stammt aus der Türkei und ihr Vater aus Deutschland. Die Eltern sind berufstätig, dennoch sind die Lebensverhältnisse der Familie eher bescheiden. Trotz der Herkunft ihrer Mutter hat Sarah kaum kulturelle oder sprachliche Anbindungen an die ehemalige Heimat ihrer Mutter. Sie spricht lediglich einige wenige kurze Sätze in türkischer Sprache, im Alltag spricht die Familie (Sarah hat noch eine ältere Schwester) ausschließlich Deutsch. Sarah, die äußerlich nicht von der Mehrheitsgesellschaft zu unterscheiden ist, ist insgesamt ein sehr zurückhaltendes Kind, sie beteiligt sich selten am Unterrichtsgespräch und wird gelegentlich zum Ziel verbaler Angriffe anderer Schüler*innen. Diese Konflikte stehen jedoch nicht im Zusammenhang mit der Herkunft der Mutter, die den übrigen Schüler*innen der Klasse kaum bekannt ist. Die Elternarbeit geschieht ausschließlich über die Mutter; aufgrund der Konflikte kam es zu wiederholten, intensiven Gesprächen.

Eugen ist Schüler der sechsten Klasse. Seine Eltern stammen aus Kasachstan. Seine Mutter gehört zur Gruppe der Russlanddeutschen, der Vater ist ethnischer Russe. Anders als das Gros der Spätaussiedler*innen ist die Familie von Eugen erst seit wenigen Jahren in Deutschland. In der eher areligiösen Familie wird hauptsächlich Russisch gesprochen. Eugen war aufgrund der nicht vorhandenen Sprachkenntnisse zu Beginn seiner Schullaufbahn in Deutschland äußerst zurückhaltend und gelegentlich unsicher im Auftreten. Mittlerweile spricht er jedoch sehr gut und fließend Deutsch. Eugen ist im Klassengefüge seitdem sehr sozial, pflichtbewusst und immer höflich. Durch den erfolgreichen Spracherwerb und stetige Verbesserungen in fast sämtlichen Unterrichtsfächern hat er Selbstwirksamkeit erfahren. Die Mutter spricht kaum Deutsch, die Deutschkenntnisse des Vaters sind besser und im Rahmen der Elternsprechtage werden wesentliche Punkte zufriedenstellend besprochen.

Frederik ist Schüler der siebten Klasse. Sein Vater stammt aus einem westeuropäischen Land der EU und seine Mutter aus Deutschland. Die Eltern sind berufstätig und leben in ökonomisch wie sozial sehr guten Lebensverhältnissen. Trotz der Herkunft des Vaters spricht Frederik nur Deutsch und hat auch keinerlei spezifische kulturelle Anbindungsmomente, seine Abstammung spielt im schulischen Kontext keine erkennbare Rolle. Frederik ist ein sehr lebhafter Schüler, der sich selten auf das unmittelbare Unterrichtsgeschehen konzentrieren kann, gelegentlich gerät er auch in Konflikt mit seinen Mitschüler*innen und ist nur nach längeren und intensiven Gesprächen bereit, sein Verhalten zu reflektieren. Seine schulischen Leistungen sind – auch bedingt durch seine Konzentrationsschwierigkeiten – nur gelegentlich im durchschnittlichen Bereich. Eine spezifische Diagnose liegt bei Frederik dennoch nicht vor. Die Zusammenarbeit mit seinen Eltern verläuft zufriedenstellend, auch weil es keinerlei sprachliche Barrieren gibt.

An diesen exemplarischen Beispielen kann verdeutlicht werden, dass es keine generalisierbare Perspektive auf Schüler*innen mit Migrationshintergrund gibt und auch kaum geben kann. Zu sehr unterscheiden sich die familiären, sozialen, ökonomischen, individuellen und schulischen Voraussetzungen, sodass bei genauer Betrachtung auch vermeintlich kulturelle Aspekte mitunter sogar kaum noch nennenswert ins Gewicht fallen. Sicherlich kann es – je nach Schulstandort – bestimmte Einwanderungsgruppen häufiger geben, wobei bestimmte Problemlagen wie etwa Sprachbarrieren, traumatische (Flucht-)Erfahrungen und soziale Marginalisierung eine größere Rolle spielen können, aber grundsätzlich gilt wie in so vielen Fällen: Die individuellen Bedarfe der Schüler*innen stehen im Fokus der Pädagogik.

12.2 Beschreibungen, Ursachen und Folgen von Migrations- und Fluchterfahrungen

Die europäischen Gesellschaften haben sich in den letzten Jahrzehnten deutlich und mitunter sehr schnell zu faktischen Einwanderungsgesellschaften transformiert. Dies gilt insbesondere für die nord-, mittel- und westeuropäischen Staaten. Die Gründe für diese Migrationen sind vielfältig und können sowohl ökonomisch als auch sozial motiviert sein. Sie reichen von Fluchtmigration über Arbeitsmigration bis hin zur Zu- und Abwanderung von hochspezialisierten Expert*innen in Ökonomie und Forschung. In jüngerer Zeit kommen verstärkt auch ökologische Ursachen hinzu, die Menschen dazu veranlassen, ihre Heimat zu verlassen. Zuwanderung kann dabei ein temporäres, aber auch ein dauerhaftes Ereignis sein (vgl. u. a. Han 2016). Die massiven Fluchtbewegungen um die Jahre 2014/2015, die insbesondere Migrierende aus den Bürgerkriegs- und Krisengebieten in Syrien, Irak und Afghanistan nach Mitteleuropa brachten, wurden oft als schwer zu bewältigende Herausforderung betrachtet. Die Fluchtbewegungen wurden nicht nur als Belastung für die sozialen Systeme wahrgenommen, sondern von Teilen der Bevölkerung sogar als Bedrohung des kulturellen Selbstverständnisses (Identitäten) (vgl. Lengfeld/Dilger 2018).

Dies änderte sich bei der nicht minder massiven Fluchtbewegung im Zuge des seit 2022 stattfindenden Krieges in der Ukraine, dessen Ausgang und Auswirkungen auf weitere Fluchtbewegungen derzeit noch nicht absehbar sind. Waren im ersteren Falle massive Ängste mit im Spiel, so schwanden diese im zweiten Fall. Inwiefern auch hier wiederum politische, ökonomische oder auch kulturelle Überzeugungen und gar Formen von Ethnisierungen eine Rolle spielen, kann zum gegenwärtigen Zeitpunkt nicht abschließend festgestellt werden. Hier sei zum Beispiel an jene Stimmen in der Öffentlichkeit erinnert, die den Geflüchteten aus der Ukraine – relativ pauschal – eine größere »kulturelle Nähe« unterstellen und von unproblematischen Eingliederungsprozessen ausgehen. Auf diese Problematik hat u. a. die Soziologin Teresa Beck eindringlich hingewiesen (vgl. Deutschlandfunk Kultur 2022).

Fest steht, dass Migration und auch massive Fluchtbewegungen von Teilen einer Aufnahmegesellschaft entweder als Problem betrachtet werden können – oder auch nicht – und dies gilt ganz offensichtlich völlig unabhängig von der Zahl der Zugewanderten, denn die Anzahl der Geflüchteten ist 2022 mit jener aus den Jahren

2014/2015 durchaus vergleichbar (vgl. BAMF – Bundesamt für Migration und Flüchtlinge 2015, 2016, 2022).

Auch die Bereitschaft der Bereitstellung von Mitteln und Ressourcen durch die politisch Verantwortlichen scheint unterschiedlich zu sein, zeigt aber im Falle von Geflüchteten aus der Ukraine, dass progressive Ansätze zugunsten einer neuen und zugewanderten Schülerschaft sehr wohl und vor allen Dingen sehr schnell organisiert werden können. So kann gerade in diesem Kontext festgehalten werden, dass neben allen problematischen Bereichen auch innovative Entwicklungen möglich sind. Besonders eindringlich erleben wir gegenwärtig Krieg und kriegerische Konflikte, wie jenen in der Ukraine, als einen Push-Faktor für eine zumeist spontane, gefahrvolle, dramatische und wenig planvolle Form der Migration. Hier, aber nicht nur hier, können Gründe für Belastungen unterschiedlichster Art gefunden werden. Als Resultat dieser belastenden Erfahrungen können Schüler*innen ein weites Spektrum an Reaktionen im Nachgang der Fluchterfahrung zeigen. Dies können sowohl aggressive als auch völlig passive Verhaltensweisen bis hin zur Apathie mit Blick auf ihre neue (schulische) Umgebung sein.

12.3 Lernpsychologische und didaktische Zugänge zu Themen des inklusiven Unterrichts

Bei allen Formen, vergangenen, gegenwärtigen und wahrscheinlich auch zukünftigen Migrationen, scheinen drei Aspekte für den Bereich von Schule von besonderer Bedeutung zu sein, die hinsichtlich lernpsychologischer, didaktischer und methodischer Ansätze eine Rolle spielen können.

Erstens: Die sozialen, ökonomischen, kulturellen und ggf. auch religiösen Hintergründe der Schüler*innen sind vielfältig und lassen sich im Hinblick auf Schule nicht auf einen einheitlichen Katalog an Vorgehensweisen, gerade im Hinblick auf Unterrichtsgestaltung und der Arbeit mit den Eltern bzw. Erziehungsberechtigten, reduzieren.

Zweitens: Schüler*innen sind nicht die Repräsentant*innen einer – allzu oft nur zugeschriebenen – Kultur, die statisch bzw. kaum veränderlich zu denken wäre. Diese Praxis wird oft als Othering beschrieben, damit sind soziale Interaktionen gemeint, die durch vielfältige Praktiken Fremdgruppen konstruieren und sie von der eigenen (konstruierten) Gruppe abgrenzen. Dabei wird die andere Gruppe in stereotypisierender Weise als different und fremdartig qualifiziert. Das Verhältnis zwischen den Gruppen ist dabei durch ein asymmetrisches Machtgefüge gekennzeichnet. Übernehmen betroffene Gruppen diese Stereotypen, wird dies auch als self-othering beschrieben (vgl. u. a. Said 2019; Amirpur 2015).

Drittens: Schüler*innen mit eigener Migrationserfahrung nehmen, anders als Personen, die erst im Erwachsenenalter zugewandert sind, verhältnismäßig schnell Sprache, Regeln und Handlungsnormen ihrer schulischen und außerschulischen

12.3 Lernpsychologische und didaktische Zugänge zu Themen des inklusiven Unterrichts

Lebenswelt auf und orientieren sich daran. Die sozialen und kulturellen Konzepte der Herkunftsgesellschaft der Eltern (sofern diese überhaupt nennenswert different sind) spielen dann mitunter eine geringere Rolle als der gesellschaftliche Bezugsrahmen vor Ort. Diese Prozesse der (Neu-)Orientierung und der Angleichung an womöglich zunächst unbekannte Normen und Regeln sind typisch (vgl. Han 2016).

Bereits aus dem ersten Aspekt ergibt sich, dass die Hintergründe der Schüler*innen vielfältig sind und diese lassen letztlich kaum generalisierende Antworten für die Arbeit in den Schulen zu. Außerdem kommt es in den letzten Jahrzehnten immer häufiger zu internationalen bzw. interethnischen Paarbeziehungen. So können Schüler*innen mit dem Merkmal Migrationshintergrund sowohl deutsche als auch nichtdeutsche Eltern(-teile) und Vorfahren haben (die Kinder aus diesen Paarbeziehungen können auch aus diesem Grund nicht einfach mit dem Merkmal Migrationshintergrund im Sinne einer kulturellen Andersartigkeit belegt werden (vgl. Han 2016).

Für die schulische Entwicklung muss der individuelle, d. h. der Einzelfall, in den Fokus der Betrachtung genommen werden. Erst dann lassen sich pädagogische Handlungskonzepte entwickeln, die für die Auseinandersetzung mit den zahlreichen und meist individuellen Problemstellungen erfolgversprechend sein können. Dies geschieht auch vor dem Hintergrund der Tatsache, dass innerhalb der fachwissenschaftlichen Debatte – etwa in der Kunstdidaktik – die Perspektive der Inklusion stärker betont wird als jene der Integration, gleichwohl »integratives« Gedankengut immer noch präsent ist. So beschreibt etwa Ansgar Schnurr, gegenwärtig geschäftsführender Direktor des Instituts für Kunstpädagogik der Universität Gießen, bereits in einem Beitrag von 2014 kritisch:

> »[…] die Orientierung an der Unterschiedlichkeit [wurde] zugunsten der entgegengesetzten Idee der Inklusion aufgegeben (wenn auch eher mit Aufmerksamkeit für Menschen mit Behinderung und weniger für kulturelle Vielfalt). Dennoch wirken unter dem Schlagwort der Interkultur in weiten Teilen pädagogischer Praxis und pädagogischer Entwürfe immer noch die aus den 1970er- bis 1990er-Jahren stammenden Leitideen von migrantischer Fremdheit, kultureller Differenz, Integrationsbedarf und der nötigen Anerkennung fremder Kulturen« (vgl. Schnurr 2014, o. S.).

Mit anderen Worten: Inklusion im Kontext der Zuwanderung sollte weniger entlang eingrenzender kultureller Zuschreibungen, sondern mehr vom generellen Teilhabebedürfnis der betroffenen Schüler*innen her gedacht werden. Der individuelle Einzelfall zählt.

Hinsichtlich lernpsychologischer und didaktischer Zugänge muss, wie bereits zuvor beschrieben betont werden, dass es gegenwärtig keine abgeschlossenen Ansätze für Schüler*innen mit Migrationshintergrund gibt. Zielt man jedoch auf Inklusion in der Schule ab, so kann eine sehr grundlegende Voraussetzung klar benannt werden: die Sensibilisierung für die Vielschichtigkeit dieser Thematik. So betont etwa Raphael Koßmann in einem Beitrag von 2020 zur Didaktik im Kontext eines inklusiven Unterrichts und bezugnehmend auf Tanja Sturm:

> »Zur Gestaltung eines zeitgemäßen, inklusiven Unterrichts ist es notwendig, dass Lehrkräfte und andere pädagogische Akteur*innen für bestimmte Dimensionen von Heterogenität sensibel sind, insb. in Bezug auf sozio-ökonomische, geschlechtsspezifische und migrationsbedingte Aspekte […]« (ebd., o. S.)

und räumt zugleich ein, dass «[...] in wissenschaftlicher Hinsicht als nicht ausreichend geklärt [ist], wie die pädagogischen Akteur*innen derartige Wissensbestände für den Unterricht sozialintegrativ nutzbar machen können.« (ebd.).

Dennoch scheint es sinnvoll zu sein, eben jene Dimensionen aufzuzeigen, die für das Verständnis der Vielschichtigkeit des Themas notwendig sind, so wie dies bereits in den vorherigen Ausführungen geschehen ist. Wichtig ist jedoch: Wenn wir über Migration – und speziell über Schule und Migration – diskutieren, sind zumeist Schüler*innen im Fokus, die ethnisch und kulturell als different wahrgenommen (oder markiert) werden und zumeist sozial und ökonomisch benachteiligt sind. Erst diese Kombination macht unser Thema zu einem relevanten. Hier erst finden wir den eigentlichen Kern der zahlreichen Debatten um Schule, Migration und letztlich auch Inklusion. Über die vielen Einwander*innen aus Europa, speziell aus dem Norden und Westen der alten EU, sprechen wir nicht. Schüler*innen in Deutschland, deren Eltern in Teilen oder Gänze aus Österreich, den Niederlanden, Großbritannien usw. kommen, meinen wir nicht und sie werden zumeist auch nicht als Schüler*innen mit Migrationshintergrund wahrgenommen. Auch die Flucht zahlreicher Ukrainer*innen mit ihren Kindern ab dem Frühjahr 2022 und den mit ihnen verbundenen Fragen zu Integration und Inklusion in das deutsche Schulsystem hat – wie bereits zuvor beschrieben – offenbar gezeigt, dass bestimmte Gruppen entweder als untypische bzw. als kulturell weniger differente Zuwander*innen wahrgenommen werden. Inwiefern Debatten und Diskurse dieser Art den oft generalisierenden Blick auf die Einwanderung verändern könnten, wird sich möglicherweise in den kommenden Jahren zeigen. Die Berücksichtigung aller skizzierten Aspekte ist nun insofern relevant, da grundsätzlich alle Individuen bzw. Bürger*innen (und damit auch Schüler*innen), die zugewandert sind, als Personen mit Migrationshintergrund gelten. Dies gilt ebenso, wenn die Eltern – oder ein Elternteil – eingewandert sind. Das Statistische Bundesamt (2023a) definiert den betroffenen Personenkreis wie folgt:

> »Eine Person hat einen Migrationshintergrund, wenn sie selbst oder mindestens ein Elternteil nicht mit deutscher Staatsangehörigkeit geboren wurde. Im Einzelnen umfasst diese Definition zugewanderte und nicht zugewanderte Ausländerinnen und Ausländer, zugewanderte und nicht zugewanderte Eingebürgerte, (Spät-)Aussiedlerinnen und (Spät-)Aussiedler sowie die als Deutsche geborenen Nachkommen dieser Gruppen« (ebd., o. S.).

Hiervon ausgenommen sind jedoch die Vertriebenen des Zweiten Weltkrieges. Hierzu heißt es: »Die Vertriebenen des Zweiten Weltkrieges haben (gemäß Bundesvertriebenengesetz) einen gesonderten Status; sie und ihre Nachkommen zählen daher nicht zur Bevölkerung mit Migrationshintergrund« (ebd.). Es ist jedoch wichtig zu berücksichtigen, dass es in Europa weder eine einheitliche Definition noch eine einheitliche Erfassung von Personen mit Migrationshintergrund gibt. Die in Deutschland seit 2005 geläufige Begrifflichkeit gilt für andere Staaten in dieser Form nicht. So werden mitunter nur andere Staatsangehörigkeiten oder Geburtsorte erfasst (vgl. Statistisches Bundesamt 2023a).

Berücksichtigen wir diese Voraussetzungen, so wird eigentlich klar, dass Schüler*innen mit Migrationshintergrund im schulischen Alltag keine einheitliche, vielleicht sogar generell keine auch nur lose zusammenhängende Gruppe bilden.

12.3 Lernpsychologische und didaktische Zugänge zu Themen des inklusiven Unterrichts

Nur das Merkmal »Migrationshintergrund« ist ihnen gemeinsam. Dass dies wiederum einen Einfluss auf die Planung und Durchführung von Unterricht, auf die Gestaltung der individuellen Beziehung zwischen Schüler*innen und Lehrkräften und schließlich auch auf die Erziehungspartnerschaft haben kann, ist naheliegend. Hieraus können womöglich noch größere Unsicherheiten, als die bereits bestehenden, erwachsen. Nicht selten sind ohnehin Unsicherheiten bei Lehrer*innen festzustellen und es werden Fragen gestellt wie: »Was darf ich?«, »Was darf ich nicht?«. Zunächst ist hier die Gefahr einer voreiligen Kulturalisierung, also die Verkürzung von Schüler*innen auf ihre vermeintliche kulturelle Herkunft gegeben, über die Ansgar Schnurr schreibt: »Die kulturalisierende Fixierung auf die Herkunft lindert auch in gut gemeinten interkulturellen Projekten nicht immer Ungerechtigkeit, sondern vertieft sie ungewollt« (Schnurr 2014, o. S.). Diese Fixierung kann dazu führen, dass infolgedessen der Blick auf die individuellen Bedürfnisse und Problemlagen von Schüler*innen mit Zuwanderungsbiografien verstellt wird und das pädagogisch Notwendige unerkannt bleibt. Auch wenn Schüler*innen nicht auf ihre Herkunft reduziert werden sollten, um perspektivisch Inklusion zu ermöglichen, so bleibt im Zusammenhang mit der Sensibilisierung doch die Forderung für Pädagog*innen bestehen, sich zumindest graduell mit den komplexen Ursachen und Folgen von Migrations- und Fluchterfahrungen auseinanderzusetzen bzw. diese zu kennen. Denn die unterschiedlichen Folgen von Migrations- und Fluchterfahrungen lassen sich – wie wir gesehen haben – ebenso wenig pauschalisieren wie die vielfältigen Biografien der Schüler*innen mit Migrationserfahrung. Lernpsychologische und didaktische Zugänge zu Themen des inklusiven Unterrichts können eigentlich nur dann erfolgen, wenn der Blick auf die Vielfalt der sozialen, ökonomischen, kulturellen und vor allen Dingen individuellen Migrationshintergründe stattfindet. Hierzu zählt auch, sich mit einigen Entwicklungen im Kontext von Schule und Migration aus der jüngeren Vergangenheit vertraut zu machen.

Die zahlreichen seit den 1990er Jahren erfolgten Projekte, Untersuchungen und Diskussionen um eine adäquate Einbindung von Schüler*innen mit Migrationshintergrund verdeutlichen einmal mehr, dass es letztlich sehr unterschiedliche Befunde und Perspektiven auf diese Fragen gab. Geht man in der Zeit noch weiter zurück (in die 1960er und 1970er Jahre der Bundesrepublik Deutschland), so wird klar, dass die ersten schulpolitischen Debatten und Ansätze sich sehr viel mehr mit der Frage beschäftigten, wie ein nicht unerheblicher Teil der »ausländischen« Kinder und Jugendlichen (den Begriff Migrationshintergrund gab es damals noch nicht) möglichst ohne langfristige Integrationsperspektive im Schulsystem unterrichtet werden sollten. Die betroffenen Familien – die oft pauschal als Gastarbeiter*innen bezeichnet wurden – würden ja schließlich, so die damals parteiübergreifende Auffassung, die Bundesrepublik bald wieder verlassen (vgl. u. a. Röhr-Sendlmeier 1992; Han 2016). Eine der vielen Fehleinschätzungen, wie sie trotz der Heterogenität von Einwanderung und Einwanderungsbiografien schon damals vorkamen und immer noch vorkommen. Eine andere Gruppe, die ebenfalls durch eine oft kollektive Einwanderungserfahrung gekennzeichnet war (insbesondere ab der zweiten Hälfte der 1980er Jahre), galt durch den ihr rechtlich zugeschriebenen Status nicht als Einwanderungsgruppe im eigentlichen Sinn. Gemeint sind *Spätaussiedler*innen*, deutschstämmige Bürger*innen aus den damaligen Staaten des sogenannten Ostblocks, besonders aus der Sowjetunion. Sämtliche sozial- und schulpolitischen Maßnahmen für diese faktische Einwanderungsgruppe waren auf eine möglichst zeitnahe Eingliederung und eine ökonomische, politische und soziale Teilhabe ausgerichtet. Sie, aber auch ihre zum Teil nicht deutschstämmigen Familienangehörigen, konnten unter zum Teil günstigeren Bedingungen an Bildung in der neuen Heimat teilhaben. Unter welchen spezifischen Umständen die Migration von Spätaussiedler*innen bzw. Aussiedler*innen in den letzten Jahrzehnten stattfand, ist zum Teil sehr genau untersucht worden (vgl. u. a. Panagiotidis 2017). Trotz der vollen rechtlichen Gleichstellung gestalteten sich hier schulische Belange nicht immer einfach, da die betroffenen Familien gelegentlich andere – zum Teil eher tradierte – Konzepte von Schule und Unterrichtsgestaltung als sinnvoll erachteten (Panagiotidis 2017). Eine weitere, sehr heterogene Gruppe, die ebenfalls seit Mitte der 1980er Jahre hinsichtlich ihrer Zahl relevant wurde, war und ist die Gruppe der *Flüchtenden*. Flüchtende, die besonders in den 1980er und 1990er Jahren pejorativ als »Asylanten« bezeichnet wurden, können als jene Gruppe betrachtet werden, die nicht zuletzt auch in schulischer Hinsicht unter besonders prekären Umständen leben musste. Neben der mitunter schwer und oft nur in langwierigen Verfahren zu klärenden Rechtslage (Anerkennung des Flüchtlingsstatus) ist auch die soziale Rahmenbedingung für diese Gruppe defizitär. So sind Familien ohne hinreichende finanzielle Mittel keine Seltenheit und eine vollständige berufliche Teilhabe, auch durch rechtliche Restriktionen (Arbeitserlaubnis), schwer zu erreichen. Hinzu kommen Sprachbarrieren (wie bei anderen Gruppen auch) und mitunter Formen offener Exklusion aufgrund einer äußerlich differenten Erscheinung oder einer (zugeschriebenen) kulturellen Andersartigkeit. Da der Verbleib in Deutschland nicht sicher ist, kommt es teilweise zu Unterbrechungen in der Schulbiografie (vgl. El-Mafaalani/Massumi 2019). In extremen Fällen sind Schüler*innen von Ausweisung betroffen, die sie abrupt aus dem Schulkontext reißt und jede Form bereits erfolgter Inklusion zunichtemacht. Der Umgang mit betroffenen Schüler*innen und Familien muss daher besonders sensibel erfolgen. Die Vorstellungen zum Thema Schule variieren bei dieser Gruppe (besonders bei den Eltern) sehr: Zwischen einer strikten Befolgung jeglicher Äußerung von Lehrkräften bis hin zu einem auffallenden Desinteresse.

Eine weder medial noch wissenschaftlich häufig beachtete Gruppe war und ist die Gruppe der *EU-Bürger*innen*, die ebenfalls dauerhaft oder temporär in Deutschland ansässig sind. Bei dieser Gruppe gibt es jedoch Überschneidungen mit der Einwanderung der »Gastarbeiter*innen« aus Süd- und Südosteuropa (Portugal, Spanien, Italien, ehemaliges Jugoslawien und Griechenland). Je nach Abgrenzung der sich seit den 1960er Jahren immer weiter vergrößernden Europäischen Union, ist diese Einwanderungsgruppe als eine der zahlenmäßig größten, wenn nicht sogar als die größte, einzuordnen. Sie ist in relevant großen Zahlen seit Bestehen der Bundesrepublik präsent, da ihre Mitglieder jedoch auch aus Staaten stammen, die nicht als typische Herkunftsnationen von Einwander*innen wahrgenommen werden – Schweden, Niederlande, Frankreich, Belgien, Irland, Österreich usw. – und ihre ökonomische, soziale und speziell auch familiäre Integration (binationale Ehen) weit vorangeschritten ist, werden sie trotz faktischem Migrationshintergrund nicht als (typische) Einwander*innen wahrgenommen und markiert. Neben diesen – nur

12.3 Lernpsychologische und didaktische Zugänge zu Themen des inklusiven Unterrichts

sehr knapp – beschriebenen Gruppen gab und gibt es andere Formen der Einwanderung und andere Einwanderungsgruppen in der Bundesrepublik, die vielschichtig, oft individuell und schwierig zu klassifizieren sind. Auch muss als Ergänzung zu den beschriebenen Gruppen betont werden, dass

> »[...] Unterschiede nicht [nur] entlang der Migrationsform zu suchen sind, sondern eher entlang der klassischen Dreidimensionalität der Bildungs(ungleichheits)forschung: soziale Herkunft, Geschlecht und Migration allgemein. Im Rahmen der Dimension Migration gelten Generationenzugehörigkeit, Einreisealter, soziale Situation und Bildungsvoraussetzungen der Familie als zentrale Differenzierungskategorien« (El-Mafaalani/Massumi 2019, S. 5).

Wer dementsprechend Inklusion in der Schule ermöglichen möchte, sollte die vielen Bedingungen von Migrant*innen bedenken, denn sie lassen sich nicht – ebenso wenig wie die angestammte Schülerschaft (die sie zunehmend nun auch selbst werden) – mit einer bestimmten Didaktik einheitlich »bedienen«. Bewährt hat sich jedoch bei vielen Kindern mit eigener Migrationserfahrung eine (Eingangs-)Fokussierung auf die Sprachförderung und ist entsprechend schon vor Jahren erkannt worden (vgl. Gogolin/Neumann/Roth 2003). Sicherlich gibt es auch hier noch Verbesserungsmöglichkeiten und es gilt, viele Einzelaspekte stärker zu berücksichtigen (vgl. El-Mafaalani/Massumi 2019), doch erprobte und erfolgversprechende didaktische Ansätze, vor allen Dingen im Bereich der Sprachförderung und des Erwerbs der deutschen Sprache, für die betreffenden Schüler*innen auszumachen. Wichtig ist, auch hier noch einmal festzuhalten, dass die sprachlichen Voraussetzungen höchst unterschiedlich sind. Teils ist das Deutsche bereits die Erstsprache und es liegt kein Bedarf der sprachlichen Förderung vor, teils gibt es keine oder nur geringe Sprachkenntnisse und in extremen Fällen ist sogar eine parallele Alphabetisierung notwendig, sofern Schüler*innen zuvor nicht oder nur unzureichend beschult wurden (vgl. u.a. Böhm/Mehlem 2016). Hinsichtlich des Erwerbs der Zweitsprache Deutsch hat sich unter anderem das bekannte Konzept der »Sprachlernklassen« bewährt, die generell als separate Klassen für zugewanderte Schüler*innen konzipiert sind und bei denen hauptsächlich der Erwerb der deutschen Sprache im Fokus steht. Die spezifischen Inhalte und Bezeichnungen unterscheiden sich in den einzelnen Bundesländern (vgl. Bundeszentrale für politische Bildung 2018). Die Sprachlernklassen haben dabei aber bewusst transitorischen Charakter, ein »Dauerverbleib« ist nicht vorgesehen und so könnten generell Fördermaßnahmen und didaktische Ansätze nur als vorübergehend betrachtet werden, um Inklusion und Teilhabe langfristig zu ermöglichen. Immer wieder gilt es, die Situation vor Ort in den Blick zu nehmen. Entscheidend scheint der Beziehungsaufbau zu sein, so wie er in der Schule zwischen Schüler*innen und Lehrer*innen generell stattfinden sollte.

12.4 Methoden und Medien des inklusiven Unterrichts

Bevor auf einige methodische Ansätze eingegangen werden soll, ist es sinnvoll, sich noch einmal generelle Anliegen des inklusiven Unterrichts zu vergegenwärtigen. Inklusiver Unterricht lebt grundsätzlich von der Idee, allen Schüler*innen Lehr- und Lernangebote, Erfahrungsräume und allgemein Entwicklungsangebote zu ermöglichen. Inklusion soll unabhängig von sozialen, ökonomischen, kulturellen, ethnischen und religiösen Herkünften ermöglicht werden. Gleiches gilt für körperliche und kognitive Voraussetzungen (vgl. KMK 2023). Bezogen auf die Frage der Einwanderung löst der Gedanke eines inklusiven Unterrichts den eines integrativen Unterrichts zunehmend ab (Schnurr 2014 u. a.). Während letzterer eher im Sinne eines – auch räumlich – gemeinsamen Unterrichts gedacht werden kann, sind integrative Ansätze auch im Sinne differenter Lerngruppen, die – zumindest temporär – auch zeitlich, räumlich und inhaltlich verschieden unterrichtet werden, zu verstehen. Die Differenzierung bezieht sich bei integrativen Ansätzen dann auf Merkmale wie Herkunft, Sprache, Religion usw. und die noch nicht erreichten Ziele einer nicht immer klar ausgewiesenen Integration. Wir haben gesehen, dass dies dazu führen kann, dass immer wieder auf die vermeintlich kulturellen Differenzen abgehoben wird und nicht auf die individuellen Bedarfe. Problemlagen werden kulturalisiert oder tatsächliche Problemlagen nicht erkannt und durch die Kulturalisierung verdeckt. Versteht man Integration als ein Konzept zu eindimensional bzw. defizitorientiert, so kann im Hinblick auf schulische wie außerschulische Bildungskontexte die Position von Christine Müller, die wiederum Bezug auf Tina Alicke nimmt, festgehalten werden:

> »Insgesamt kann die Kritik am Integrationsbegriff in dem Unwohlsein an der Grundannahme von Integration zusammengefasst werden, dass es eben Integrierte und zu Integrierende gibt [...,] sich also Migrant_innen ›als Andere‹ an ›das Normale‹ in einer bestehenden Struktur der Mehrheitsgesellschaft anpassen müssen« (Müller 2014, o. S.).

Es geht also auch um eine Überwindung dieser verengenden Sichtweise und um die allgemeinen Überzeugungen inklusiver Ansätze. Denn bei inklusiven Ansätzen sollen eben solche Problematiken, d. h. die immer noch bestehenden Tendenzen einer Exklusion, vermieden und entsprechend durch eine Inklusion ersetzt werden. Es stellt sich somit die Frage, mit welchen methodischen Ansätzen im Unterricht das Ziel der Inklusion auch für Schüler*innen mit Migrationshintergrund eröffnet werden kann; insbesondere vor dem Hintergrund nicht vorliegender Didaktiken für diese äußerst heterogene Gruppe. In einem gemeinsamen Beitrag beschreiben Toni Simon und Julia Frohn sehr prägnant verschiedene Aspekte der Methoden (und Medien) im Zusammenhang mit der Debatte um die Inklusion (vgl. Simon/Frohn 2018). Unter Bezugnahme auf Natascha Korff, Kersten Reich, Georg Feuser, Hans Wocken u. a. skizzieren sie anschaulich die zentralen Voraussetzungen für einen inklusiven Unterricht, auch wenn sie (und die von ihnen zitierten Autor*innen) keine spezifische Perspektive auf die Anforderungen der Inklusion von Schüler*innen mit Migrationshintergrund entwickeln. Einzelne Punkte und Überlegungen können dennoch richtungsweisend sein, weil sie eben die grundsätzlichen Bedingungen diskutieren, die aus den weiter oben angeführten Punkten für Schüler*innen mit Migrationshintergrund genau so gelten (können) wie für solche ohne Migrationshintergrund. Besonders dann, wenn wir Inklusion als einen Ansatz verstehen wollen, der Schüler*innen mit Migrationshintergrund mit zu den »Anderen« machen will. Und die kurze Darstellung ihrer Zusammenfassung kann gerade deshalb eine sinnvolle Anregung zur grundsätzlichen Konzeption des Unterrichts sein, bevor im folgenden Kapitel auf einzelne Praxisbeispiele eingegangen werden soll. So führen die beiden aus, dass nach Kersten Reich »[…] inklusive Methoden im Rahmen von vier Lernkontexten – Instruktion, Lernlandschaft, Projekte, Werkstätten – angewandt [werden], wobei die Lernkontexte gleichwertig und stets zu variieren sind und besonderer Fokus auf kooperativen Lernformen [liegt]« (vgl. Simon/Frohn 2018, o. S.). Sie machen aber auch auf das Spannungsfeld zwischen den bestehenden Ansätzen aufmerksam und betonen direkt anschließend unter Verweis auf Hans Wocken: »Obschon die Konzepte von *Instruktion* und Inklusion kaum vereinbar erscheinen, ist im heterogenitätssensiblen Unterricht selbstverständlich auch Raum für Präsentationen durch Lehrkräfte bzw. Schüler:innen zu schaffen« (ebd.). Sie betonen weiter: »gewisse Lerntypen präferieren instruktive Erläuterungen anstelle von selbstständigen Formen der Erarbeitung«(ebd.). Ein Gedanke, der für uns sehr wichtig ist, wenn wir uns bewusst machen, dass Schüler*innen mit eigener Migrationserfahrung womöglich sehr viel eher an ein instruktives Lernen gewöhnt sind und zumindest für eine Übergangszeit dieser Ansatz für sie gewinnbringender sein kann als eine Überforderung durch einen nie zuvor eingeübten kooperativen Unterricht. Dies gilt womöglich besonders dann, wenn die Instruktion im Unterricht auf Einführungen, Vertiefungen, Zusammenfassungen und Weiterführungen von Inhalten »konzise im Rahmen einer dialogischen Instruktionskultur realisiert werden [kann]« (ebd.). Für unsere Überlegungen ist auch ihr Verweis auf den Bereich der Sprache hilfreich, da diese zumindest für einen nicht immer genau bestimmbaren Teil der betroffenen Schüler*innen eine Barriere auf dem Weg zur Inklusion darstellen kann. Sie schreiben hierzu erneut im Kontext der Instruktion: »Sprachbildnerisch kann hier vor allem durch die ›sprachliche Vorbildfunktion‹ […] der Lehrkraft gewirkt werden, wobei instruktive Phasen mit anderen Lernformen abzuwechseln sind« (ebd.). Bei genauer Betrachtung können wir diese Überlegungen auf unsere Fragestellungen im Hinblick auf die Schüler*innen mit Migrationshintergrund gut übertragen. Wichtig scheint hier die Offenheit für verschiedene Richtungen zu sein, Instruktion und Kooperation bzw. kooperatives Lernen können hier nicht gegeneinander ausgespielt werden. Da aber Inklusion wohl kaum mit einer einzelnen großen »Lernstrategie« ermöglicht werden kann, sollte jede einzelne Lehrkraft dazu ermutigt werden – im Rahmen der bestehenden und sicherlich auch oft noch einschränkenden Strukturen –, gemeinsam mit den Schüler*innen Wege zur Inklusion zu erproben.

12.5 Beispiele und Ansätze zu ausgewählten Fächern des inklusiven Unterrichts

Was ist für Schüler*innen mit Migrationshintergrund wirklich anders? Was wirklich anders ist – und das gilt zunächst fast nur für jene Schüler*innen, die erst seit kurzer Zeit zugezogen sind –, sind ggf. die neue Sprache, eine unter Umständen andere gesellschaftliche Prägung und womöglich ein anderes Konzept, eine andere Vorstellung von Schule, von der Rolle als Schüler*in und der Verantwortung der Eltern bzw. Erziehungsberechtigten. Das ist zunächst ein Rahmen, der für den schulischen Alltag beschrieben werden kann. Daneben gibt es die vielen Schüler*innen mit den oben skizzierten und sehr unterschiedlichen Migrationserfahrungen, die sich nicht generalisieren lassen. Unabhängig hiervon lässt sich aber ein gewisser Pool an Fächern ausmachen, die – gerade bei Schüler*innen, die erst seit kurzer Zeit zugezogen sind – ein höheres Potenzial zur Inklusion aufweisen. So sind etwa alle Fächer, die nicht oder nicht ausschließlich und dominant auf Sprache basieren, für erste Zugänge auf dem Weg zu einer umfassenderen Teilhabe vielversprechend.

Hierzu können zählen:

- Mathematik,
- Physik und Chemie als naturwissenschaftliche Fächer,
- Kunst und Musik als musische Fächer
- und auch das Fach Sport.

In diesen Fächern können Schüler*innen weitaus unabhängiger vom Faktor Sprache ihre Selbstwirksamkeit erleben. Sicherlich ist hier der Faktor Sprache in diesen Fächern nicht abwesend und damit sind sie nicht frei von möglichen Barrieren, aber sie bieten doch mehr Gelegenheit, um Teilhabe und Inklusion zu erleben.

Um den hier möglichen Rahmen nicht zu sprengen, soll exemplarisch für das Fach Kunst auf ein einfaches Praxisbeispiel eingegangen werden. Allerdings ist dieses Beispiel dazu geeignet, problemlos in andere Fächer – etwa zur Auflockerung, zur Gruppenfindung, für den gezielten Umgang mit dem Bleistift usw. – integriert zu werden.

Kunst

Im Fach Kunst lässt sich Teilhabe durch nonverbale, rein gestalterische Unterrichtsstunden in vielen Fällen gut erreichen. Erfahrungen zeigen, dass Schüler*innen – völlig unabhängig von ihrer Herkunft, ihrer Verweildauer in Deutschland und der tatsächlichen oder nur vermeintlichen kulturellen Prägung – in der künstlerischen Praxis Grenzen überwinden können. Einfache gestalterische Aufgaben, die auf keine kulturelle Vorerfahrung oder ein bestimmtes Verständnis von Kunst abzielen, geben Kindern generell den Raum zur individuellen Entwicklung und damit eine grundsätzliche Voraussetzung von Teilhabe und echter Inklusion. Mit simpelsten

Mitteln, bei denen einfaches, vielleicht sogar qualitativ schlechtes Papier und kostengünstige Bleistifte genügen, können ausdrucksstarke Bildprodukte gestaltet werden, die für sich genommen (fast) voraussetzungslos sind und das Gros der Schüler*innen ansprechen können. Insbesondere dann, wenn Schüler*innen nicht einfach nur einen Migrationshintergrund haben, sondern auch sozial und ökonomisch marginalisiert sind, können Ansätze mit kostengünstigen Gestaltungsmitteln auch deshalb inklusiv wirksam werden, da sie die Möglichkeit bieten, auch an außerschulischen Lernorten – ohne weitere Infrastruktur, ohne einen Internetzugang, einen kostenintensiven Rechner oder Tablet – weiterzuarbeiten. Sie müssen sich nicht mit den anderen hinsichtlich ihrer Ausstattung vergleichen und die Schüler*innen begegnen sich untereinander sehr viel mehr auf Augenhöhe. So können sich die Schüler*innen, allein oder auch in der Gemeinschaft mit anderen Schüler*innen, ganz in ein künstlerisch-produktives Schaffen vertiefen und Erfolg und Teilhabe erleben. Ob der Unterricht unter einer solchen Prämisse an dieser Stelle nun eher im Sinne des kooperativen Lernens oder der Instruktion stattfindet, scheint hier eher nebensächlich zu sein.

Ich möchte hier noch ein ganz konkretes Beispiel vorstellen, das nach meiner Erfahrung instruktiv als auch kooperativ angelegt sein kann. Der hier nun zu skizzierende Rahmen lässt hoffentlich genügend Raum für eine eigene Umsetzung.

Die Welt der Kreise (vierte bis sechste Klasse)

Die Schüler*innen benötigen lediglich Papier und Bleistift. Sie können für sich, in Zweierteams oder in Kleingruppen (maximal vier Personen) arbeiten. Es gibt dabei nur einen reduzierten Arbeitsauftrag:

Zeichne mit Bleistift nur vollständige Kreise in möglichst vielen verschiedenen Größen auf das DIN-A4-/DIN-A3-Blatt; die Kreise sollen sich nur berühren, aber nicht überschneiden und höchstens so groß wie ein 1-Cent-Stück sein.

Nach einer bestimmten Zeit, wenn die Schüler*innen etwa ein bis zwei Drittel des Blattes mit Kreisen bedeckt haben (denkbar sind 10 bis 20 Minuten) wird die Arbeit unterbrochen. Die Werkstücke werden zusammengetragen und betrachtet. Sie können einzeln oder gruppiert betrachtet und nun gedeutet werden, sie können aber auch schweigend betrachtet oder zu einem Gemeinschaftsbild zusammengestellt werden, sie können den Anstoß für neue Gestaltungsbilder bieten. Diese Optionen sollten der Lerngruppe und ihren Bedarfen angepasst sein. Die Arbeit kann nun optional weitergeführt werden (bis das gesamte Blatt mit Kreisen bedeckt ist) oder auch mit den nun entstandenen Formen beendet werden. Die Nachbesprechungen zeigen, dass diese – zunächst sehr simpel wirkende – Aufgabe in viele Richtungen wirken kann. Auch Schüler*innen, die aufgrund von Sprachbarrieren die eigentliche Aufgabenstellung nicht direkt verstehen, erkennen durch einfache Beobachtung der übrigen Schüler*innen die Arbeitsanforderung und erleben barrierearme inklusive Momente. Schwierigkeiten, wie etwa das passgenaue Mischen von Farben, das »Einhalten« exakter Größen, Abstände, unausgesprochene kulturelle Erwartungen usw. entfallen hier. Es kann mitgemacht werden und die Ergebnisse lassen sich durchaus sehen. Es ließe sich noch vieles ergänzen, wie etwa die

Aussage einer Schülerin (mit Migrationshintergrund) rund ein halbes Jahr nach dieser Übung: »Ich muss immer wieder daran denken, wie wir den Kreis gemacht haben. Das war so ruhig.«

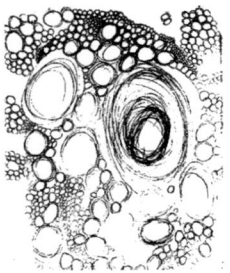 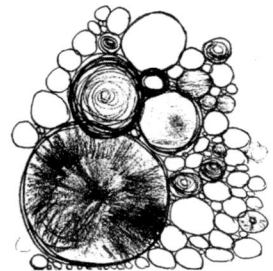 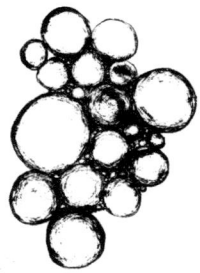

Abb. 12.1: Beispiele von Arbeitsergebnissen zur Übung »Die Welt der Kreise«

Einige Vorteile der Übung:

- Es ist nur sehr wenig und günstiges Material notwendig.
- Selbst Schüler*innen mit unterbrochener Schulbiografie können an dieser Übung erfolgreich teilnehmen.
- Es müssen keine Vorerwartungen erfüllt werden.
- Es ist kein kulturelles Vorwissen notwendig, um die Aufgabe umsetzen zu können.
- Es ist nur ein Minimum an zeichnerischen Fähigkeiten notwendig.
- Es können nur in wenigen Ausnahmefällen Schüler*innen nicht an dieser Übung teilnehmen.
- Ein angepasstes Differenzierungsmaterial ist (entsprechend der Lerngruppe) leicht zu erstellen.
- Die Schüler*innen erleben, dass sie alle an dieser Übung teilhaben können und dass ihr Arbeitsergebnis »schön« und »gelungen« ist.
- Die Übung macht Mut »zu mehr«.
- Die Übung bietet unterschiedliche inklusive Momente.
- Es lassen sich beliebige Variationen der Übung weiterentwickeln.

Einige Nachteile der Übung:

- Die Übung kann nicht oft wiederholt werden → Abnutzungseffekt.
- Die Übung kann als banal erlebt werden.
- Das Differenzierungsmaterial muss unter Umständen stark an die Gruppe angepasst werden.
- Die Übung kann bei einigen Schüler*innen als ziellos wahrgenommen werden.
- Die Schüler*innen können sich unklar darüber sein, wann sie »fertig« sind.

12.6 Bildungs- und Erziehungspartnerschaften mit Erziehungsberechtigten

Bei den vorhergehenden Kapiteln standen Kinder mit Migrationshintergrund und in Teilen die Lehrkräfte im Vordergrund der Betrachtung. Inklusion muss aber auch unter Einbeziehung der Eltern bzw. Erziehungsberechtigten gedacht werden, da Schule sicherlich ein wichtiger, aber nicht der alleinige Lernort in einer zunehmend komplexen Einwanderungsgesellschaft sein kann. Vielleicht ist es gerade zum Abschluss der vielen hier angestellten Überlegungen und Ausführungen wichtig, sich noch einmal zu vergegenwärtigen, dass sich viele Schüler*innen mit Migrationshintergrund (gerade, wenn sie als solche erkennbar sind) zurückgesetzt fühlen können und das Bedürfnis haben, genauso behandelt werden zu wollen wie andere Schüler*innen. Dies ist besonders dann zu beobachten, wenn Schüler*innen als kulturell different markiert werden. Noch größere Unsicherheiten auf Seiten der Eltern bzw. Erziehungsberechtigten liegen nach eigenen Erfahrungen oft vor, wenn Familien erst vor Kurzem zugezogen sind, die sprachlichen Vorraussetzungen fehlen und die ökonomischen wie sozialen Rahmenbedingungen (noch) prekär sind. Im Gegensatz zu ihren miteingewanderten Eltern verändern Kinder sich mitunter rasant und schnell. Ihre Anpassungsfähigkeit an die neuen Gegebenheiten ist beeindruckend. Je jünger die Schüler*innen sind, desto schneller gelingt ihnen der Spracherwerb; gibt es entsprechende Sprachförderangebote, dann beschleunigt sich dieser Prozess zusätzlich. Oft gelingt es den Kindern innerhalb von Monaten, oder wenigen Jahren, die neue Sprache oft akzentfrei zu beherrschen, und die wiederholte Wertschätzung für diese Erfolge sind seitens der Lehrer*innen nur zu begrüßen, denn sie bestärken den Lernwillen erheblich. Ganz ähnlich sind die Entwicklungen im Sozialverhalten. Sind Schüler*innen anfänglich womöglich noch durch andere Normen und Werte hinsichtlich des Sozialverhaltens geprägt – was, wie wir gesehen haben, nicht zwingend so sein muss –, so verändert sich auch dieses sehr schnell und gleicht sich den Mustern der Klassen- und Schulkultur zunehmend an. Schultypische Regeln werden zügig erlernt, verinnerlicht und genauso individuell gelebt, oder auch nicht gelebt, wie dies bei der übrigen Schülerschaft ohne das Merkmal Migrationshintergrund der Fall ist. Diese rasante Entwicklung bei den Schüler*innen können ihre Eltern in dieser Form nicht mehr durchmachen. Die Sozialisation der Eltern ist in den meisten Fällen abgeschlossen. Sprache, Verhaltensweisen, Werte und Normen, sofern diese zuvor different waren, können nicht mehr einer solchen Wandlung unterworfen sein. Dieser Aspekt lässt sich nicht einfach ausräumen, wenn an die Zusammenarbeit mit den Eltern bzw. Erziehungsberechtigten zu denken ist. Aber auch hier sind verschiedene Erfahrungen gemacht worden. Generell ist das Gros am (schulischen) Wohl ihrer Kinder interessiert. Allerdings sind die Vorstellungen von Schule und auch die Voraussetzung an der Mitwirkung im Erziehungsprozess sehr unterschiedlich. Vereinfacht lassen sich drei Typen von Erziehungsberechtigten ausmachen.

Der *erste* Typ kennt das Schulsystem und die ihm zugrunde liegende Zielsetzung nicht oder nur sehr unzureichend, ist erst vor kurzer Zeit eingewandert und es liegen große sprachliche, ggf. auch kulturelle Barrieren vor. Oft gibt es ein autoritäres oder paternalistisches Verständnis von Schule. Für schulische Belange fühlen sich die Eltern bzw. Erziehungsberechtigten weniger zuständig. Ein Interesse an einer erfolgreichen Schulzeit und einem möglichst guten Abschluss ist dennoch oft gegeben (Aufstiegsorientierung). Hier sind wiederholte und oft über Jahre hinweg stattfindende Gespräche notwendig, um erste Ansätze von Teilhabe und Kooperation zu ermöglichen. Diese langwierige Arbeit mit den Eltern bzw. Erziehungsberechtigten ist oft von Rückschlägen gekennzeichnet und in der Vorbereitung zeitaufwendig. Oft sind auch Dolmetscher*innen notwendig.

Der *zweite* Typ kennt die wesentlichen Bedingungen des Schulsystems, kann teilweise schon auf eine eigene Schulbiografie in Deutschland zurückblicken und Sprachbarrieren liegen kaum bzw. seltener vor. Das Verhältnis zur Schule ist mitunter ambivalent, womöglich auch aufgrund der eigenen Schulbiografie. Meistens ist die Bedeutung der Kooperation zwischen Eltern bzw. Erziehungsberechtigten und Schule bekannt, allerdings ist der Grad des Engagements oft abhängig von den sozialen, ökonomischen und zeitlichen Ressourcen. Forderungen werden aber klar verbalisiert. Hier ist die Kommunikation meistens einfacher, jedoch nicht immer problemfrei. Die Arbeit mit diesen Eltern bzw. Erziehungsberechtigten gestaltet sich generell zielgenauer, wirkliche Rückschläge sind seltener, die gemeinsame Arbeit weniger zeitaufwendig. Teilhabe und Kooperation gestalten sich grundsätzlich gut. Dolmetscher*innen sind in der Regel nicht notwendig.

Der *dritte* Typ kennt das Schulsystem sehr genau und ist meist in der dritten oder vierten Generation in Deutschland beheimatet, oder stammt aus einer binationalen Ehe. Sofern die Zuwanderung nach Deutschland erst vor kurzem stattgefunden hat, dominiert eine Herkunft aus einem westlichen Industriestaat, meist gekoppelt mit einer mittleren oder höheren beruflichen Stellung. Eine grundsätzlich divergente Vorstellung von Normen und Werten liegt kaum vor. Der regelhafte Kontakt mit der Schule ist für diesen Typ selbstverständlich, das Engagement im Schulleben kann überdurchschnittlich sein. Da die Kommunikation hier meist unproblematisch ist und nicht selten von den Eltern selbst ausgeht, steht der Zugang nach Teilhabe und Inklusion hier (fast) schon außer Frage. Dennoch kann die Zusammenarbeit mit diesem Typus ebenso zeitaufwendig sein, da mit der hier zu beobachtenden Leistungsorientierung ebenso der Gesprächsbedarf mit der Lehrerschaft zusammenfällt.

Zwischen allen drei Typen gibt es selbstredend Übergänge, weitere Sonderformen und Abweichungen. Sie verdeutlichen vielleicht abschließend noch einmal, dass auf dem Weg zur Inklusion kein fertiger Methodenkatalog vorliegt und *eine* Didaktik für die vielen Schüler*innen mit Migrationshintergrund nicht existieren kann. Lehrer*innen (eine stetig wachsende Zahl von ihnen weist selbst das Merkmal Migrationshintergrund auf) sollten auf der Grundlage ihrer fachlichen und pädagogischen Expertise den Mut haben, sich eigenständig mit diesem Thema, wobei insbesondere die Migrationssoziologie eine breite Fülle an Wissensbeständen bereithält, vertraut machen und sich von kulturalistischen Positionen (Othering) und medialen Debatten nicht den Blick auf die Vorgänge an ihrer eigenen Schule versperren lassen. Die Frage ist: »Was brauchen meine Schüler*innen?« Und nicht: »Was brauchen diese sogenannten Exot*innen?«

Ausgewählte Einrichtungen und Dienste auf Landes- und Bundesebene

- Ministerium für Arbeit Gesundheit und Soziales des Landes Nordrhein-Westfalen
  Fürstenwall 25
  D-40219 Düsseldorf
  Internet: https://www.mags.nrw/
- Statistisches Bundesamt
  Gustav-Stresemann-Ring 11
  D-65189 Wiesbaden
  Internet: https://www.destatis.de/DE/Home/_inhalt.html
- Bundesamt für Migration und Flüchtlinge
  Frankenstraße 210
  D-90461 Nürnberg
  Internet: https://www.bamf.de/DE/Startseite/startseite_node.html
- IMIS Institut für Migrationsforschung und Interkulturelle Studien
  Neuer Graben 19/21
  D-49069 Osnabrück
  Internet: https://www.imis.uni-osnabrueck.de/startseite.html

Literatur

Alicke, T. (2013): Inklusion – Hintergründe eines neuen Blickwinkels. In: Migration und Soziale Arbeit, 3 (2013), 243–248.
Amirpur, D. (2015): Othering-Prozesse an der Schnittstelle von Migration und Behinderung – »Die muslimische Familie« im Fokus. In: Zeitschrift für Inklusion, (3). Online verfügbar unter: https://www.inklusion-online.net/index.php/inklusion-online/article/view/299, Zugriff am 25.03.2023.
Baar, R./Schönknecht, G. (2018): Außerschulische Lernorte: didaktische und methodische Grundlagen. Weinheim, Basel: Beltz.
BAMF – Bundesamt für Migration und Flüchtlinge (2015): Aktuelle Zahlen zu Asyl. Asylgeschäftsstatistik für den Monat Dezember 2015. Online verfügbar unter: https://www.bamf.de/SharedDocs/Anlagen/DE/Statistik/Asylgeschaeftsbericht/201612-statistik-anlage-asyl-geschaeftsbericht.pdf?__blob=publicationFile&v=5, Zugriff am 25.03.2023.
BAMF – Bundesamt für Migration und Flüchtlinge (2017): Das Bundesamt in Zahlen 2016. Asyl, Migration und Integration. Online verfügbar unter: https://www.bamf.de/SharedDocs/Anlagen/DE/Statistik/BundesamtinZahlen/bundesamt-in-zahlen-2016.pdf?__blob=publicationFile&v=16, Zugriff am 25.03.2023.
BAMF – Bundesamt für Migration und Flüchtlinge (2022): BAMF-Kurzanalyse. Ausgabe 04/2022 der Kurzanalysen des Forschungszentrums Migration, Integration und Asyl des Bundesamtes für Migration und Flüchtlinge. Geflüchtete aus der Ukraine in Deutschland: Flucht, Ankunft und Leben. Online verfügbar unter: https://www.bamf.de/SharedDocs/Anlagen/DE/Forschung/Kurzanalysen/kurzanalyse4-2022-ukr-gefluechtete.pdf?__blob=publicationFile&v=9, Zugriff am 25.03.2023.
Bandura, A. (2002): Self-efficacy: The exercise of control. New York: Freeman.

Böhm, M./Mehlem, U. (2016): Fluchtpunkt Deutsch. Alphabetisierung von Kindern mit Arabisch als Erstsprache in Frankfurter Intensivklassen. In: H. Cölfen/F. Januschek (Hrsg.), Osnabrücker Beiträge zur Sprachtheorie (89, S. 187–215).

Budde, J./Hummrich, M. (2016): Die Bedeutung außerschulischer Lernorte im Kontext der Schule – eine erziehungswissenschaftliche Perspektive. In: J. Erhorn/J. Schwier (Hrsg.), Pädagogik außerschulischer Lernorte. Eine interdisziplinäre Annäherung (S. 29–52). Bielefeld: transcript.

Bundesanstalt Statistik Österreich (2022): Pressemitteilung: 12.859–157/22. Mehr als ein Viertel der österreichischen Gesamtbevölkerung hat Migrationshintergrund. Statistisches Jahrbuch Migration & Integration 2022. Online verfügbar unter: https://www.statistik.at/fileadmin/announcement/2022/07/20220725MigrationIntegration2022.pdf, Zugriff am 25.03.2023.

Bundesministerium des Innern (Hrsg.) (2016): Migrationsbericht des Bundesamtes für Migration und Flüchtlinge im Auftrag der Bundesregierung. Migrationsbericht 2015. Online verfügbar unter: https://www.bmi.bund.de/SharedDocs/downloads/DE/publikationen/themen/migration/migrationsbericht-2015.pdf?__blob=publicationFile&v=6, Zugriff am 30.03.2023.

Bundeszentrale für politische Bildung (2018):Sprachlernklassen sind für einen erfolgreichen Bildungsweg wichtig – Erfahrungen einer Lehrerin aus dem Schulalltag Interview mit Gesa Hune, Leiterin der Sprachförderklasse an der Erich-Maria-Remarque-Realschule in Osnabrück. Online verfügbar unter: https://www.bpb.de/themen/migration-integration/kurzdossiers/265225/sprachlernklassen-sind-fuer-einen-erfolgreichen-bildungsweg-wichtig-erfahrungen-einer-lehrerin-aus-dem-schulalltag/, Zugriff am 17.02.2023.

Deutschlandfunk Kultur (2022): Rassismus und Geflüchtete. Wie Unterschiede in der Willkommenskultur entstehen. Teresa Koloma Beck im Gespräch Korbinian Frenzel. Online verfügbar unter: https://www.deutschlandfunkkultur.de/willkommenskultur-gefluechtete-rassismus-100.html, Zugriff am 16.02.2023.

El-Mafaalani, A./Massumi, M. (2019): Flucht und Bildung: frühkindliche, schulische, berufliche und non-formale Bildung. State-of-Research Papier 08a, Verbundprojekt »Flucht: Forschung und Transfer«, Osnabrück: Institut für Migrationsforschung und Interkulturelle Studien (IMIS) der Universität Osnabrück. Online verfügbar unter: https://flucht-forschung-transfer.de/wp-content/uploads/2019/06/SoR-08-El-Mafaalani-WEB.pdf, Zugriff am 16.06.2023.

Feuser, G. (2013): Die »Kooperation am Gemeinsamen Gegenstand«. Online verfügbar unter: https://austria-forum.org/af/Wissenssammlungen/Essays/Menschen_mit_Behinderung/2013_Feuser_Kooperation_am_Gemeinsamen, Zugriff am 17.02.2023.

Gogolin, I./Neumann, U./Roth, H. J. (2003): Förderung von Kindern und Jugendlichen mit Migrationshintergrund. Gutachten. Bonn : BLK 2003, IV (145). Online verfügbar unter: https://www.hf.uni-koeln.de/data/eso27/File/Heft107.pdf, Zugriff am 16.06.2023.

Han, P. (2016): Soziologie der Migration. Erklärungsmodelle, Fakten, politische Konsequenzen, Perspektiven. (4., unveränderte Aufl.). Konstanz, München: UTB.

Korff, N. (2012): Inklusiver Unterricht – Didaktische Modelle und Forschung. In: R. Benkmann/S. Chilla/E. Stapf (Hrsg.), Inklusive Schule. Einblicke und Ausblicke (S. 138–157). Immenhausen bei Kassel: Prolog.

Koßmann, R (2020): Didaktik in der qualitativ-empirischen Unterrichtsforschung: eine Forschungsskizze für inklusiven Unterricht. Online verfügbar unter: https://www.inklusion-online.net/index.php/inklusion-online/article/view/537/412, Zugriff am 30.03.2023.

Kultusministerkonferenz KMK (2023): Inklusion – gemeinsames Leben und Lernen. Online verfügbar unter: https://www.kmk.org/themen/allgemeinbildende-schulen/inklusion.html, Zugriff am 30.03.2023.

Lengfeld, H./Dilger, C. (2018): Kulturelle und ökonomische Bedrohung. Eine Analyse der Ursachen der Parteiidentifikation mit der »Alternative für Deutschland« mit dem Sozioökonomischen Panel 2016. In: Zeitschrift für Soziologie, 47 (3), 181–199. Online verfügbar unter: https://www.degruyter.com/document/doi/10.1515/zfsoz-2018-1012/html?lang=de, Zugriff am 30.03.2023.

Ministerium für Arbeit, Gesundheit und Soziales des Landes Nordrhein Westfalen (Hrsg.) (2022): Aktionsplan NRW inklusiv 2022. Beiträge der Landesregierung zur Verbesserung der Teilhabe von Menschen mit Behinderungen in Nordrhein-Westfalen. Online verfügbar unter: https://www.mags.nrw/sites/default/files/asset/document/mags_aktionsplan_220428.pdf, Zugriff am 30.03.2023.

Ministerium für Schule und Bildung des Landes Nordrhein-Westfalen (2023): Inklusion. Online verfügbar unter: https://www.schulministerium.nrw/schule-bildung/bildungsthemen/inklusion, Zugriff am 29.03.2023.

Müller, C. (2014): Perspektivenwechsel: Von Integration zu Inklusion – neuer Ansatz für die Migrationsarbeit? Online verfügbar unter: https://jugendsozialarbeit.news/media/raw/jsaaktuell12514.pdf, Zugriff am 29.03.2023.

Panagiotidis, J. (2017): Die Herausforderung der Aussiedlerintegration im Wandel der Zeit. Experimentierfeld der Migrationspolitik. Deutschland Archiv. Bonn: Bundeszentrale für politische Bildung. Online verfügbar unter: https://www.bpb.de/themen/deutschlandarchiv/240110, Zugriff am 17.02.2023.

Reich, K. (2014): Inklusive Didaktik. Bausteine für eine inklusive Schule (Inklusive Pädagogik). Weinheim: Beltz.

Röhr-Sendlmeier, U. (1992): Schulunterricht für Migranten in Deutschland – Maßnahmen und bildungspolitische Konzepte von 1950 bis 1990. In: H. Macha/H. J. Roth (Hrsg.), Bildungs- und Erziehungsgeschichte im 20. Jahrhundert (S. 297–321). Frankfurt: Lang.

Said, E. W. (2019): Orientalismus (aus dem Englischen von H. Günter Holl) (6. Aufl.). Frankfurt am Main: S. Fischer.

Schnurr, A. (2014): Postmigrantische Kunstpädagogik. What's next? Köln: Institut für Kunst & Kunsttheorie der Universität zu Köln. Online verfügbar unter: https://whtsnxt.net/269, Zugriff am 17.02.2023.

Simon, T./Frohn, J. (2018): Methoden und Medien. In J. Frohn (Hrsg.), FDQI-HU-Glossar. Berlin: Humboldt-Universität zu Berlin. Online verfügbar unter: http://www.hu-berlin.de/fdqi/glossar, Zugriff am 17.02.2023.

Statistisches Bundesamt (2022): Fachserie 1 Reihe 2.2: Bevölkerung mit Migrationshintergrund. Ergebnisse des Mikrozensus 2021. Wiesbaden: Statistisches Bundesamt. Online verfügbar unter: https://www.destatis.de/DE/Themen/Gesellschaft-Umwelt/Bevoelkerung/Migration-Integration/Publikationen/Downloads-Migration/migrationshintergrund-2010220217004.pdf?__blob=publicationFile, Zugriff am 17.02.2023.

Statistisches Bundesamt (2023a): Migrationshintergrund. Online verfügbar unter: http://www.destatis.de/DE/Themen/Gesellschaft-Umwelt/Bevoelkerung/Migration-Integration/Glossar/migrationshintergrund.html, Zugriff am 30.03.2023.

Statistisches Bundesamt (2023b): Migration und Integration. Online verfügbar unter: https://www.destatis.de/DE/Themen/Gesellschaft-Umwelt/Bevoelkerung/Migration-Integration/_inhalt.html, Zugriff am 30.03.2023.

Wocken, H. (2016): Am Haus der inklusiven Schule. Anbauten, Anlagen, Haltestellen. Lebenswelten und Behinderung, 19, Hamburg: Feldhaus.

13 Schüler*innen mit Komplexbehinderungen

Christiane Drechsler und Lisa Hülsbusch

> Im Folgenden wird die Situation von Kindern mit Komplexer Behinderung in den Blick genommen; eine Gruppe, die von Lehrer*innen an Regelschulen als besonders herausfordernd konnotiert wird. Es handelt sich um Kinder, die entweder aufgrund der besonderen Schwere der Schädigung oder durch deren Komplexität – z. B. durch das Vorliegen mehrerer, sich teilweise überlagernder und sich gegenseitig verstärkender Behinderungen – lange Zeit als gar nicht bildungsfähig betrachtet wurden. Die Teilhabe von Kindern mit Komplexbehinderungen am Inklusionsprozess des Bildungswesens ist von zentraler Bedeutung. Die Formen der Komplexität sind naturgemäß mannigfaltig; der folgende Beitrag kann daher nur eine Annäherung darstellen.

13.1 Fallgeschichten von Schüler*innen mit Komplexbehinderung

Im Folgenden soll die Rede von einer (inzwischen) jungen Frau sein, die ihre Schulzeit in einer inklusiven Klasse erlebte – lange Zeit bevor die Behindertenrechtskonvention das Recht von Kindern mit Behinderung auf freie Wahl der Schulform festschrieb (Mitte der 1990er Jahre) und als die Zuordnung von Menschen mit Komplexer Behinderung zu Spezialeinrichtungen (mit den entsprechenden Spezialist*innen) als Methode der Wahl galt.

M. erlitt im Alter von dreieinhalb Jahren eine schwere hirnorganische Erkrankung, die zu Sprachverlust, Cerebralparese und schwer einstellbarer Epilepsie führte. Der Aufenthalt in einer Spezialeinrichtung wäre mit einer ganztägigen Trennung des Kindes von Eltern und Geschwistern einhergegangen. Die Eltern hatten die Erfahrung gemacht, dass sich ihr Kind im familiären Kontext wohl und geborgen fühlt, dass es in der Nachbarschaft angenommen ist, einen guten Kontakt zu den jüngeren Geschwistern pflegt – all das sind Errungenschaften, die umso wichtiger sind, je mehr ein Kind auf ein Umfeld angewiesen ist, das es versteht und seine Zeichen und Bedürfnisse zu deuten weiß.

Schließlich fand sich eine erste Klasse, deren Lehrer – überzeugt vom Inklusionsgedanken – bereit war, M. aufzunehmen. Damit war der Plan verbunden, M. in alle Aktivitäten der Klasse einzubinden, also keinen separierten und damit separierenden Unterricht zu gestalten. Zu jedem Unterrichtsinhalt wurde ein didaktisches Format erdacht, das geeignet erschien, M. den Inhalt nahezubringen (dazu mehr im nächsten Kapitel). Die soziale Einbindung von M. war dem Lehrer besonders wichtig: An jedem Tag war eines der Kinder für M. »zuständig«, jeweils nach dessen individuellen Möglichkeiten. In einer filmischen Dokumentation über M. (vgl. »SWF – Fördern statt Ausgrenzen«) wurden jene Kinder befragt; sie äußern, dass sie sehr stolz waren, wenn sie für M. da sein durften. Somit hatte M. neben der Zugehörigkeit auch Lernerfahrungen auf mehreren Ebenen: Sie hörte die vom Lehrer vermittelten Bildungsinhalte, die nun nicht spezifisch auf ein postuliertes vermindertes Intelligenzniveau ausgerichtet, sondern altersspezifisch angepasst waren. Gleichzeitig war M. selbstverständlich Teil ihrer Alterskohorte, die Kinder nahmen sie buchstäblich in ihre Mitte, sie war an allen Aktivitäten nach ihren Möglichkeiten beteiligt:

»M. ist nun am Ende ihres zweiten Schuljahres angelangt. Diese zwei Schuljahre zeigen, dass ein ›schwer mehrfach behindertes Kind‹ – so wurde unsere Tochter ja von Ärzten und Pädagogen klassifiziert – mit viel Freude in die Schule geht und dort viel lernt im Umgang mit den Mitschülerinnen und Mitschülern. Und das Verhältnis zwischen den Kindern in der Klasse ist nicht einseitig angelegt. M. ist nicht nur die Empfangende von Aufmerksamkeit und Zuwendung. Sie ist in der Klasse eine Persönlichkeit, die den anderen Schulkindern auch eine ganze Menge gibt. Durch das tägliche Zusammenleben mit M. erfahren die Kinder ihre eigene Kompetenz, ihre Fähigkeit zu sozialem Handeln und Gestalten und lernen aber auch, eigene Einschränkungen zu relativieren und mit ihnen umzugehen. M. hat viele Freundinnen und Freunde in der Klasse, die sie auch zuhause besuchen. Und im Pausenhof ist es inzwischen selbstverständlich, dass auch Kinder aus anderen Klassen mit ihr Kontakt aufnehmen und mit ihr die Pause verbringen« (Bros-Spähn/Spähn, zit. n. Krawitz 1995, S. 53).

Die Erfahrungen, die der Lehrer mit M. und dem Unterricht in einer inklusiven Lerngruppe machte, führten schließlich dazu, dass die gesamte Schule seitdem ein inklusives Konzept verfolgt.

Ein zweites Beispiel: N. lebt mit Trisomie 21 und den Folgen einer Frühgeburt und mehrerer, durch einen Herzfehler verursachten Operationen. Sein Sprachverständnis und vor allem seine Sprechfähigkeit sind stark eingeschränkt. Er beherrschte zum Zeitpunkt der Einschulung einige Gebärden, zeigte sich häufig aggressiv (immer dann, wenn er sich nicht verstanden fühlte), hatte einen starken Bewegungsdrang und war selten bereit, sich ruhig an einen Tisch zu setzen und konzentriert zu malen oder zu spielen. Zum damaligen Zeitpunkt hatte er bereits drei Jahre den Regelkindergarten seines Heimatdorfes besucht, unterstützt durch eine Fachkraft für Einzelintegration. Nun waren es interessanterweise die anderen Kinder des Regelkindergartens, die immer wieder darauf beharrten, dass N.

gemeinsam mit ihnen die dörfliche Grundschule besuchen sollte. Nach ihren Beweggründen befragt, antworteten sie: N. sei immer so lustig, mutig, könne sehr gut klettern und habe ihnen Gebärden beigebracht (die Erzieherin beherrschte keine Gebärdensprache, es hatte sich also eine Art Geheimsprache in der Gruppe etabliert). Auch die Mutter des Jungen war der Überzeugung, dass N. nicht von seinen Freund*innen getrennt werden soll – ein Argument, das für die inklusive Beschulung im ersten Fallbeispiel ebenfalls eine Rolle spielte. Schulamt und Schulleitung waren schließlich zu einem Versuch bereit, sodass N. seine Integrationsfachkraft aus dem Kindergarten in die Schule mitbringen konnte. Der Anfang verlief vielversprechend: N. war Teil der Klassengemeinschaft und im Sport einer der Besten und auch bei einer Schulaufführung glänzten er und seine beste Freundin durch ein gemeinsam vorgetragenes Gedicht in Lautsprache (die Freundin) und Gebärden (N.). Im Verlauf des dritten und vierten Schuljahres zeigte sich jedoch, dass die gemeinsame Beschulung immer seltener stattfand zugunsten des Einzelunterrichts des Jungen. Er konnte den Inhalten, die im Klassenverband vermittelt wurden, immer weniger folgen, was ihn zunehmend frustrierte. Schließlich bestand der größte Teil seines Schultags aus Einzelunterricht mit der Fachkraft für Einzelintegration. Kurz vor Ende der vierten Klasse wechselte N. auf die Förderschule für geistige Entwicklung in der nächstgelegenen Kleinstadt.

Ein gescheiterter Versuch also? Nicht unbedingt. Die Dorfschule bot nur die Primarstufe an, was bedeutet, dass sich die Kinder nach dem vierten Schuljahr sowieso auf die weiterführenden Schulen im Umland verteilen. Die schulische Förderung für N. mag nicht optimal gelungen sein, dennoch: Er hatte die ganze Grundschulzeit engen Kontakt im Sozialraum, war allen bekannt und auch beliebt und: Er ging gern in seine Schule. Was vielleicht nicht unbedingt zu erwarten war, aber dann eintrat: Die Klassengemeinschaft, in der N. unterrichtet worden war, zeichnete sich durch eine besonders hohe Sozialkompetenz aus. Das Kollegium der Dorfschule beschloss jedenfalls, das Konzept der inklusiven Schule beizubehalten und weiter auszubauen. Derzeit besuchen in unterschiedlichen Klassenstufen drei Kinder mit Behinderungen diese Schule.

13.2 Beschreibungen, Ursachen und Folgen einer Komplexbehinderung

Wenn von Menschen bzw. im vorliegenden Kontext von *Kindern* mit schwerer und komplexer Behinderung die Rede ist, so gibt es das Phänomen, dass bei Lehrer*innen vielfach folgende Bilder entstehen: ein Kind, das in einer Liegeschale liegt und beatmet wird, oder ein Kind, das eine geistige Behinderung hat und zusätzlich blind ist, oder ein Kind, das nicht verbal kommuniziert und auf Ansprache nicht reagiert.

Diese kleine Auswahl zeigt, dass den Bildern von Komplexer Behinderung ein Merkmal gemein ist, nämlich das des grundsätzlich fremden, mit den vertrauten und geübten Mitteln und Methoden nicht erreichbaren Kindes. Form und Ausprägung der Behinderung können dabei grundverschieden sein. Insofern wird der vorliegende Beitrag weniger von dem typischen schwerstbehinderten Kind handeln (das es offensichtlich nicht gibt), sondern von der zugrunde liegenden Problematik, nämlich Kommunikation und Erreichbarkeit. Fornefeld (2008) lehnt es ab, mit dem Begriff Komplexe Behinderung einen neuen Typus von Behinderung zu generieren. Vielmehr beschreibt sie die betroffenen Menschen folgendermaßen: »Sie über- bzw. unterschreiten alle gängigen Klassifikationsschemata und werden aufgrund ihrer intellektuellen, physischen und/oder psychischen Beeinträchtigungen sowie ihrer deprivierenden Lebensumstände an gesellschaftlicher Teilhabe gehindert« (Fornefeld 2007, zit. n. Fornefeld 2008, S. 43).

Behinderung ist nach der Definition der Internationalen Klassifikation der ICF zunächst ein Prozess: Eine (physiologische) individuelle organische Schädigung und kann zu einer funktionellen Beeinträchtigung im Vollzug wesentlicher menschlicher Aktivitäten führen. Ein blinder Mensch kann die (menschliche) Fähigkeit des Sehens nicht ausführen. Ein Mensch, der mit einer Lernschwierigkeit lebt, ist vielleicht nicht in der Lage, die Fähigkeit des Lesens und Schreibens zu erlernen. Dieser Mensch kann sich möglicherweise über Bilder und Symbole verständigen und informieren. Ein Mensch, der mit einer vollständigen Querschnittlähmung lebt, ist für seine Fortbewegung auf einen Rollstuhl angewiesen.

Es lässt sich festhalten: Inwieweit die physiologische Schädigung Auswirkungen auf Aktivität und Teilhabe der Person hat, hängt wesentlich davon ab, inwieweit das persönliche Umfeld Barrieren aufweist oder nicht. Ein blinder Mensch findet sich vielleicht in seiner vertrauten Umgebung so lange problemlos zurecht, bis jemand ein Möbelstück verrückt: Dann wird beispielsweise der Stuhl, der nicht an seinem Platz steht, sehr schnell zum Hindernis, er be-hindert die nicht sehende Person. Ein mit einer Autismus-Spektrum-Störung diagnostiziertes Kind gilt aufgrund seiner motorischen Unruhe im Regelkindergarten als nicht integrierbar. Im Waldkindergarten kommt das Kind (und seine Gruppe mit ihm) vielleicht bestens zurecht.

Behinderung wird nach dem Verständnis von ICF und UN-Behindertenrechtskonvention nicht als unveränderliches Merkmal einer einzelnen Person verstanden, sondern vielmehr als ein Wechselprozess zwischen den individuellen Fähigkeiten, Fertigkeiten und Bedürfnissen des einzelnen Menschen und den Anforderungen, aber auch den Unterstützungen, die er durch seine Umwelt erfährt. In gleicher Weise gilt dies für Menschen mit Komplexer Behinderung: Ein förderlicher, unterstützender Sozialraum mit guter Ausstattung und freundlichen, verlässlichen menschlichen Beziehungen kann die Auswirkungen einer Behinderung deutlich weniger relevant erscheinen lassen, als dies in einer wenig an die Bedürfnisse angepassten Umwelt der Fall wäre.

Natürlich verschwindet eine Behinderung nicht, indem man sie ignoriert. Auf der anderen Seite hängen die Auswirkungen einer Behinderung wesentlich davon ab, wie das Umfeld gestaltet ist:

Die Behindertenrechtskonvention spricht von einem Recht auf schulische Bildung für alle Kinder und zieht dabei keine Grenze der Leistungsfähigkeit – so sind dezidiert auch schwerstbehinderte Kinder gemeint. Es hängt also wesentlich von uns ab, ob das Lernen und die soziale Teilhabe des Kindes mit Komplexer Behinderung gelingen können, indem wir Situationen und Lernräume schaffen, die dies ermöglichen:

> »Damit Menschen mit Behinderungen in allen für sie relevanten Lebensbereichen selbstbestimmt teilhaben können, braucht es Inklusion. Zum Beispiel beim Recht auf Bildung: Um dieses einlösen zu können, wird der Zugang zu einem inklusiven Bildungswesen zugesichert, in dem alle individuell notwendigen Angebote und Kompetenzen vorgehalten werden. Inklusion ist also ein Mittel: sie soll unbehinderte Teilhabe sicherstellen« (Klauß 2015, S. 3).

Komplexbehinderung

Nun ist es offenbar mit der bloßen Aufnahme eines Kindes mit Komplexer Behinderung in eine Schulklasse einer Regelschule nicht getan. Im ersten Teil dieser Abhandlung wurde anhand zweier Schüler*innenbiografien die Problematik deutlich, wenn es zwar eine Teilnahme am Unterricht gibt, aber dem betroffenen Kind nicht gleichzeitig eine Teil-Habe zugestanden und ermöglicht wird, zum Beispiel im Sinne eines eigenen und nur durch dieses Kind zu leistenden Beitrags zum Unterricht. Dazu bedarf es außer des unbedingten Willens zur Gestaltung eines inklusiven Settings zweier Dinge: Fachkompetenz und Fantasie. Es geht darum, das Kind nicht ausschließlich in seinen Defiziten und Bedürftigkeiten wahrzunehmen, sondern ebenso in seinen Kompetenzen und Fertigkeiten sowie den Unterricht so einzurichten, dass das komplex behinderte Kind seinen Beitrag dazu leisten kann:

> »Wird beispielsweise ein Kind mit hohem Unterstützungsbedarf nur ›formal‹ in eine Klasse aufgenommen, der Unterricht und Schulalltag aber nicht so gestaltet, dass es sich mit seinen Möglichkeiten aktiv beteiligen kann, kann es sich nicht zugehörig fühlen. Nur wenn ich merke, dass ich für die anderen Menschen in Familie, Kita, Schule wichtig bin, ist das Inklusion. Nur wenn ich mit den anderen auch etwas gemeinsam tue und mit ihnen reden oder anders kommunizieren kann, kann man von Inklusion sprechen« (Klauß 2018, S. 6).

So heterogen die Schüler*innengruppe mit Komplexer Behinderung erscheint, so vielfältig sind Ursachen und Ausprägungen von Behinderung, Krankheit oder Störung. Ursachen können in genetischen Besonderheiten liegen wie zum Beispiel Trisomie 18 oder 21 oder dem Fragilen x-Syndrom. Sauerstoffmangel bei der Geburt, ein schwieriger Geburtsverlauf, aber auch Unfälle oder Vergiftungen (zum Beispiel bei Alkoholembryopathie) können vorliegen, und oft überlagern sich unterschiedliche Ursachen und Folgeerscheinungen. Einzige Gemeinsamkeit bei Komplexer Behinderung ist das Vorliegen von mindestens zwei erheblichen, die Entwicklung beeinträchtigenden Störungen sowie eine schwere Ausprägung von mindestens einer Form.

13.3 Lernpsychologische und didaktische Zugänge zu Themen des inklusiven Unterrichts

Entscheidend für einen guten Beginn und Verlauf der Beziehung zu Schüler*innen mit Komplexer Behinderung wird sein, wie gut ihre Bedürfnisse, Vorlieben, Abneigungen und Kommunikationsformen im Vorwege mit mindestens einer Bezugsperson besprochen werden und inwieweit die Lehrkraft in der Lage ist, dieser spezifischen Bedürfnislage zu entsprechen. Ebenso zu klären sind pflegerische Bedürfnisse. Gelingt der gemeinsame Unterricht, profitieren nicht nur die Schüler*innen mit Komplexer Behinderung, sondern ebenso die Mitschüler*innen – dafür gibt es in der Literatur und im Rahmen von Dokumentarfilmen reichlich Belege. Das scheinbar Belastende, der Mehraufwand, »lohnt« sich für alle Beteiligten, indem Feinfühligkeit, Toleranz und Verantwortung geübt und gelebt werden.

Aus den bisherigen Überlegungen ist hervorgegangen, dass es »das« Kind mit einer Komplexen Behinderung nicht gibt, ja gar nicht geben kann, zu vielfältig sind Formen und Ursachen der Be-Hinderung an der vollen Teilhabe und der Möglichkeit, selbst über sich und sein Leben bestimmen zu können. Jedoch lassen sich die Auswirkungen Komplexer Behinderung auf das Kommunikations- und Lernverhalten der betroffenen Kinder durchaus beschreiben:

- Häufig haben es Kinder mit Komplexer Behinderung schwer, ihre Wünsche und Bedürfnisse ihrer sozialen Umwelt in verständlicher Form mitzuteilen.
- Umgekehrt besteht meist das Problem, dass die Anforderungen der Umwelt entweder nicht verstanden werden oder, dass Art und Ausprägung der Behinderung bei der Umsetzung von Handlungsimpulsen im Weg stehen.
- Drittens besteht die Schwierigkeit, dem Kind mit Komplexer Behinderung Unterrichtsinhalte so zu vermitteln, dass sie wahrgenommen und verstanden werden können.

Mit diesen Aspekten werden sich die folgenden Kapitel beschäftigen.

Zum ersten Punkt: Kinder, die sich nicht oder nicht verständlich, lautsprachlich äußern können, kommunizieren auf andere Art und Weise. In keinem Fall kommunizieren sie nicht. In welcher Form Kommunikation erfolgt, muss im Einzelfall ermittelt werden. Entwicklungsdiagnostische Instrumentarien sind hier meist wenig hilfreich, da sie in der Regel Devianz und nicht Kompetenz beschreiben. Im Schulalltag ist es jedoch wenig hilfreich, zu wissen, was dem Kind an kommunikativen Möglichkeiten fehlt, wichtiger ist herauszubekommen, auf welchem Weg es kommuniziert.

In einem ersten Schritt empfiehlt sich ein Gespräch mit den engen Bezugspersonen des Kindes, wobei es ratsam ist, nicht nur eine einzelne Perspektive zu erfragen. Ein Gespräch mit den Eltern bzw. Erziehungsberechtigten ist unverzichtbar, gleichzeitig kann es aber sehr aufschlussreich sein, mit den Erzieher*innen zu sprechen, die das Kind in der Kindertagesstätte begleitet haben. Falls es ermöglicht werden kann, empfiehlt es sich, das Kind bereits vor Schulbeginn kennenzulernen, zum Beispiel durch Hospitation der Lehrperson in der Kindertagesstätte.

Eine neue Form der Beobachtung kann in diesem Zusammenhang hilfreich sein, nämlich das Anfertigen von Wahrnehmungsvignetten. Dabei wird nicht – wie bei der Teilnehmenden Beobachtung – eine bestimmte Verhaltensweise oder Situation im Vorfeld in den Blick genommen, sondern die wahrnehmende Person entscheidet sowohl situativ als auch subjektiv, welche Szene, welches Geschehen berichtenswert erscheint (vgl. dazu Barth/Wiehl 2021). Wichtig ist ein sowohl einfühlsamer Gestus als auch eine phänomenologische Grundhaltung: Was geschieht? Und was kann ich erkennen? In einem dritten Schritt – nach der Wahrnehmung und Beschreibung – können die so entstandenen Vignetten in Bezug auf bestimmte Fragestellungen ausgewertet werden, zum Beispiel: Was sagen mir die Beschreibungen zum Kommunikationsverhalten des Kindes? Wie äußert das Kind Anspannung und Unwohlsein bzw. Entspannung und Wohlbefinden? Dabei kann es hilfreich sein, im Gespräch mit Fachkolleg*innen oder auch bisherigen Bezugspersonen des Kindes verschiedene Sichtweisen auf die Wahrnehmungsvignette mit einzubeziehen. In einem vierten Schritt können konkrete didaktische Anwendungen für verschiedene Unterrichtsinhalte erarbeitet werden.

Ein Beispiel:

> S. wird in seinem Liegerollstuhl in den Raum geschoben. Der Krankenpfleger R. legt ihn vorsichtig und mit einfühlsamen Worten auf den Holztisch, der direkt am Klavier steht und die Schwingungen des Klaviers transportieren soll. A. platziert Klangschalen an verschiedene Stellen des Körpers von S. und schlägt sie an. Eine Reaktion erfolgt: S. bewegt beide Arme. A. spielt eine einfache Melodie mit Akkordbegleitung auf dem Klavier. S. beginnt, schnell die Zungenspitze zwischen den Lippen zu bewegen, A. reagiert in ihrem Klavierspiel mit hohen schnellen Tönen. S. hört auf, die Zunge zu bewegen – A. hört auf zu spielen. S. bewegt wieder die Zunge – A. greift den Bewegungsimpuls auf und spielt hohe schnelle Töne. Dies geht einige Minuten hin und her. Schließlich seufzt S. tief und bewegt die Zunge nicht mehr. A. beendet die Stunde.

Bei S. handelt es sich um einen Jugendlichen mit Komplexer Behinderung, der in einem Liegerollstuhl auf der Seite gelagert ist, über keine Lautsprache verfügt und Arme und Beine normalerweise nicht willkürlich bewegen kann. In allen Lebensvollzügen (Ernährung, Bekleidung, Hygiene, Mobilität) ist er auf Hilfe respektive stellvertretende Ausführung angewiesen. Zeitweilig muss er beatmet werden. In der musikalischen Kommunikation ist es für ihn möglich, Selbstwirksamkeit und Teilhabe zu erleben. Beobachter*innen erscheint S. in diesem Kontext als handelndes Subjekt. Die bloße Lektüre eines Diagnostikbogens, zum Beispiel durch seine zukünftige Lehrerin, hätte diesen Eindruck nicht ersetzen können.

Die Wahrnehmungsvignette (vgl. Barth/Wiehl 2021) entsteht aus der Situation heraus; die wahrnehmende Person fühlt sich von einer bestimmten Handlung angesprochen und beschreibt diese Wahrnehmung möglichst genau. Im Gegensatz zur

Teilnehmenden Beobachtung im pädagogischen Feld wird diese Ausrichtung nicht bereits im Vorfeld beschlossen, sondern man geht mit einer inneren Offenheit in die Situation und lässt sich von ihr – in diesem Fall vom Kind mit einer Komplexen Behinderung – »ansprechen«. Diese Herangehensweise hat den Vorteil, dass ein Wechsel von einer defizitorientierten Wahrnehmung (was kann das Kind alles nicht) zu einer Kompetenzorientierung erfolgt: Was tut das Kind? Bewegt es die Augen? Atmet es? Dreht es den Kopf? Was sind die Reize, auf die das Kind reagiert? Aus dieser Situation des persönlichen Angesprochen-Seins heraus entsteht der Impuls, die Wahrnehmungsvignette zu schreiben und sie in einem wiederholten hermeneutischen Aneignungsprozess zu rezipieren und ggf. zu korrigieren, bis sie mit der wahrgenommenen Wirklichkeit größtmöglich übereinstimmt.

Die aus dieser Wahrnehmung heraus erschlossenen Kompetenzen des Kindes mit Komplexer Behinderung können nun als Ausgangspunkt genommen werden, um mit dem Kind in Kontakt zu kommen oder an Aktivitäten der Klasse zu beteiligen. Dazu hat Fröhlich (2015) in seinem Konzept der Basalen Kommunikation einige Methoden entwickelt:

> »Basale Kommunikation ist das Konzept einer intensiven und ganzheitlichen Förderung schwer und schwerst beeinträchtigter Menschen. Das Konzept orientiert sich an humanen Grundprinzipien, d. h. an Lebenszusammenhängen, die als für alle Menschen gültig angenommen werden. Durch einfachste, gewissermaßen ›voraussetzungslose‹ sensorische Angebote versucht man, dem betreffenden Menschen zu helfen, sich selbst und den eigenen Körper zu entdecken« (ebd., S. 151).

Für diese Anregungen können alle Sinne genutzt werden, die dem Kind zur Verfügung stehen: Somatische, vestibuläre und vibratorische Anregungen spielen dabei im Rückbezug auf vorgeburtliche basale Erfahrungen des Kindes gleichermaßen eine Rolle. Olfaktorische und taktile, akustische und visuelle Reize können in Abstimmung mit den Reaktionen des Kindes zum Einsatz kommen. Dazu wird das nächste Kapitel Anregungen geben.

13.4 Methoden und Medien des inklusiven Unterrichts

»Jeder Mensch, der lebt, ist lernfähig. Er passt sich in mehr oder weniger ausgeprägter, aber immer in seiner individuellen Art Anforderungen an. Er verändert sein Verhalten, um in Balance zu bleiben, um mit seinem Leben ›zurecht‹ zu kommen. Dies ist Lernen« (Fröhlich 2015, S. 318).

Andreas Fröhlich – und das ist in diesem Zusammenhang von großer Bedeutung – unterscheidet in seiner Aussage nicht zwischen Menschen mit und ohne Behinderung. Das bedeutet, dass weder die Lernfähigkeit als solche für Menschen mit Komplexer Behinderung in Zweifel gezogen wird noch die Notwendigkeit für die Menschengruppe, mit anderen Menschen gemeinsam zu leben, zu lernen, zu arbeiten. Ein Unterschied besteht allerdings in der Vermittlung: Menschen mit Komplexer Behinderung sind in der Regel darauf angewiesen, dass ihnen Lerninhalte in angepasster und basaler Art und Weise buchstäblich nahegebracht werden. Dazu nutzt Fröhlichs Ansatz der Basalen Stimulation vor allem die körpernahen Sinne: Fühlen, Tasten, Lage- und Bewegungssinn, olfaktorische und gustatorische Reize. Die Ausgabe einer Didaktik für Kinder mit Komplexer Behinderung besteht also in der Entwicklung der Vermittlung

> »[...] eine[r] umfassende[n] Bildung, die durch die Aufbereitung von komplexen Lerninhalten (Elementarisierung) für diese Schüler/innen erfahrbar gemacht werden kann. Die Schüler/innen erfahren Aktivierung und Eigenaktivität, erproben Selbstwirksamkeit und Selbstbestimmung. Hierfür erleben sie zum Beispiel durch die Bedeutungsunterlegung von Äußerungen die Grundlagen der Kommunikation« (Christy-Brown-Schule 2017, S. 11 ff.).

1. *Elementarisierung:*
   Komplexe Lerninhalte werden auf das Wesentliche reduziert, das bedeutet, die Kommunikations- und Sinneskanäle des Kindes mit Komplexer Behinderung zu nutzen.
2. *Ritualisierung:*
   Durch wiederkehrende Ereignisse werden Zeitpunkte, Zeitdauer und zeitliche Abläufe erlebbar und eine Antizipation ermöglicht. Die Ermöglichung einer Beteiligung des Kindes mit Komplexer Behinderung am Unterrichtsgeschehen zum jeweils gleichen Zeitpunkt im Tagesablauf bewirkt das Gefühl von Sicherheit und Orientierung.
3. *Selbstwirksamkeit:*
   Das Kind mit Komplexer Behinderung erlebt sich als aktiv gestaltender Teil des Unterrichtsgeschehens. Die Mitschüler*innen erleben Kinder mit Komplexer Behinderung als aktive Teilnehmer*innen, nicht ausschließliche als Empfänger*innen von Unterstützung. Dabei wird die Beteiligung durch eine Positionierung des Kindes mit Komplexer Behinderung im Zentrum des Geschehens unterstützt.
4. *Selbstbestimmung:*
   Wünsche, Bedürfnisse, Vorlieben und Abneigungen der Schüler*innen werden respektiert und in der Entscheidungsfindung über Angebote und Unterstützungsmaßnahmen als handlungsleitend begriffen.
5. *Lernen in Alltagssituationen:*
   Wiederkehrende Situationen im Tagesablauf (Pflege, Ernährung) werden genutzt, um Sinnesreize anzubieten und Lernprozesse zu befördern.
6. *Umwelterfahrungen:*
   Das Leben im Sozialraum Schule und im direkten Umfeld der Schule wird als Chance ergriffen und genutzt, dem Kind mit Komplexer Behinderung Teilhabe zu ermöglichen. Dazu gehört die für nicht behinderte Kinder und Jugendliche selbstverständliche Gemeinschaft mit Gleichaltrigen, insbesondere die Möglichkeit, interessen- und sympathiegeleitete Freundschaften zu schließen (vgl. ebd., mit Ergänzungen durch die Verfasserinnen).

13.5 Beispiele und Ansätze zu ausgewählten Fächern des inklusiven Unterrichts

Für Schüler*innen mit Komplexer Behinderung wird im Rahmen einer inklusiven Beschulung in der Regel ein individueller Förderplan erstellt, dessen Umsetzung eine möglichst umfassende Bildung auch für eine Personengruppe mit besonders großen Hindernissen sicherstellen:

> »Gemäß § 10 Abs. 1 Schulgesetz sind alle Lehrkräfte der individuellen Förderung der Schülerinnen und Schüler verpflichtet. Aus dieser schulgesetzlichen Verpflichtung ergibt sich gemeinsame Verantwortung für die Durchführung und Gestaltung von Förderplanprozessen« (Noky-Weber 2018, o. S.).

Jede*r Schüler*in mit einer diagnostizierten Lernschwäche oder einem anderen sonderpädagogischen Förderbedarf hat einen Anspruch auf einen individuellen Förderplan. Dieser wird in der Regel von allen Lehrkräften und pädagogischen Fachkräften innerhalb dieser Klasse erstellt, um eine größtmögliche und objektive Betrachtung der jeweiligen Schüler*innen zu gewährleisten. Die Unterschiedlichkeit der Berufsgruppen und der fachlichen Expertise bestimmen die fachliche Bandbreite des Inhaltes. So wird sichergestellt, dass jedes Potenzial, jede Schwerpunktsetzung und alle beteiligten Lernbereiche evaluiert und einbezogen werden. Lehrer*innen in inklusiven Schulen sind in diesem Fall auf die Kommunikation und Kooperation mit Heilpädagog*innen angewiesen, die in der Lage sind, die individuellen Ressourcen zu erkennen, und über ein methodisches Instrumentarium verfügen, wie den Schüler*innen die Lerninhalte bestmöglich nahegebracht werden können.

Im Allgemeinen gibt es keine Vorlage zur Erstellung eines Förderplanes. Jede Schule hält in diesem Punkt an ihrem eigenen Förderplankonzept fest. Oftmals haben schon die verschiedenen Klassen innerhalb einer Schule unterschiedliche Aufbaustrukturen und Formen. Inhaltlich sollten Förderpläne die Stärken und Schwächen der Schüler*innen festhalten. Darauf aufbauend werden Ziele und Maßnahmen konkretisiert und auf die Aktivitätsbereiche des Lehrplans abgestimmt; anschließend werden Evaluationsmöglichkeiten sowie der Zeitraum und Verantwortlichkeit festgelegt.

Im Folgenden soll, ausgehend von einer »Fallbeschreibung« eines Jugendlichen mit Komplexer Behinderung, eine mögliche Unterrichtsbeteiligung dargestellt werden. Dass diese nur exemplarisch sein kann, versteht sich – es gibt, wie oben dargestellt, nicht den typischen Menschen mit einer Komplexen Behinderung. Deutlich werden sollen jedoch Möglichkeiten, wie unter Einbeziehung von Hilfsmitteln und unter Bezugnahme auf die Ressourcen der Schüler*innen nicht nur eine Teilnahme am Unterricht, sondern eine aktive Beteiligung ermöglicht werden kann.

> J. K. besucht im zehnten Schulbesuchsjahr die Oberstufe. J. ist 16 Jahre alt und wohnhaft bei seinen Eltern. J. ist ein lebensfroher und aufgeweckter Mensch, lacht gerne und liebt es, viel Zuwendung zu bekommen. Er kann trotz seiner schweren Sehbehinderung Umrisse erkennen und nimmt somit gezielt Raum-

veränderungen sowie veränderte Gegenstände wahr. Er ertastet viel mit seinen Händen und benötigt vor konkreten Handlungen immer eine Ansprache. Zu seinen Stärken gehören eine ausdauernde Arbeitsmoral und Mitteilungskompetenz durch Lautieren oder unter Zuhilfenahme Unterstützter Kommunikation. Trotz der vielen Barrieren, die seine Diagnosen mit sich bringen, nimmt er sehr gerne am Schulalltag teil und liebt die sozialen Interaktionen mit seinen Mitschüler*innen und Lehrer*innen. Zu seinen Diagnosen gehören das Schimmelpenning-Feuerstein-Mims-Syndrom, spastische Tetraparese bei schwerer Mehrfachbehinderung, Hydrocephalus nach intravenöser Blutung, Shuntversorgung, Epilepsie mit nachfolgender medikamentöser Behandlung, Sehstörung schweren Grades, chronische Bronchitis und das Raynaud Syndrom (Durchblutungsstörung). Als Medikamente erhält J. ein Antiepileptikum sowie Lioresal. J. ist zudem inkontinent und sitzt im Rollstuhl. Über eine verbale Sprache verfügt er nicht. An Fördermaßnahmen erhält er seit dem Kindergarten regelmäßige Ergotherapie, Logopädie sowie Physiotherapie. Zusätzlich wird er durch eine Fachkraft der Blindenschule betreut und bekommt eine Sehfrühförderung. Orthopädische Hilfsmittel wie Orthesen, Korsett und Stehständer werden jeden Tag eingesetzt und er toleriert diese für einen gewissen Zeitraum. Aufgrund seiner dünnen Haut entstehen leider schnell Rötungen oder Druckstellen nach dem Tragen der Hilfsmittel. Die Aufgaben von J. im Schulalltag sind sehr unterschiedlich. Das Ansagen des jeweiligen Datums im Morgenkreis oder das Bedienen von Elektrogeräten mit Hilfe eines Tasters lassen ihn am Unterricht teilhaben und in seiner Selbstständigkeit sowie dem Gefühl von Autonomie wachsen. J. ist das Prinzip Ursache-Wirkung bekannt; dies wird durch tägliches Arbeiten mit dem PowerLink[14] bewusster. J. hat einen starken rechten Arm, mit dem er gezielt Sachen greifen kann und mit dem er in einem nicht steuerbaren Rhythmus des »Schlagens« den Taster bedient. Gerade im Kunstunterricht liebt er es, mit seiner rechten Hand die Farbe auf dem Blatt zu verteilen. Auch hier macht er dieses mithilfe von »Schlagbewegungen« oder »Auf- und Ab-Bewegungen« des Armes. Essen und Trinken nimmt J. oral auf, hierbei benötigt er Hilfe beim Anreichen. Verschlucken und Husten gehören aufgrund der Diagnosen bei seinem Essvorgang dazu. Zu den Vorlieben von J. gehört das Bedienen von Computerspielen mithilfe des Tasters und einer adaptieren Computermaus. In Kontakt mit seinen Mitmenschen zu treten und auch Unterschiedlichkeiten im Ton der Stimme sowie der Aussprache wahrzunehmen, gefällt ihm sehr.

Als Beispiel für einen fächerübergreifend sinnvollen Einbezug von J. ins Unterrichtsgeschehen kann das Holen und Bringen von Unterrichtsmaterial in den Klassenraum dienen. J. erscheint, trotz seiner schwersten Sehbehinderung, in der Lage, unterschiedliche Räume zu differenzieren und über verschiedene sinnliche Wahrnehmungen (Gerüche, Geräusche, Helligkeit) mit einer Funktion in Verbindung bringen zu können. Er nimmt den Raumwechsel bewusst wahr, wie aus seinen mimischen und lautlichen Reaktionen zu schließen ist. Zudem schätzt er

---

14 Ein PowerLink (https://www.prentke-romich.de/wp-content/uploads/2018/01/Faltblatt-PowerLink.pdf) ist ein elektronisches manuell bedienbares Hilfsmittel zur Unterstützung der Kommunikation von Menschen mit Komplexer Behinderung.

es sehr, wenn er mit seinem Rollstuhl über unebenes Gelände gefahren wird (Lernausgangslage/Kompetenzen). Durch das begleitete Aufsuchen unterschiedlicher Räume und den Einsatz von Signalwörtern (d. h., die gleichen Handlungen mit gleichen Begriffen ankündigen, begleiten und beenden) lernt J., eine Zuordnung zur Funktion dieser Räume zu bekommen. Durch das Gefahren-Werden auf unterschiedlichem Untergrund wird seine Körperwahrnehmung verbessert. Durch Botengänge erfährt J. Selbstwirksamkeit und die Anerkennung durch seine Klasse (Förderziele). Eine mögliche Fördermaßnahme wäre zum Beispiel, dass es J.s Aufgabe wird, Arbeitsblätter vom Kopierer in die Klasse zu bringen (Fördermaßnahme).

Für den Sachkundeunterricht erscheint beispielsweise ein anderes Vorgehen sinnvoll: J. wirkt sehr sensibel, was Geräusche angeht; er nimmt diese wahr und kann die Geräuschquelle lokalisieren. Sein Greifraum ist begrenzt: In entspannten Situationen hält er die Hände locker vor seiner Brust, dabei zeigt sein rechter Arm mehr Aktivität als der linke. Die Hände sind meist zu Fäusten geballt (Lernausgangslage/Kompetenzen). Als Förderziele können genannt werden: J. fokussiert seine Aufmerksamkeit und kann seine Konzentration auf ausgewählte Geräusche richten. Er entwickelt Freude beim Finden von Geräuschquellen. J. setzt seine Hände zunehmend für unterschiedliche Zwecke ein.

Die Teilnahme am Sachkundeunterricht könnte nun folgendermaßen aussehen: Gegenstände, die mit dem Unterrichtsverlauf in Beziehung stehen, befinden sich in seiner Reichweite. Neben oder über dem Gegenstand erklingt eine Glocke oder Ähnliches, J. erhält also eine Aufforderung, in diese Richtung zu greifen. Dann unterstützt man ihn dabei, das Objekt mit den Händen zu umschließen, gemeinsame Armbewegungen auszuführen, den Gegenstand an den Mund oder das Ohr zu führen, wobei das Geschehen durch die Assistenz kommentiert wird. J. bekommt also ein akustisches und taktiles Bild vom Unterrichtsgegenstand vermittelt (Fördermaßnahme).

Besonders wichtig für Kinder mit Komplexer Behinderung ist die Erfahrung von Kontakt und Selbstwirksamkeit im Sozialraum: Sie wollen wahrgenommen, also »gehört« werden. Da die Interaktion mit der Klasse nicht selbstverständlich geschieht, müssen Situationen, in denen das Kind mit Behinderungen in Interaktion gehen kann, durch die Lehrkräfte ermöglicht werden. Wenn das über einen längeren Zeitraum gelingt, geschieht auch eine Förderung der seelischen Stabilität des Kindes. Als Lernziel wäre zu definieren, dass J. an den meisten Tagen emotional stabil erscheint, nur noch selten Unmut äußert und weniger schreckhaft wirkt im Vergleich zum Beginn seiner Schulzeit. Er äußert sich positiv in Bezug auf das Mitwirken in der Gruppe und lässt sich auf Teamarbeit ein (Förderziele). Dazu gehört die Einbeziehung des Jugendlichen in das gesamte Unterrichtsgeschehen, wobei im Vorweg geeignete Formen entwickelt werden können, so zum Beispiel:

- sinnvolle Einbindung in mannigfaltige Angebote und alltägliche Handlungen,
- Übernahme von Aufträgen, die für die Gruppe bedeutsam sind,

- Aufgaben im Morgenkreis, zum Beispiel Ansage des Datums mit Hilfe des Talkers,
- regelmäßige Ansprache und verbale Einbindung in kommunikative Prozesse.

Da J. darauf angewiesen ist, auch in den Pausen begleitet zu werden, können diese gezielt zur Anbahnung von Kontakten zu anderen Kindern außerhalb des direkten Bezugsrahmens der eigenen Klasse genutzt werden: J. lautiert in von ihm positiv wahrgenommenen Situationen und zeigt einen erhöhten Tonus bei freudiger Erregung; er geht gezielt in Interaktionen und reagiert auf sein Gegenüber. J. benötigt oft sehr lange, bis er Bewegung ausführen kann, was die direkte Kommunikation erschwert (Lernausgangslage/Kompetenzen). Geplant ist der Ausbau respektive die Initiierung und Aufrechterhaltung von kommunikativen Prozessen, dadurch wird Selbstwirksamkeit erfahren. Verstärkt soll der Austausch mit Personen in klassenübergreifenden Begegnungsräumen (Pausenräumen) ermöglicht werden (Förderziele). Zum weiteren Aufbau seiner kommunikativen Kompetenz kann in der direkten Ansprache ein Anruf-Antwort-Spiel auf der Grundlage basaler Kommunikation stattfinden. Laute, die J. äußert, werden erwidert, gespiegelt oder interpretiert. In den Pausen können andere Klassen besucht werden, eine Kontaktaufnahme zu den anderen Kindern kann auf die beschriebene Art und Weise spielerisch erfolgen (Fördermaßnahme).

13.6 Bildungs- und Erziehungspartnerschaften mit Erziehungsberechtigten

Insbesondere dann, wenn ein Kind mit Komplexer Behinderung nicht in der Lage ist, verbal verständlich zu kommunizieren, ist der enge Kontakt zu den Eltern bzw. Erziehungsberechtigten entscheidend für den Lernerfolg, wobei eine Erweiterung des Personenkreises, mit dem eine Zusammenarbeit nützlich ist, von Fall zu Fall angezeigt ist. Kommen beispielsweise Physiotherapie oder Ergotherapie bei der Förderung des Kindes zur Anwendung, können Elemente aus diesen Bereichen in die Unterrichtsgestaltung einfließen, wie aus dem Fallbeispiel im vorigen Kapitel deutlich wurde. In Bezug auf die Kernaussagen der basalen Stimulation und Kommunikation (Fröhlich) kann bei hohem Pflegebedarf des Kindes eine Zusammenarbeit mit der Pflegefachkraft gewinnbringend sein; auch hier können zum Beispiel Lagerungstechniken in das Unterrichtsgeschehen einfließen und dem Kind die Sicherheit verleihen, die es benötigt, um ein Explorationsverhalten zumindest zu versuchen.

In der Regel werden es aber die Eltern bzw. Erziehungsberechtigten sein, die das Kind am besten kennen und über seine Vorlieben, Abneigungen, Bedürfnisse und Kommunikationsformen am besten Bescheid wissen. Der erste Schritt zu einer vertrauensvollen Zusammenarbeit ist daher das offene Gespräch, in dem die Bedürfnisse des Kindes umfassend besprochen und in den Sozialraum Schulklasse gestellt werden können. Im weiteren Verlauf der Beschulung kann ein Lerntagebuch hilfreich sein: Die Eltern bzw. Erziehungsberechtigten erfahren auf diese Weise aus erster Hand, welches Lernangebot ihrem Kind gemacht worden ist, was das Kind über einen gewissen Zeitraum gelernt hat, und können ggf. zuhause unterstützend agieren: »Sich an den Kindern zu orientieren, fordert uns Pädagoginnen und Pädagogen heraus, da wir lernen müssen, uns von den ›Defiziten‹ abzuwenden und unseren Blick auf die Handlungskompetenz des Kindes zu richten« (Schall, zit. n. Krawitz 1995, S. 63).

Ein solches Lerntagebuch betont die Fertigkeiten, die das Kind mit Komplexer Behinderung in der Schulklasse zeigt. Am Beispiel der Schülerin M. wird deutlich, wie ein Kind mit Komplexer Behinderung im Deutschunterricht eigene Lernerfahrungen machen kann (▶ Tab. 13.1).

Tab. 13.1: Exemplarische Darstellung eines Wochenplans im Deutschunterricht für die Lernerfahrungen eines Kindes mit Komplexer Behinderung (vgl. Krawitz 1995, S. 84, modifiziert durch die Verfasserinnen)

Wochenplan M.: Malen und Nachfahren von Sandbuchstaben Klasse: Deutschstunde zur Einführung der Druckschrift		
Sensorisch: In-Gang-Setzen von Wahrnehmungsprozessen (haptischer Bereich)	Begegnung mit den eigenen Händen, dem Tisch, dem Sandpapier, den Holztafeln und dem Buntstift	Ruhige und entspannte Atmosphäre herstellen, behutsame erste Begegnungen mit der führenden Hand. Ermöglichung von intensiven Spürinformationen
Ermöglichung und Anregung von Bewegungsmustern des Tastens und Greifens	Passive Bewegung der rechten und linken Hand; aktives Ergreifen durch den Abbau von Hilfestellungen. Durch erhöhte Körperspannung Unwohlsein oder Unsicherheit ausdrücken	Stimulation der Fingerkuppen; langsame und behutsame Bewegungen durchführen und erste kurze haptische Sinneseindrücke ermöglichen; zunehmend längere Spürinformationen anbieten
Kontakt aufnehmen, Gefühle zeigen	Körperkontakt, Ansprache, Blickkontakt	Kommunikation und Begegnung über den gemeinsamen Körperkontakt herstellen

Das Lerntagebuch unterstützt die Eltern bzw. Erziehungsberechtigten dabei, die Lernfortschritte ihres Kindes mitzuvollziehen und ggf. durch ergänzende häusliche Angebote zu unterstützen. Gleichzeitig ermöglicht es ihnen die Mitteilung relevanter häuslicher Ereignisse.

Bei Kindern mit Komplexer Behinderung lassen sich die individuellen Lernfortschritte nur selten mit den Zielvorgaben der Lehrpläne in Übereinstimmung bringen; dennoch ist es wesentlich, den Kindern nicht aufgrund einer Behinderung ihr Recht auf Bildung vorzuenthalten. Die Teilhabe an den kulturellen Gütern der

Kultur, in der sie leben, ist ein Menschenrecht, ein Ausschluss aus Institutionen der kulturellen Bildung mit Verweis auf die Schwere der Behinderung ist durch nichts zu rechtfertigen. Alle Anstrengungen müssen darauf ausgerichtet sein, die Situation des Kindes, einschließlich seiner Bildung, zu verbessern. Es ist an uns, Mittel, Wege und Möglichkeiten zu finden, jedem Kind Bildung zu ermöglichen. Die oben angeführten Beispiele belegen, dass dies möglich ist.

> **Ausgewählte Einrichtungen und Dienste auf Landes- und Bundesebene**
>
> - Deutsche Heilpädagogische Gesellschaft
>   Internet: https://dhg-kontakt.de/
> - Integration statt Aussonderung
>   Gemeinsam Leben – Gemeinsam Lernen e. V.
>   Carl-Friedrich-Gauß-Str. 34
>   D-67063 Ludwigshafen
>   Telefon: 0621–522135
>   Internet: https://iglu.glgl-lu.de
> - Stiftung Leben Pur
>   Internet: https://www.stiftung-leben-pur.de/aktuelles.html

Literatur

Barth, U./Wiehl, A. (2021): Wahrnehmungsvignetten. Basis einer an Inklusion orientierten pädagogischen Haltung. Ein Beitrag zu einer vorurteilsbewussten Beobachtungsschulung. In: Anthroposophic Perspectives in Inclusive Social Development. Zweisprachige Zeitschrift (2), 4–15.

Christy-Brown-Schule (2017): Bildung von Schüler/innen mit schwerer Mehrfachbehinderung. Online verfügbar unter: http://www.christy-brown-schule-vs.de/downloads/Bildung%20von%20Sch%C3%BCler_innen%20mit%20schwerer%20Mehrfachbehinderung.pdf, Zugriff am 17.05.2022.

Fornefeld, B. (Hrsg.) (2008): Menschen mit Komplexer Behinderung. München: Ernst Reinhardt.

Fröhlich, A. (o.J.): Basale Stimulation. Online verfügbar unter: https://basale-stimulation.de/, Zugriff am 17.05.2022.

Fröhlich, A. (2015): Basale Stimulation – ein Konzept für die Arbeit mit schwer beeinträchtigten Menschen. Düsseldorf: selbstbestimmtes leben.

Fröhlich, A./Simon, A. (2004): Gemeinsam entdecken. Mit schwerbehinderten Kindern kommunizieren. Düsseldorf: selbstbestimmtes leben.

Haupt, U. (2006): Wie Lernen beginnt – Grundfragen der Entwicklung und Förderung schwer behinderter Kinder. Stuttgart: Kohlhammer.

Klauß, T. (2015): Mit euch doch nicht, oder? Teilhabe und Inklusion von Menschen mit hohem und komplexen Hilfebedarf. Online verfügbar unter: https://www.stiftung-liebenau.de/fileadmin/benutzerdaten/teilhabe/pdf/Fachtage/Menschen_mit_komplexem_Unterst%C3%BCtzungsbedarf/Vortrag_Klauss.pdf, Zugriff am 17.05.2022.

Klauß, T. (2018): »Wie können wirklich alle dazu gehören?« Inklusion und schwere, komplexe Behinderung. Online verfügbar unter: https://www.ph-heidelberg.de/fileadmin/wp/wp-klauss/inklusion_und_Schwere_komplexe_Behinderung_2018.pdf, Zugriff am 17.05.2022.
Krawitz, R. (Hrsg.) (1995): Die Integration behinderter Kinder in die Schule. Ein Schulversuch von der Grundschule zur Sekundarstufe I. Bad Heilbrunn: Klinkhardt.
Noky-Weber, C. (2018): Förderplanung. Online verfügbar unter: https://inklusion.bildung-rp.de/informationen-fuer-eltern-und-schulen/kompendium-2018/2-inklusiv-unterrichten/unterpunkte-zu-2/foerderplanung.html, Zugriff am 21.03.2022.
SWF (o.J.): Fördern statt Ausgrenzen. Filmische Dokumentation. Online verfügbar unter: https://www.youtube.com/watch?v=7hELJITrQhg, Zugriff am 17.05.2022.

Autor*innenverzeichnis

Eva Maria Beck Dipl.-Päd., M. Ed., B. Ed.
Nach ihrer Ausbildung zur Volksschullehrerin an der Pädagogischen Akademie Burgenland unterrichtete sie 25 Jahre an Volksschulen in Wien und im Burgenland. Berufsbegleitend bildete sie sich zur Praxislehrerin für die schulpraktische Ausbildung von Studierenden weiter und absolvierte den Hochschul- und Universitätslehrgang »Mentoring: Berufseinstieg professionell begleiten«, welchen sie mit dem Master of Education abschloss. Derzeit ist sie an der Kirchlichen Pädagogischen Hochschule Wien/Krems im Bereich der Pädagogisch-Praktischen Studien und der Mathematikdidaktik der Primarstufe tätig.

Michael Brockmann M. A.
Er studierte Lehramt an der Universität zu Köln und sammelte im Anschluss Unterrichtserfahrung in Grundschulen. Anschließend arbeitete er über zehn Jahre als Lehrkraft für besondere Aufgaben und Studiengangskoordinator am Fachbereich Bildungswissenschaft an der Alanus Hochschule, Alfter bei Bonn. Parallel erwarb er einen Masterabschluss in Erwachsenenpädagogik. Derzeit arbeitet er im Bereich der Lehrer*innen-Professionalität in der Primarstufe und leitet das Zentrum für Pädagogisch-praktische Studien an der Kirchlichen Pädagogischen Hochschule, Wien/Krems.

Autor*innenverzeichnis

Prof. Dr. **Maximilian Buchka**
Nach seinem Studium der Erziehungswissenschaft und Sonderpädagogik an den Universitäten Münster, Köln und Dortmund war er Sonderschullehrer und Rektor einer Schule für Geistigbehinderte. Er bildete zehn Jahre Förderlehrer*innen in Nordrhein-Westfalen aus. Anschließend lehrte er 25 Jahre Pädagogik und Didaktik an der Katholischen Hochschule NRW, Abt. Köln. Nach seiner Zeit als Dekan an der Katholischen Hochschule NRW lehrt er derzeit Sonderpädagogik und Kindheitspädagogik an der Alanus Hochschule, Alfter bei Bonn.

Prof.in Dr.in **Christiane Drechsler** M. A.
Geboren 1963, studierte Erziehungswissenschaften, Philosophie und Neuere Deutsche Literaturwissenschaft in Hagen (Abschluss Magister Artium). Sie arbeitete in zwei anthroposophischen Lebens- und Arbeitsgemeinschaften als Gruppenleiterin und in der Musiktherapie. Nach Abschluss des Magisterstudiums erfolgte die Promotion an der Universität Halle zum Thema »Lebensqualität Erwachsener mit geistiger Behinderung« in verschiedenen Wohnformen. Nach 14 Jahren Gesamtleitung in der Assistenz von Menschen mit Behinderungen im DRK und paralleler Dozentinnentätigkeit an der Fachhochschule Kiel lehrt sie seit 2012 als Dozentin und seit 2015 als Studiengangsleiterin und Professorin für Heilpädagogik in außerschulischen Handlungsfeldern an der Alanus Hochschule Alfter bei Bonn, Standort Mannheim.

Siamak Farhur Dipl.-Soz.-wiss., M. A., M. Ed.
Geboren in Teheran (Iran), ist Sozialwissenschaftler (Dipl.-Soz.-wiss.), Pädagoge (M. A. Pädagogik) und Kunstpädagoge (B. A. Kunst, Therapie, Pädagogik). Derzeit arbeitet er als Lehrer (Lehrer Master of Education MEdu) an einer Gesamtschule in Velbert (Nordrhein-Westfalen) und ist kommissarischer Leiter des auslaufenden Studiengangschwerpunktes Betriebliche Berufspädagogik Erwachsenenbildung im Masterstudiengang Pädagogik der Alanus Hochschule für Kunst und Gesellschaft in Alfter bei Bonn.

Lisa Hülsbusch
1995 in Leverkusen geboren, absolvierte eine Ausbildung zur Sozialassistentin und darauffolgend zur Heilerziehungspflegerin und arbeitete anschließend mit Erwachsenen mit Komplexer Behinderung im Bereich der Tagesförderung. Seit vier Jahren ist sie als Fachkraft an einer Förderschule beschäftigt. Sie studiert berufsintegriert Heilpädagogik an der Alanus Hochschule, Standort Mannheim, und wird ihr Studium 2024 mit dem Bachelor abschließen.

Dr. **Götz Kaschubowski** Dipl.-Päd.
Sonderschullehrer 1. und 2. Staatsexamen mit den Fachrichtungen (1985) Geistigbehindertenpädagogik und Verhaltensgestörten Pädagogik. Diplom-Pädagoge mit dem Schwerpunkt sonderpädagogische Einrichtungen. Promotion zum Dr. päd. in Reutlingen. Neun Jahre Mitarbeit in einer Heimsonderschule. Wechsel in den Bereich der Tagesschule. 11 Jahre Dozent in der Lehrer*innenausbildung an der Freien Hochschule Mannheim. Seit neun Jahren Schulleiter der Förderschule Altes Pfarrhaus in Herdecke. Dozententätigkeit in diversen Fachschulen für Heilpädagogik und Heilerziehungspflege. Lehrauftrag am Standort Mannheim der Alanus Hochschule.

Christine Kippes M. A.
Nach dem Studium für Allgemeine Sonderschulen, Schulen für Schwerbehinderte Kinder und für Sprachheilpädagogik sowie dem Studium der Sonder- und Heilpädagogik an der Universität Wien arbeitete sie als klassenführende Lehrerin in einer Allgemeinen Sonderschule. Es folgte ein weiteres postgraduales Masterstudium Psychomotorik an der Donauuniversität Krems. Nach diesem arbeitete sie einige Jahre als Referentin für die Bewegte Klasse Niederösterreich. Seit 20 Jahren ist sie mobile Lehrerin im Mobilen Motorik Team in Wien.

Wolfgang Kühnen Dipl.-Soz.-päd., M. A.
Nach einem akademischen Studium (Musikwissenschaften, Germanistik, Philosophie) an der Universität Köln (Magister Artium 1991), selbstständiger Tätigkeit als Musikjournalist in Kultur und Medien (öffentlich-rechtliches Radio), einem »Zwischenspiel« in der CD-Branche (EMI Classics) und Einschnitt in der persönlichen und Berufsbiografie (2000) Einstieg in die Kinder- und Jugendhilfe: Diplom-Studium der Sozialen Arbeit an der Katholischen Hochschule Köln (Abschluss 2008), Tätigkeiten in der individualpädagogischen Jugendhilfe und im Pflegekinderwesen. Seit 12 Jahren Fachberater (Kinder- und Jugendhilfe), freiberuflicher Fortbilder und Hochschuldozent (Katholische Hochschule Köln, sowie Alanus Hochschule, Alfter bei Bonn) mit dem Schwerpunkt Trauma und Pädagogik; Ausbildung in der Identitätsorientierten Psychotraumatherapie (IoPT).

Dorothee Maiwald
Nach dem Studium der Pädagogik und Eurythmie am Institut für Waldorfpädagogik in Witten-Annen schloss sie zusätzlich die Ausbildung zur Heileurythmistin ab und ist seit 25 Jahren in der Waldorfschule in Haan-Gruiten als Klassenlehrerin und Eurythmistin tätig. Sie ist Gastdozentin im Institut für Kindheitspädagogik an der Alanus Hochschule in Alfter und erteilt Seminare zum Thema Spiel und Eurythmie.

Prof. **Ulrich Maiwald**
Nach dem Sprachgestaltungs- und Schauspielstudium an der Alanus Hochschule in Alfter und der Anerkennung zum Theaterpädagogen BUT arbeitete er 25 Jahre an einer Waldorfschule in den Bereichen Sprachförderung sowie Sprech- und Theaterpädagogik. Er führte zudem zahlreiche Sprach- und Theaterprojekte mit Grund- und Hauptschüler*innen durch. Seit 2012 ist er an der Alanus Hochschule in Alfter Professor für Sprache und performative Kunst im Fachbereich Bildungswissenschaft.

Prof. Dr. Dr. Thomas Maschke
Er studierte Sonder-, Behinderten- und Waldorfpädagogik in Würzburg, Bremen und Stuttgart. Im Anschluss arbeitete er als Lehrer an privaten Sonderschulen am Bodensee, 23 Jahre als Klassenlehrer, Schulleiter und im sonderpädagogischen Dienst (Beratung von Lehrkräften anderer Schulen) sowie an einer Schule mit dem Schwerpunkt emotionale und soziale Entwicklung und Lernen. Derzeit lehrt und forscht er am Institut für Waldorfpädagogik, Inklusion und Interkulturalität im Studienzentrum Mannheim der Alanus Hochschule als Professor für Inklusive Pädagogik mit dem Schwerpunkt emotionale und soziale Entwicklung.

Dr.in Mechthild Richter
Sie studierte Rehabilitationswissenschaften in Berlin und Internationale und Vergleichende Erziehungswissenschaften in Oslo. In ihrer Dissertation an der Universität Straßburg setzte sie sich mit dem Übergang von der Grundschule zur weiterführenden Schule bei autistischen Schüler*innen im französischen Schulsystem auseinander. Seit 2020 arbeitet sie als wissenschaftliche Mitarbeiterin an der Martin-Luther-Universität Halle-Wittenberg, wo seitdem eine Forschungs- und Vernetzungsstelle für Pädagogik im Autismus-Spektrum aufgebaut wird.

Inga Vogel M. A.
Sie studierte das Lehramt für Allgemeine Sonderpädagogik in Wien und Granada/Spanien. 2007 begann sie ihre Arbeit als Sonderschullehrerin in einer Integrationsklasse einer Wiener Volksschule. Es folgten weitere Ausbildungen und Jahre der Berufserfahrung im Bereich der Sprachheilpädagogik mit schwerstbehinderten Kindern in einem Sonderpädagogischen Zentrum. Nach dem Masterstudium Psychomotorik an der Universität Wien ist sie seit 2007 im Mobilen Motorik Team der Heilstättenschule und seit 2020 auch in der Erwachsenenbildung an verschiedenen pädagogischen Hochschulen in Wien tätig.

 **Andrea Wieland** Dipl.-Soz.-päd., M. A. Sozialmanagement
Sie studierte Dipl. Sozialpädagogik an der Katholischen Fachhochschule NRW, Abteilung Köln, und arbeitete anschließend zehn Jahre in verschiedenen Beratungssettings mit Menschen mit Hörbeeinträchtigung bei der InForma gGmbH in Neuwied. Parallel erwarb sie einen Masterabschluss im Sozialmanagement und leitete 12 Jahre eine ambulante Einrichtung für Menschen mit Hörbeeinträchtigung und zusätzlichen Behinderungen beim Caritasverband für die Stadt Köln e. V. Nebenberuflich ist sie Lehrbeauftragte der Universität zu Köln.